臺灣歷史與文化 研究輯刊

十 編

第 **10** 冊

日治時期蘭陽詩社研究

龔必強 著

花木蘭文化出版社

國家圖書館出版品預行編目資料

日治時期蘭陽詩社研究／龔必強 著 — 初版 — 新北市：花木
蘭文化出版社，2016〔民 105〕
序 2+ 目 2+244 面；19×26 公分
（臺灣歷史與文化研究輯刊 十編；第 10 冊）
ISBN 978-986-404-791-8（精裝）
1. 蘭陽詩社 2. 臺灣詩 3. 日據時期
733.08   105014940

ISBN-978-986-404-791-8

9 789864 047918

臺灣歷史與文化研究輯刊
十 編 第 十 冊   ISBN：978-986-404-791-8

日治時期蘭陽詩社研究

作　　者　龔必強
總 編 輯　杜潔祥
副總編輯　楊嘉樂
編　　輯　許郁翎、王筑　美術編輯　陳逸婷
出　　版　花木蘭文化出版社
社　　長　高小娟
聯絡地址　235 新北市中和區中安街七二號十三樓
　　　　　電話：02-2923-1455 ／傳眞：02-2923-1452
網　　址　http://www.huamulan.tw 信箱 hml 810518@gmail.com
印　　刷　普羅文化出版廣告事業
初　　版　2016 年 9 月
全書字數　183656 字
定　　價　十編 18 冊（精裝）台幣 36,000 元　　　　版權所有・請勿翻印

日治時期蘭陽詩社研究

龔必強　著

作者簡介

龔必強，字大覺，逢甲大學合作經濟系商學士，佛光大學中文系文學碩士。基層特考乙等經濟行政人員及格，曾任臺灣省政府建設廳科員，宜蘭縣政府財政局專員、課長，宜蘭縣仰山吟社理事、總幹事，宜蘭社區大學講師。曾獲財政部優秀財政金融人員獎，教育部文藝創作獎，台北文學獎、玉山文學獎、蘭陽文學獎，佛光大學文學創作獎、書卷獎，淡江大學蔣國樑先生古典詩創作獎，獎卿詩學獎，登瀛詩獎，網雅詩獎、文昌獎，中華民國傳統詩學會優秀詩人獎。

提　　要

　　詩社在日治時期臺灣文學中一枝獨秀，佔有極重要的地位，社員多為地方菁英，居於領導階層。日治時期蘭陽詩社研究具有時代性及在地性之意義，有助於了解當年、在地風土民情。有關蘭陽地區詩社的研究論文有限，然而蘭陽詩社日漸式微，應及時研究。本論文之研究，旨在追尋日治時期蘭陽詩社的成立原因和發展狀況，研究日治時期蘭陽詩社的藝術性，以及探索日治時期蘭陽詩社對在地文化的意義。

　　本文分成五章，第一章說明研究動機與目的、文獻回顧、研究範圍與方法。第二章闡述日治時期蘭陽詩社創立原因和發展概況，以仰山吟社、登瀛吟社、東明吟社三大詩社為主軸。第三章論述日治時期蘭陽詩社作品意象與修辭，第四章說明日治時期蘭陽詩社對在地文化之意義，第五章說明研究成果及展望。資料來源主要為《詩報》、《臺灣日日新報》、《風月報》、《臺灣詩薈》、《噶瑪蘭廳志》、《宜蘭縣志》和相關文獻、論文、詩文集等。

　　本文除追尋蘭陽地區詩社源流外，進一步分析創立原因，探索其原因有三：政治氛圍的影響、日人喜愛漢詩而帶動風潮、漢人的態度。其活動方式以擊缽吟、課題、徵詩和詩鐘為主，進行社內、區域、全島聯吟。進一步析論其作品，分別就意象書寫、表意修辭、形式修辭三項討論，並舉蘭雨意象和龜山島意象為例。探討日治時期蘭陽詩社對在地文化之意義有四：民族意識的發揚、漢學的持續推廣、鄉紳文士的雅集、側身政治的附庸。

　　本文研究結果，有助於釐清日治時期蘭陽詩社應有的地位，正視擊缽吟和詩鐘的價值，彰顯蘭陽風貌特色，辨正前人著作的疑點。未來展望，期待蘭陽詩社的改進與振興，更盼「蘭陽學」之建立。

序　言

　　「勵志當從先聖學，窮經樂與古人交；孤燈伴我三更讀，《詩報》飄香俗慮拋。」本文的完成受惠於《詩報》良多，遙向日治時期蘭陽先賢致敬，彼時詩人在《詩報》裡留下豐富資料，裨益後人進行研究。尤其是登瀛吟社第三任社長盧纘祥，參與籌劃發行並出任《詩報》社長，對於日人統治下的漢文化保存居功厥偉。

　　本文倖得完成，感謝指導教授簡文志老師，從題目選定、章節架構到論文完篇，一路上熱心指導。感謝論文審查暨口考教授陳信元老師仔細審閱，提供許多卓見，使本文生色不少。感謝口考教授陳美美老師，提供諸多寶貴意見，去蕪存菁使文章益臻完美。

　　本文的完成，得到許多貴人相助，一併致謝。寫作之初，宜蘭高中國文老師暨臺師大臺文所博士生黃騰德，熱心提供高見。如何蒐集資料，承蒙陳麗蓮博士惠予指導。文獻蒐集，有賴宜蘭縣史館游美淑、阮韻蘭相助。網路資訊蒐尋，幸蒙佛光大學林明昌老師，以及圖書暨資訊處沈高溢協助。田野調查，獲得古亭國中老師楊維仁、《中華詩壇》負責人楊龍潭、前仰山吟社社長暨東明吟社總幹事陳燦榕、前仰山吟社社長吳舒揚等人幫助，並承仰山吟社常務理事何智明提供《詩報》一套。感謝內子和家人的支持，更感謝女兒們在文書處理疑難問題上的協助。

　　「苦心研究頌前人，拓墾桃源好避秦；二百年來多變化，蘭陽風貌一番新。」1768 年林漢生入墾蘭陽被殺，1796 年吳沙開墾成功，1810 年噶瑪蘭納入清朝版圖，1812 年設噶瑪蘭廳，1875 年改為宜蘭縣。蘭陽歷經清領，日治、民國三時期，而今物阜民豐。想當年甲午戰敗戚戚焉，乙未（1895）割臺日

月矇，相隔一百二十年又逢乙未，回顧往事，設使日治時期沒有仰山吟社、登瀛吟社、東明吟社⋯⋯蘭社、光文社、吟香吟社等詩社先賢努力，如何能維繫漢學不墜。

　　「蘭陽詩社久，探究費精神；午夜窮經典，何人慰苦辛。」最後以此詩抒發辛酸，為本研究畫下句點。惟蘭陽研究，更盼有志者續焉。

乙未年序於蘭陽　龔必強

目次

第一章　緒　論

　　在進行日本殖民統治時期（以下簡稱日治時期）蘭陽地區傳統詩社（以下簡稱詩社）研究之前，須先了解蘭陽地區詩社淵源和形成原因，才能進一步探討其爲何獨盛於日治時期，以及其對在地文化之意義。

　　探尋臺灣詩社淵源，依據王文顏〈光復前臺灣詩社的時代價值〉一文指出：「關於臺灣詩社的起源，歷來有兩種説法：第一説認爲『海外幾社』是臺灣第一個詩社。第二説認爲『東吟社』是臺灣第一個詩社。……主張『東吟社』是臺灣第一個詩社的説法，較爲平穩。」〔註1〕廖一瑾（雪蘭）則在《臺灣詩史》中寫道：「臺灣詩社之盛，冠於全國。溯其淵源，上溯明末之復社、幾社。……明臣遺老沈光文……創立『東吟社』，是爲臺灣詩社之濫觴。」〔註2〕清初，寓臺學者沈光文倡組「東吟社」，首開臺灣詩社之先河，迨至日治時期詩社蓬勃發展，達到最高峰。

　　析論蘭陽地區詩社源起，清領時期，只有附屬於「仰山書院」（成立於1812年）的「仰山社」。到日治時期，蘭陽地區文人跟隨時代潮流，大量籌組詩社，爲保存漢文化盡一份心力，主要有三大詩社：宜蘭仰山吟社（成立於1914年）、頭圍（今頭城）登瀛吟社（成立於1921年）、羅東東明吟社（成立於1934年）。還有一些影響力較小詩社，吟香社（成立於1914年）、光文社（成立於1921年）、蘭社（成立於1923年）、宜蘭文社（1924年間已成立）、蘭谿吟社、蘭東吟社、港澳吟社、三星吟社、員山吟社、紫雲吟社、歸眞文社（以上七社

〔註1〕 王文顏，〈光復前臺灣詩社的時代價值〉，《文訊》，18期（1985年6月），頁44。
〔註2〕 廖一瑾（雪蘭），《臺灣詩史》（臺北：文史哲出版社，1999年），頁21。

1922 年已參加蘭陽詩社活動）、敏求吟社（前身爲 1931 年創設的敏求齋私塾，1934 年後改名詩社）、潮音吟社（成立時間不詳，一說創立於 1948 年）等〔註3〕，但形移勢轉，歷經新舊文學之爭後，如今蘭陽地區僅存「仰山吟社」一社而已。關於蘭陽地區詩社過往事蹟，少人聞問，隨著時間推移日漸湮滅，亟需及時進行研究工作。

第一節　研究動機與目的

　　日治時期詩社之所以蓬勃發展，有其歷史背景和時代意義。本節首先敘述爲何選定日治時期蘭陽地區詩社作爲研究對象，說明以其爲研究主題之動機，最後敘述本文預期研究之目的。

一、研究動機

　　研究動機主要有兩項，一是「日治時期蘭陽地區詩社的研究，具有時代性及在地性之意義」，另一是「有關蘭陽地區詩社的研究論文有限，然而詩社式微，應及時研究」。茲就這兩項動機進一步敘述如下：

（一）日治時期蘭陽地區詩社的研究，具有時代性及在地性之意義

　　研究日治時期蘭陽地區詩社，必先注意其時間上的時代特殊性，以及空間上的地理差異性。

1. 具有時代性

　　歷朝歷代都有不同之文學代表，各具時代意義，日治時期臺灣的漢文文學，則以古典詩最具代表性。古典詩寫作離不開詩社活動，日治時期詩社蓬勃發展，在大環境全島的文學氛圍下，蘭陽地區亦復如此。

　　日治時期以漢文書寫的現代文學不振，相對於漢詩和日語白話文，漢語白話文一直無法壯大。其實日本政府在 1937 年之前沒有禁止白話文書寫，文人也不排斥白話文，但日本政府要求用「國語」書寫，在殖民統治下，國語是指日語，不是漢語，除賴和等一些人從事漢文新文學寫作外，一般文人較少漢文的白話文作品。相對於漢詩寫作，可藉由典故的影射，

〔註 3〕陳麗蓮，《蘭陽地區傳統文學研究（1800～1945）》（新北：花木蘭文化出版社，2013 年），頁 212～213。

隱晦性間接批評殖民政府，例如登瀛吟社莊芳池（1894～1970）有一首詩
〈曲水流觴圖〉：

> 繪就風流廿四人，蘭亭畢集趁芳晨；
>
> 飛觴跡印山陰路，泛羽痕流洛水濱。
>
> 作序羲之文換骨，寫情摩詰筆傳神；
>
> 臨題別有傷心處，代謝河山畫不眞。〔註4〕

詩中藉由王羲之蘭亭雅集曲水流觴的典故，興起感慨之情，「臨題別有傷心
處，代謝河山畫不眞。」代謝河山畫不眞表面上像是指歷史朝代更替，實則
暗譴日本據臺，致使河山變色畫不眞，臨題傷心，故國之思油然而生。

　　新文學主張不用典故，以致褪去保護層，當時漢語白話文作家囿於不敢
直接批評殖民政府，題材範圍有限，又得不到當局的支持，以致無力發展漢
文新文學，直到民國三十五年（1946），國民政府禁用日文，推行漢文白話文，
才全面改觀。

　　日治時期臺灣古典文學，唯有漢詩一枝獨秀，連橫在《臺灣詩薈·啜茗
錄》寫道：

> 三十年來，漢學衰頹，至今已極，使非各吟社爲之維持，則已不堪
>
> 設想。唯各吟社之提倡，注重乎詩。夫詩爲文學之一，苟欲作詩必
>
> 須讀書，如趁此時而提倡之，使人人皆知讀書之樂，漢學之興可以
>
> 豫卜。〔註5〕

從這段引文描述，可以看出詩社對於日治時期臺灣古典文學的重要性。緣於
古典文學承襲清代遺風，清代已有十二個詩社，卻沒有詞社和文社。沿襲到
日治時期，文人獨鍾漢詩而輕詞、文，此一論述有數據爲證，根據顧敏耀、
薛建蓉、許惠玟《一線斯文：臺灣日治時期古典文學》調查統計結果，日治
時期全臺有詩社二七三個、文社三個、詞社二個〔註6〕。加以一批來臺日本官
僚及文人，本來就喜歡漢詩，也能寫作漢詩，爲便於統治臺灣人民，刻意以
詩籠絡菁英階層的臺灣文人，臺日雙方文人互相酬唱，不僅沒有禁止詩社，
反而搧風助火，參加詩社活動，甚至參與籌組詩社，例如臺北的「玉山吟社」，

〔註4〕《詩報》200 號（1939 年 5 月 3 日），頁 11。

〔註5〕連橫，〈啜茗錄〉，《臺灣詩薈》22 號，1925 年 10 月 15 日，收入《臺灣詩薈
　　　（下）》（南投：臺灣省文獻委員會，1992 年），頁 650。

〔註6〕顧敏耀、薛建蓉、許惠玟，《一線斯文：臺灣日治時期古典文學》（臺南：國
　　　立臺灣文學館，2012 年），頁 267、235～237、242。

有臺人、日人等十數名〔註7〕。蘭陽地區雖無日本人的詩社，但在當時行政區域之劃分，同屬於臺北州管轄，且宜蘭廳長小松吉久（1867～？），有和宜蘭詩人酬唱的社交慣例。

蘭陽地區沒有詞社組織，但有仰山吟社、登瀛吟社、東明吟社三大詩社和十餘小社，詩社成為當時文人合法聚會之場所，傳統斯文界（老儒）與新興工商界（新儒），兩者對漢詩之傳承皆有深入認識，例如昭和三年（1928）十一月十八日《臺灣日日新報》刊載：「宜蘭蘭社主催御大典奉祝詩會，去四日，午後二時，開於宜蘭街西門碧霞宮。會員自壯圍庄七張方面及宜蘭各處，冒雨出席甚多，詩題〈慶祝登極大典〉，不拘體韻，定刻前，早陸續交卷。來會之老儒及青年詩友，各有恭賦，得詩頗多，午後五時許散。」〔註8〕老儒和新儒齊聚一堂共同研究詩學，並以漢詩作為掩護，在異族統治下默默延續漢學，充分表現時代特性。謝崇耀在《日治時期臺北州漢詩文化空間之發展與研究》指出：「1923年宜蘭街之協議員中，臺籍者七人，其中連碧榕、莊贊勳、黃再壽、陳金波皆同時為當地漢詩群體之主導者，且連碧榕、莊贊勳為傳統斯文界人士，黃再壽、陳金波為新興工商界人士。」〔註9〕新舊世代文化傳承和政治勢力的交替，循序漸進，當時的漢詩活動，得到《臺灣日日新報》、《詩報》、《臺南新報》、《臺灣詩薈》、《風月報》、《南方》的報導，詩社作品題材翔實反映時事，當時的詩作可以提供後人補充文獻、史料不足之處，故值得重視與研究。

2. 具有在地性

蘭陽地區詩社研究含有時空性質，除了時間面向的反映時代性之外，還具有空間面向的專屬在地性。蘭陽地區詩社成員，除少數外來者短暫居留後離開，譬如登瀛吟社指導老師，竹塹（新竹）來的葉文樞（1876～1944）居留兩年（1930～1932）後回去，大多為生於斯長於斯的在地人，或久居此地者，日常活動以蘭陽平原為主，對於鄉土的書寫從而產生鄉土意識，詩作題材或多或少與在地事物相關，例如東明吟社昭和九年（1934）六月十日發會式擊缽吟首唱，詩題為〈蘭東曉望〉，詩體為七言律詩，限韻上平聲六魚韻，

〔註7〕賴子清，〈古今臺灣詩文社（一）〉，《臺灣文獻》，10卷1期（1959年9月），頁80。

〔註8〕《臺灣日日新報》，1928年11月18日，日刊4版。

〔註9〕謝崇耀，《日治時期臺北州漢詩文化空間之發展與研究》，中正大學中國文學系博士論文，2010年，頁183。

左詞宗鄭永南，右詞宗吳蔭培，選出左眼江紫元，江紫元是東明吟社成立的
催生者，在這次詩會中榮獲左詞宗鄭永南評選為第二名，其作品如下：

太平煙罩曉窗虛，拂袖風輕睡起初；

極目海中龜嶼聳，舉頭天外玉峯舒。

疎星幾點留高閣，殘月一彎浸小渠；

東望蘭溪清淺水，維舟我欲釣銀魚。〔註10〕

詩中「太平」指大同鄉太平山，為昔日臺灣三大林場之一〔註11〕。「龜嶼」指
頭城鎮龜山島，為宜蘭縣地標。「玉峯」不是指臺灣最高峰玉山，宜蘭看不見，
而是指宜蘭縣最高峰大同鄉的南湖北山，標高 3,535 公尺〔註12〕，冬季下雪，
遙望如玉，故宜蘭人視其為玉峯。「蘭溪」指宜蘭縣第一大河「蘭陽溪」，發
源於宜蘭縣、臺中市交界處的南湖北山，主流全長七十三公里〔註13〕。整首
詩充滿濃濃的宜蘭味，點出數個宜蘭縣專有的地名「太平山」、「龜山島」、「南
湖北山」、「蘭陽溪」，富含在地性。

　　同日發會式擊缽吟次唱，題目〈貯木池〉，也富有在地性。詩體為七言絕
句，限韻下平聲三肴韻，左詞宗張一泓，右詞宗杜仰山，選出左五右七林玉
麟，亦即林玉麟作品獲左詞宗張一泓評選為第五名，右詞宗杜仰山評選為第
七名，其作品內容：

雲杉霜檜水雲拋，一任風吹或雨敲；

箇裡盡藏家國柱。勸君莫作等閒嘲。〔註14〕

〈貯木池〉點出羅東作為太平山林場木材集散地的特殊地位，詩中「雲杉霜
檜」，指太平山特有林產杉木及檜木，忠實反映地景和特有林產予以留傳後
代。再如登瀛吟社全島徵詩活動，第一期詩題〈吳沙〉〔註15〕，以蘭陽平原
首位漢人開墾者為題，獨具在地歷史性。第二期詩題〈龜山朝日〉，第三期詩
題〈大里漁燈〉，第四期詩題〈湯圍溫泉〉，第五期詩題〈北關海潮〉，第六期

〔註10〕《詩報》85 號（1934 年 7 月 15 日），頁 5。
〔註11〕舊太平山現稱嘉羅山，昭和 12 年（1937）林場移至新太平山。詳見林鴻忠，
　　　　〈太平山林業與區域發展〉，《「宜蘭研究」第七屆學術研討會論文集》（宜蘭：
　　　　宜蘭縣史館，2008 年），頁 146。
〔註12〕宜蘭縣政府主編，《蘭陽地理鄉土教材》（宜蘭：宜蘭縣政府，1997 年），頁
　　　　16。
〔註13〕同上註，頁 35。.
〔註14〕《詩報》87 號（1934 年 8 月 15 日），頁 13。
〔註15〕《詩報》10 號（1931 年 4 月 15 日），頁 16。

詩題〈崿嶺夕煙〉〔註16〕，將清代噶瑪蘭廳通判烏竹芳所選定之「蘭陽八景」〔註17〕作爲詩題，富含在地性，詳見表1－1：登瀛吟社徵詩彙總表。

　　龜山島孤懸海外又遙望在目，自清朝以來就是宜蘭人精神指標，文人喜歡取爲詩作題材。昭和十三年（1938）五月十九日，由臺灣旅行俱樂部宜蘭支部主辦之龜山島遊覽團，於回程時遭遇巨浪，搭載二十九名乘客的「見取丸」遊艇翻覆，罹難二十五人〔註18〕。仰山吟社同年七月詩題〈弔遊龜山島遭難者〉，以「龜山島船難」爲題材，記錄時事供後人憑弔。左詞宗莊仁閣、右詞宗陳鏡秋，選出左元（第一名）右花（第三名）賴仁壽，其作品如下：

　　　　探勝龜峰一葉舟，無辜命喪此清流；
　　　　淒風酒奠洪潮裡，苦雨魂招碧水頭。
　　　　長隔紅塵歸化鶴，難尋白骨葬荒丘；
　　　　忍聞遺族堤邊哭，頓使傍人感不休。〔註19〕

「淒風酒奠洪潮裡」、「苦雨魂招碧水頭」、「難尋白骨葬荒丘」，字字寫出船難死亡者家屬的苦楚與無奈，句句傳神，也使得「傍人感不休」，同感哀傷。右元蔡峨峯作品：

　　　　龜島風波未可籌，同船廿五命齊休；
　　　　靈胥縱忍翻鯨浪，海若何心捲石尤。
　　　　堪嘆良材枕極浦，卻憐嫠婦泣孤舟；
　　　　于今莫作鮫人淚，且擬端陽吊碧流。〔註20〕

詩中「同船廿五命齊休」，忠實記錄船難死亡人數，乘客二十九人，僅四人獲救，二十五人罹難。「堪嘆良材枕極浦」，罹難者包含羅東街長陳純精長子陳呈雲，大溪保正吳蕃薯之子吳水土，慨嘆英才早逝，這首詩成爲地方文獻之一部分。蘭陽地區詩社作品，能夠充分表現地理特性和記錄在地事務，故引起研究動機。

〔註16〕莊英章、吳文星，《頭城鎮志》（宜蘭：頭城鎮公所，1985年），頁499。
〔註17〕楊欽年撰文，周家安圖說，《詩說噶瑪蘭》（宜蘭：宜蘭縣文化局，2000年），頁179～180。
　　　　清道光五年（1825），噶瑪蘭廳通判烏竹芳選定蘭陽八景：龜山朝日、崿嶺夕煙、西峰爽氣、北關海潮、沙喃秋水、石港春帆、，蘇澳蜃市、湯圍溫泉。
〔註18〕莊英章、吳文星，《頭城鎮志》，頁7。
〔註19〕《風月報》68期（1938年7月15日），頁24。
〔註20〕《詩報》181號（1938年7月19日），頁17。

（二）有關蘭陽地區詩社的研究論文有限，然而詩社式微，應及時研究

和其他縣市比較，蘭陽地區詩社研究論文數量偏少，而蘭陽詩社式微，社員老成凋零，亟需進行研究。

1. 有關蘭陽地區詩社的研究論文有限

臺灣地方文學或文學史的研究，近年來蔚為風潮，幾乎每年都有相關博碩士論文產生，對於詩社的研究，排除全區性（全島）、單一性、主題性等類型詩社研究論文後，各縣市地區性詩社相繼有人投入研究。例如陳慊汎《澎湖古典詩研究》博士論文〔註21〕，王幼華《日治時期苗栗縣傳統詩社研究──以栗社為中心》〔註22〕、張作珍《北港地區傳統詩社研究》〔註23〕、張淑玲《臺灣南投地區傳統詩研究》〔註24〕、王玉輝《日據時期高雄市詩社和詩人之研究──以旗津吟社為例》〔註25〕、武麗芳《日據時期竹塹地區詩社研究》〔註26〕、高雪卿《臺灣苗栗地區古典詩研究》〔註27〕、吳淑娟《臺灣基隆地區古典詩歌研究》〔註28〕、林媛玉《嘉義濱海地區傳統詩研究》〔註29〕、黃宏介《南投地區現存傳統詩社研究》〔註30〕、黃文慧《百年鯤瀛詩社之研究》〔註31〕、陳凱琳《日治時期屏東古典詩研究》〔註32〕等碩士論文。

〔註21〕陳慊汎，《澎湖古典詩研究》，中山大學中國文學系博士論文，2012年。

〔註22〕王幼華，《日治時期苗栗縣傳統詩社研究──以栗社為中心》，中興大學中國文學系碩士在職專班論文，2000年。

〔註23〕張作珍，《北港地區傳統詩社研究》，南華大學文學系碩士論文，2001年。

〔註24〕張淑玲，《臺灣南投地區傳統詩研究》，中國文化大學中國文學系碩士在職專班論文，2003年。

〔註25〕王玉輝，《日據時期高雄市詩社和詩人之研究──以旗津吟社為例》，中山大學中國文學系碩士論文，2004年。

〔註26〕武麗芳，《日據時期竹塹地區詩社研究》，玄奘大學中國語文學系碩士論文，2004年。

〔註27〕高雪卿，《臺灣苗栗地區古典詩研究》，中國文化大學中國文學系碩士在職專班論文，2004年。

〔註28〕吳淑娟，《臺灣基隆地區古典詩歌研究》，中國文化大學中國文學系碩士論文，2004年。

〔註29〕林媛玉，《嘉義濱海地區傳統詩研究》，中正大學臺灣文學研究所碩士論文，2009年。

〔註30〕黃宏介，《南投地區現存傳統詩社研究》，中興大學中國文學系碩士在職專班論文，2009年。

〔註31〕黃文慧，《百年鯤瀛詩社之研究》，嘉義大學中國文學系碩士論文，2012年。

〔註32〕陳凱琳，《日治時期屏東古典詩研究》，屏東教育大學中國語文學系碩士論文，2013年。

　　相對於其他縣市，博碩士論文中有關宜蘭縣詩社的研究，除陳麗蓮《蘭陽地區傳統文學研究（1800～1945）》博士論文〔註33〕，有部份章節（第五章、第六章）加以論述。謝崇耀《日治時期臺北州漢詩文化空間之發展與研究》博士論文〔註34〕，其中第五章〈日治時期臺北州漢詩文化空間之實踐與考察——以宜蘭街爲例〉，對宜蘭街（今宜蘭市）詩社作研究之外，並未有研究生正式以「日治時期蘭陽地區傳統詩社」爲題作研究，因此引起進一步研究的動機。

　　2. 詩社式微，應及時研究

　　隨著臺灣現代文學的興盛，古典文學逐漸沒落，詩社活動也就日趨式微，以今日之文學氛圍觀察，古典詩成爲小眾文學，不復日治時期的風光，其重要性已被現代詩取代。因爲政府提倡新文學，舉凡中央政府、地方政府所舉辦的文學獎，均普設現代詩獎項。設有古典詩（傳統詩）獎項的文學獎寥寥無幾，現代詩（新詩）和古典詩（傳統詩）獎項的比例爲23：4，詳見表1－2：各級政府機關文學獎徵選作品體例一覽表。文學獎有帶動文學類型興起的作用，所以古典詩注定沒落。

　　再者，與大眾接觸密切的報紙，當今三大報社中國時報、聯合報、自由時報。中國時報的〈人間副刊〉闢有〈人間詩選〉刊載新詩，每年舉辦「時報文學獎」設有新詩組。聯合報的〈聯合副刊〉則有〈慢慢讀，詩〉刊載新詩，每年舉辦「聯合報文學獎」也有新詩組。自由時報的〈自由副刊〉也有新詩刊載，每年舉辦「林榮三文學獎」亦有新詩組。這三大報的副刊均無古典詩園地，文學獎項不設古典詩組，因此限縮古典詩的生存空間。回顧戰後初期傳統詩發表報刊，諸如《大眾日報》、《中華日報》、《自立晚報》……《臺灣新生報》等報刊百家爭鳴，如今只剩《更生日報》，詳見表1－3：戰後臺灣傳統詩期刊、報紙一覽表。傳統詩社數量萎縮，到民國一〇三年（2014）全臺僅有七十二社，扣除區域聯吟詩會六個，實際只有六十六社，詳見表1－4：現存臺灣傳統詩社（2014）。

　　當今蘭陽地區詩社只剩下「仰山吟社」一社，和日治時期擁有十六社比

〔註33〕陳麗蓮，《蘭陽地區地區傳統文學研究（1800～1945）》，佛光大學文學系博士論文，2008年。

〔註34〕謝崇耀，《日治時期臺北州漢詩文化空間之發展與研究》，中正大學中國文學系博士論文，2010年。

較相差很多，詳見表1－5：日治時期蘭陽地區詩社數量統計表（1895～1945）。目前仰山吟社社務停頓，呈現半休眠狀態，尚有少數社員個別參加他社聯吟或全國性聯吟。仰山吟社本身例行性詩會活動已暫停，社員零散且年紀偏高，沒有完善吸收及栽培新進社員計畫，因而產生斷層，詩社保存不易，有隨時滅社之危險，亟需振衰起蔽，故產生及時研究的動機。

二、研究目的

本論文研究目標及方向，透過對於相關文獻的蒐集和分析研究，預期達到下列三項目的：

（一）追尋日治時期蘭陽地區詩社的成立原因和發展狀況

追尋日治時期蘭陽地區詩社為何興盛，其外在原因和內在原因為何，成立後的發展情況，蘭陽地區內各詩社間的交往情形，臺北州轄下詩社聯吟，以及和其他地區，甚至全臺詩社的互動情形。

（二）研究日治時期蘭陽地區詩社的藝術性

探討研究蘭陽地區詩社的藝術手法，由意象書寫以及修辭手法兩方面進行析論。雖然學界普遍認為日治時期的詩社，其作品多為擊缽吟，藝術性偏低，但即使擊缽吟亦有一定的價值存在，漢文化不就是賴其保存下來。藝術性雖低也非全然不可取，其中藏有佳作值得欣賞。

（三）探索日治時期蘭陽地區詩社對在地文化的意義

探索日治時期蘭陽地區詩人，在改朝換代政治環境丕變下如何自處，與日本統治當局的關係，如何互動及其所產生的影響，如何在殖民政府大力推動皇民化運動下，藉由詩社活動努力延續漢文化，詩社對在地文化有何種意義。

第二節　文獻回顧與檢討

臺灣古典文學較少人研究，孟樊在《論文寫作方法與格式》一書中指出，以此為研究主題者，連一成都不到。由此可知，臺灣文學研究雖已成為顯學，但仍偏重現代文學，古典文學相關文獻不足。雖然目前臺灣古典文學論述質

量俱增，但針對蘭陽地區研究的古典文學資料仍嫌不足，須借重通論臺灣古典文學的著作，兼採其他地區詩社相關論述作爲補充參考之用，故宜蘭以外地區詩社的研究著述仍應予以重視。

一、專書著作

首先，就專書著作文獻資料作一回顧，陳麗蓮的《蘭陽地區傳統文學研究（1800～1945）》〔註35〕，係針對蘭陽地區傳統文學作深入研究，既然稱爲傳統文學，則其研究內容當然不限於詩社。就空間範圍言，包括傳統詩、文，兼及鸞書民間文學；就時間區隔言，以清嘉慶五年（1800）蕭竹書寫〈甲子蘭記〉做爲發端，迄民國三十四年（1945）二戰終止日治時期結束，由清領時期迄日治時期，前後橫亙一四五年，既是蘭陽地方文學研究，也是斷代文學史研究。

該書原係博士論文，內容除對蘭陽地區的自然與人文背景作通盤敘述，並以〈蘭陽地區日治時期傳統詩社研究〉、〈蘭陽地區日治時期詩文分析〉兩章，專述蘭陽地區詩社及其重要社員詩作分析。以《詩報》、《臺灣日日新報》、《風月報》等爲基礎，進行資料蒐集及歸納分析，佐以田野調查，是截至目前爲止對蘭陽地區詩社研究最詳盡的文獻，頗具參考價值。

謝崇耀的《日治時期臺北州漢詩文化空間之發展與研究》〔註36〕，臺北州指日本大正九年（1920）七月二十七日，日本政府改訂地方制度，「臺北州轄境即今臺北、新北、基隆以及宜蘭。」〔註37〕廢宜蘭廳，於臺北州下置宜蘭、羅東、蘇澳三郡，從此宜蘭屬於臺北州。

該書爲博士論文付梓，第五章〈日治時期臺北州漢詩文化空間之實踐與考察——以宜蘭街爲例〉，對宜蘭街詩社文化空間作一詳盡論述，宜蘭街爲1920年到1940年間存在之行政區〔註38〕，轄屬臺北州宜蘭郡。將宜蘭街各詩社漢詩活動情形翔實紀錄，其資料之完整性不下於陳麗蓮的《蘭陽地區地區

〔註35〕陳麗蓮，《蘭陽地區傳統文學研究（1800～1945）》（新北：花木蘭文化出版社，2013 年）。

〔註36〕謝崇耀，《日治時期臺北州漢詩文化空間之發展與研究》（新北：稻鄉出版社，2012 年）。

〔註37〕顧敏耀、薛建蓉、許惠玟，《一線斯文：臺灣日治時期古典文學》（臺南：國立臺灣文學館，2012 年），頁 27。

〔註38〕李信成，《宜蘭市志·政事篇》（宜蘭：宜蘭市公所，2004 年），頁 47。

傳統文學研究（1800～1945）》，具有高度參考價值，而且從空間角度切入探討析論，呈現嶄新的論述方式，啓發另一種思考論述方向。

該書仍有其局限性，所舉案例主要是宜蘭街內的詩社，難免以偏概全。昔日臺北州（1920 年～1945 年）下轄三個州轄市：臺北市、基隆市（1924 年升格）、宜蘭市（1940 年升格），九個郡：七星郡、新莊郡、海山郡、文山郡、淡水郡、基隆郡、宜蘭郡、羅東郡、蘇澳郡〔註 39〕。宜蘭郡、羅東郡、蘇澳郡號稱蘭陽三郡，大致奄有蘭陽地區。宜蘭郡下轄宜蘭街（1940 年升格爲市）、頭圍庄、礁溪庄、壯圍庄、員山庄，可見以宜蘭街爲例，範圍過於狹隘，難免疏漏頭圍庄、礁溪庄、壯圍庄、員山庄，以及羅東郡（下轄羅東街、五結庄、三星庄、冬山庄、蕃地）、蘇澳郡（下轄蘇澳街、蕃地）等地的詩社活動。

黃美娥的《古典臺灣：文學史・詩社・作家論》〔註 40〕，內容分爲文學史、詩社、作家三部分：一、文學史，概說臺灣古典文學（1651～1945）。二、詩社，通論臺灣古典詩，並非針對蘭陽地區，係收錄往昔發表的兩篇論文：〈日治時代臺灣詩社林立的社會考察〉、〈北臺第一大詩社——日治時代的瀛社及其活動〉，其中之〈日治時代臺灣詩社林立的社會考察〉，原本發表於《臺灣風物》第四十七卷第三期，剖析臺灣詩社林立的時代背景和原因，對於有關蘭陽地區詩社創立原因之寫作，具有參考價值和啓發作用。三、作家，舉櫟社中霧峰三詩人〔註 41〕之一的林仲衡（1877～1940）、北郭園吟社的王松（1866～1930）、鐵血詩人吳濁流（1900～1976）爲例，析論臺灣遺民詩人應世之道，對於日治時期蘭陽詩人如何以漢詩抵抗異族文化的論述，具有啓發作用。

顧敏耀、薛建蓉、許惠玟等的《一線斯文：臺灣日治時期古典文學》〔註 42〕，本書屬於國立臺灣文學館臺灣文學史長編之第八冊，內容分別爲〈古典詩社鳥瞰〉、〈古典文學作家簡介〉、〈古典文學作品概述〉，其中第二章〈古典詩社鳥瞰〉，分爲五節：一、臺北州；二、新竹州；三、臺中州；四、臺南州；五、高雄州與花東澎廳。臺北州管轄蘭陽地區一市三郡，故有對於蘭陽地區詩社的描述，可提供做爲與其他文本比對分析之用。其他章節則屬於臺灣古

〔註 39〕顧敏耀、薛建蓉、許惠玟，《一線斯文：臺灣日治時期古典文學》，頁 28。

〔註 40〕黃美娥，《古典臺灣：文學史・詩社・作家論》（臺北：國立編譯館，2007 年）。

〔註 41〕〈霧峰雜俎〉，《漢文臺灣日日新報》第 3896 號，列舉霧峰三詩人：林癡仙、林幼春、林仲衡。

〔註 42〕顧敏耀、薛建蓉、許惠玟，《一線斯文：臺灣日治時期古典文學》（臺南：國立臺灣文學館，2012 年）。

典文學通論,也有參考價值,尤其是書末所附〈文學年表 1895～1942〉,提供查對資料之便利性。

此外,楊欽年的《詩說噶瑪蘭》〔註 43〕,以記敘噶瑪蘭(蘭陽)清代事務爲主,分爲導讀、政事文教、風土形勢、族群互動、勝景人物等篇,全書「以史說詩,以詩證史」,雖不以日治時期爲範疇,但有關仰山書院和仰山社的闡述,仰山社正是日治時期仰山吟社的源頭,也是蘭陽眾詩社的鼻祖,故有參採價值。

二、期刊論文

其次,就相關期刊論文作回顧,可分爲兩類,第一類僅限於蘭陽地區者,篇數較少,但提供直接資料,方便採用。第二類爲臺灣通論但有部分涉及蘭陽地區者,雖然數量較多,卻只能提供部分資料斟酌使用。

(一)第一類,屬於蘭陽地區期刊論文:

本類期刊論文所論述內容,僅限於蘭陽地區詩社,具有專屬性:

首先討論陳燦榕的〈蘭陽文壇傳統詩的回顧與薪傳〉〔註 44〕,陳燦榕曾任仰山吟社社長,也曾任東明吟社總幹事,熟悉蘭陽地區詩社掌故。該篇文章對於蘭陽地區詩社興衰闡述甚詳,一般論文及史料記載,只敘述蘭陽地區詩社創立而不知其最終結局,讓人無從了解詩社始末,經追查結果,在該文中得到答案,雖然日治時期蘭陽地區有三大詩社和十幾個小社,進入民國時期(1945～迄今)後詩社式微,該文指出所有詩社最後均併入仰山吟社〔註 45〕。

其次爲陳長城的〈宜蘭仰山吟社沿革〉〔註 46〕,這篇文章上溯首任噶瑪蘭廳通判楊廷理,闢建仰山書院,附設仰山社,有關社員名單,史無記載,不過陳長城肯定地說「前清具有秀才以上功名者,幾乎都是吟社的社員」〔註 47〕,這項大膽推論,依據經驗法則判斷是有可能的,只是至今還無人蒐集到

〔註43〕楊欽年撰文,周家安圖說,《詩說噶瑪蘭》(宜蘭:宜蘭縣文化局,2000 年)。

〔註44〕陳燦榕,〈蘭陽文壇傳統詩的回顧與薪傳〉,《蘭陽》58 期(臺北:蘭陽雜誌社,1991 年 5 月),頁 69～71。

〔註45〕同上註,頁 70。

〔註46〕陳長城,〈宜蘭仰山吟社沿革〉,《臺北文獻》,直字 109 期(1994 年 9 月),頁 141～144。

〔註47〕同上註,頁 144。

仰山社社員名單，不能夠提出有力鐵證，亟待後人繼續發掘史料以資補充。
此外，該文提出昭和六年（1931）當時仰山吟社社員名單，共有五十六人，
但未註明資料來源，正確性待考。另外，陳長城指出：「羅東秀才賴義楨、三
星秀才黃熾（玉屏）、三星秀才林維新也於羅東文宗社（今羅東孔子廟）成立
東興吟社。」〔註48〕不過羅東「東興吟社」未見於其他文獻，正確性存疑。
倒是賴子清〈古今臺灣詩文社（一）〉記載，桃園市八德區有一「東興吟社」，
成立於 1924 年，設立者為葉連三〔註49〕。

　　陳麗蓮的〈頭圍登瀛吟社之經營與詩作史料整理〉〔註50〕，此篇論文關
於登瀛吟社的資料蒐集完整，頗具參考價值，有關登瀛吟社之創立過程，詩
社成員及其活動情況詳加敘述，讓後人清楚認識詩社的創立宗旨，組織運作
情形，啟發後人緬懷先賢在異族打壓下經營詩社以振興漢文化的苦心，該文
指出：「登瀛吟社擊缽吟詩從積極面來看，則類似今日自辦小型文學獎，可視
為鼓勵社員創作，聯絡感情的方式。」〔註51〕對於擊缽吟持正面看法，不單
單以文字遊戲視之，將之與今日文學獎等量齊觀，可謂立論中肯。

　　陳麗蓮的〈蘭陽地區日治時期（1895～1945）傳統詩社探析〉〔註52〕，
收錄蘭陽地區詩社資料甚為周全，詳述重要詩社的沿革和成員名單，雖然沒
有列出所有詩社社員資料，實礙於文獻不足。陳麗蓮發表的兩篇期刊論文，
最後均併入博士論文《蘭陽地區傳統文學研究（1800～1945）》中，並由花木
蘭文化出版社發行專書。

（二）第二類，屬於臺灣通論期刊論文：
　　本類期刊論文為臺灣通論，不限於蘭陽地區，分析其內容可分為三大類
別：詩社淵源和沿革，詩社成立原因及其價值，詩社發展及其活動。

1. 著重詩社淵源和沿革，偏向文學史
　　賴鶴洲〈臺灣古代詩文社〉〔註53〕、賴子清〈古今臺灣詩文社（一）〉〔註

〔註48〕同註46，頁143。
〔註49〕賴子清，〈古今臺灣詩文社（一）〉，《臺灣文獻》，10卷1期，頁81。
〔註50〕陳麗蓮，〈頭圍登瀛吟社之經營與詩作史料整理〉，《臺灣文學研究學報》，1
　　　　期（2005年10月），頁23～78。
〔註51〕同上註，頁23。
〔註52〕陳麗蓮，〈蘭陽地區日治時期（1895～1945）傳統詩社探析〉，《宜蘭文獻雜誌》，
　　　　季刊81期82期合刊（2008年6月），頁202～225。
〔註53〕賴鶴洲，〈臺灣古代詩文社〉，《臺北文物》，8卷2期（1959年6月），頁80～87。

54）、賴子清〈古今臺灣詩文社（二）〉〔註55〕、曾今可〈臺灣的詩社〉〔註56〕、
劉遠智〈臺灣詩社的淵源與流衍〉〔註57〕等，內容都在敘述臺灣各地詩社淵
源和沿革，各縣市有哪些詩社，有多少社員，社長爲誰等，其中關於蘭陽詩
社部分，可供資料比對分析之用。

2. 探討詩社成立原因及其價值

王文顏〈光復前臺灣詩社的時代價值〉〔註58〕、黃美娥〈日治時代臺灣
詩社林立的社會考察〉〔註59〕、施懿琳〈日據時期臺灣古典詩的抗議精神與
比興諷喻傳統〉〔註60〕等。內容在探討分析臺灣詩社的時代價值和存在意義，
以及日治時期詩社勃興的內外在因素，詩人對日本殖民政府的態度和對應之
道，具有參採價值。

3. 研究詩社發展及其活動

夢痕〈臺灣詩報與臺灣詩薈〉〔註61〕、王文顏〈臺灣詩社之研究〉〔註62〕、
張夢機等〈傳統詩社的現況與發展〉〔註63〕、黃志民〈詩社活動現象及其意
義〉〔註64〕等。內容在敘述詩社活動狀況及其發展情形，相關詩刊的發行情
況，對於進一步了解詩社活動有幫助作用。

雖然以上所舉的每一篇論文，研究面向不同，論述切入點各異，但綜合

〔註54〕賴子清，〈古今臺灣詩文社（一）〉，《臺灣文獻》，10卷1期，頁79～110。

〔註55〕賴子清，〈古今臺灣詩文社（二）〉，《臺灣文獻》，11卷3期（1960年9月），
頁74～100。

〔註56〕曾今可，〈臺灣的詩社〉，《中國一週》，945期（1968年6月），頁23。

〔註57〕劉遠智，〈臺灣詩社的淵源與流衍〉，《中華文化復興月刊》，14卷5期（1981
年5月），頁40～43。

〔註58〕王文顏，〈光復前臺灣詩社的時代價值〉，《文訊》，18期（1985年6月），頁
43～49。

〔註59〕黃美娥，〈日治時代臺灣詩社林立的社會考察〉，《臺灣風物》，47卷3期（1997
年9月），頁43～88。

〔註60〕施懿琳，〈日據時期臺灣古典詩的抗議精神與比興諷喻傳統〉，《古典文學》，
12期（1992年10月），頁243～293。

〔註61〕夢痕，〈臺灣詩報與臺灣詩薈〉，《臺灣文獻》，6卷3期（1955年9月），頁65
～74。

〔註62〕王文顏，〈臺灣詩社之研究〉，《中華學苑》，23期（1979年9月），頁101～126。

〔註63〕張夢機等，〈傳統詩社的現況與發展（座談）〉，《文訊》，18期（1985年6月），
頁11～31。

〔註64〕黃志民，〈詩社活動現象及其意義〉，《文訊》，18期（1985年6月），頁51～
55。

起來足以完整呈現詩社面面觀，提供豐富資料，給予研究方向的啓發和資料的參考以及文本比對。

三、學位論文

　　學位論文中有關臺灣地區詩社的研究，肇始於民國六十八年（1979）王文顏的《臺灣詩社之研究》，其後陸續有人投入研究工作，近年研究詩社的範圍擴增，有研究臺灣全區域者，有研究某縣市或地區者，有研究單一詩社者，有研究某一詩社中之傑出詩人者，亦有設定某一主題對相關詩社作研究者，例如：吳品賢《日治時期臺灣女性古典詩作研究》〔註65〕，不一而足。

　　與日治時期蘭陽地區詩社較有關聯的論文有四篇，包含三篇博士論文，一篇碩士論文。陳麗蓮《蘭陽地區傳統文學研究（1800～1945）》，以及謝崇耀《日治時期臺北州漢詩文化空間之發展與研究》，屬於區域性論文。王文顏《臺灣詩社之研究》和廖雪蘭《臺灣詩史》，雖屬於臺灣全島性論文，但涵蓋蘭陽地區詩社。依發表時間排序如下：

　　王文顏的《臺灣詩社之研究》〔註66〕，本論文以明鄭、清代、日治時代爲研究範圍，析論明末復社幾社與臺灣之關係，臺灣詩社之發展及其分佈狀況，創立詩社之動機，詩社之活動，愛國詩人之作品。該研究結論指出：「臺灣同胞創立之詩社，其動機雖有數端，然均屬純正，有益風雅，關係文化之存亡。」〔註67〕對於臺灣詩社之存在價值持正面看法，立論中肯。

　　有關日治時期詩社成立原因，該論文舉出數端，經整理如次：一、士大夫之雅集。二、林園之雅集。三、滄桑之變家國之痛。四、不齒小人得志轉而遊戲筆墨。五、爲倡導漢學、保存民族正義。六、日人爲綏撫省內文士而附庸風雅。關於日治時期蘭陽地區詩社，指出有：仰山吟社、登瀛吟社、東明吟社、蘭社、敏求吟社、光文社、羅東吟社等。此論文是最早研究臺灣詩社之學位論文，具有一定學術地位，也是最早述及蘭陽詩社之學位論文，頗具參考價值。

　　此外還有三篇關於蘭陽地區古典文學的碩士論文：

〔註65〕吳品賢，《日治時期臺灣女性古典詩作研究》，臺灣師範大學國文學系碩士論文，2000年。
〔註66〕王文顏，《臺灣詩社之研究》，政治大學中國文學系碩士論文，1979年。
〔註67〕同上註，頁183。

一、陳照明,《清代噶瑪蘭儒學發展之研究》,臺北市立師範學院社會科教育
　　研究所碩士論文,2004 年。

二、林麗鳳,《詩說噶瑪蘭,說噶瑪蘭詩——清代宜蘭地區古典詩研究》,政
　　治大學國文教學碩士班學位論文,2006 年。

三、游建興,《清代噶瑪蘭地區的漢人文學發展》,佛光人文社會學院文學系
　　碩士論文,2006 年。

　　這三篇碩士論文主要是研究清代詩、文及儒學,文中有提到仰山書院及
其附設之仰山社,仰山社正是仰山吟社前身,也就是蘭陽詩社的嚆矢,其資
料對於蘭陽詩社之溯源具有參考價值。

　　本節的論述,在於透過相關文獻,包含專書著作、期刊論文、學位論文
的回顧,經由檢討分析前人論述,吸收研究成果,作為本文研究基礎,以期
進一步作比對、分析、歸納、研究,擴大成果。

第三節　研究範圍與方法

　　本論文名稱《日治時期蘭陽詩社研究》,屬於區域文學斷代研究,首須界
定題目中二個要項:一、何謂「日治時期」,其起迄年限。二、所謂「蘭陽」
之地區範圍。確定研究範圍和方向後,再就研究方法及步驟作一說明。

一、研究範圍

　　研究範圍的確立,影響嗣後研究方向,茲就「時間」與「空間」依序分
述之。「時間」以日治時期(1895～1945)為限,「空間」以蘭陽地區為限,
研究對象以詩社為限。詩社社員作品如有跨越日治時期,比如社員個人詩集
中收錄之作品,有時原作未註明日期因而無法確定創作年代,不排除為日治
時期作品,故仍應列入研究範圍。社員的創作不因改朝換代而停止,詩人創
作詩歌有可能始於清領時期終於日治時期,也有可能始於日治時期終於民國
時期(1945 年以後),更有可能橫跨清領、日治、民國(1945 年以後)三個
時期,如作者未註明創作日期,有時很難斷定屬於哪一時期。作品討論原則
上限於日治時期,如因創作年代不可考,則視需要酌予討論。

(一)時間範圍

　　臺灣有文字記載的歷史可分為五個時期:一、荷西時期(1624～1662)。

二、鄭氏時期（1662～1683）。三、清領時期（1683～1895）。四、日治時期（1895～1945）。五、民國時期（1945～迄今）。本文探討日治時期（1895～1945）蘭陽詩社，屬於斷代研究。日治時期的起始終止，始於清光緒二十年（1894）甲午戰爭，滿清政府戰敗割讓臺灣，次年（1895）六月十七日，日本政府第一任臺灣總督樺山資紀（1837～1922），在臺北舉行始政式宣布接管臺灣。終於民國三十四年（1945）十月二十五日，第二次世界大戰日本戰敗投降，第十九任總督安藤利吉（1884～1946）向中華民國國民政府歸還臺灣。蘭陽地區詩社的發展，以日治時期最重要，故選擇此一時期進行研究。

（二）空間範圍

本文屬於地方區域文學研究，研究範圍在空間上以「蘭陽地區」爲範疇。所謂「蘭陽地區」，係指由雪山山脈和中央山脈所圍繞蘭陽溪沖積扇平原，蘭陽平原爲臺灣三大平原之一，舊稱蛤仔難，爲三十六社原住民所居住，明崇禎初年爲西班牙人盤據，崇禎十五年（1642）轉爲荷蘭人佔領，明永曆十五年（1662）荷人降於鄭成功，至永曆二十二年（1669）退出蛤仔難，乃成化外之地。清朝在嘉慶十五年（1810）將之納入版圖，設治則始於嘉慶十七年（1812）八月置噶瑪蘭廳，設治於五圍（今宜蘭市），光緒元年（1875）改爲宜蘭縣〔註68〕。

日治時期蘭陽地區的範圍沿襲清代，與現今宜蘭縣行政區域大致相同，亦即以蘭陽平原爲範疇。日本政府於明治二十八年（1895）六月二十三日設置宜蘭支廳，隸屬於臺北廳。明治三十年（1897）改置宜蘭廳，下轄頭圍、羅東、叭哩沙、坪林尾（今屬新北市坪林區）等支廳〔註69〕。大正元年（1912），增置南澳支廳。大正九年（1920）廢宜蘭廳，於臺北州下置宜蘭、羅東、蘇澳三郡。昭和十五年（1940）宜蘭郡轄下宜蘭街升格爲臺北州轄市〔註70〕，蘭陽地區形成一市三郡。日治時期蘭陽平原行政區域歷經多次改制，但範圍均不出蘭陽地區。

〔註68〕盧世標，《宜蘭縣志·政事志·自治篇》（宜蘭：宜蘭縣文獻委員會，1969 年重刊），頁 1、3。

〔註69〕盧世標，《宜蘭縣志·政事志·自治篇》，頁 10～11。

〔註70〕李信成，《宜蘭市志·政事篇》（宜蘭：宜蘭市公所，2004 年），頁 55。

（三）研究對象

本文以《日治時期蘭陽詩社研究》為主題，故研究對象限於日治時期蘭陽詩社成員及其作品，日治時期當代詩人或前清遺民詩人，如未加入詩社參與活動，不符合命題範圍，則略而不論，例如前清知縣李望洋（1829～1901）雖是著名詩人，著有《西行吟草》〔註71〕，活動時間跨越清領時期和日治時期，但日治時期未加入詩社，故予以割愛不列入討論。同理，開蘭進士楊士芳（1826～1903）亦不列入討論。有加入詩社活動之前清遺民詩人則予以討論，例如前清賞授五品同知莊贊勳（1875～1944）加入仰山吟社，秀才陳書（1871～1932）曾擔任登瀛吟社社長，由於有參與詩社活動，均加以討論。

二、研究方法

本文研究方法係依據前述研究範圍，蒐集相關資料，包括詩文集、文獻史料、方志、專著、論文集論文、期刊論文、博碩士學位論文、日治時期報章雜誌、電子資訊等，採用質性研究之文獻分析法和歷史研究法，佐以田野調查，實地訪查、電話訪談、電郵訪談、網路蒐尋資料以進行研究：

（一）文獻分析法

文獻分析法（Document Analysis）又稱文獻資料分析法或文件分析法，除蒐集文獻史料、方志、專著，以及蘭陽地區詩社作品，來源包括各詩社成員作品集、詩文集、日治時期報章雜誌，主要為詩社和詩人作品發表園地《詩報》以及日治時期臺灣最大報《臺灣日日新報》，兼及其他報章雜誌，例如《臺灣詩薈》、《風月報》等直接資料。還有蒐集學者評論、研究論文，包含研討會論文、期刊論文、博碩士學位論文等間接資料。並使用電子資訊，以各教育機構、文史單位、研究機構之網站、資料庫、檢索系統等上網進行蒐尋，例如：中正大學「臺灣漢詩數位典藏資料庫」、宜蘭縣史館「宜蘭人文知識數位資料庫」、臺灣大學圖書館「臺灣研究資源」、國立臺灣文學館「全臺詩・智慧型全臺詩資料庫」和「文學文物數位典藏系統」等。蒐集所得資料，再與原典比對校正，進行分析。

文獻分析法可以幫助了解過去，重建過去，將蒐集所得資料校正、摘錄、整理、分類、歸納、綜和，作有系統、有秩序的分析。文獻是指具有歷史價

〔註71〕李望洋，《西行吟草》（臺北：龍文出版社，1992年）。

值之圖書文物資料，不論直接資料或間接資料，在進行資料分析前，必須先檢定可信度和可靠性。其分析步驟有四，即閱覽與整理、描述、分類和詮釋。

（二）歷史研究法

歷史研究法（historical research），係以嚴謹的方法探究往事。所謂歷史，就是指「往事」或「往事的紀錄」，此法乃是有系統的蒐集資料、評鑑資料，以考驗過去事件之因果、趨勢，作出正確描述和解釋。

歷史研究法具有時間性、變異性和特殊性。史料可分為文件、遺物、數量紀錄、口頭記錄等四類，包括官方文件、紀錄、期刊、報紙、詩文集、方志、耆老口述資料、遺物、古跡等等。史料依時空遠近，可分為主要史料和次要史料：主要史料指第一手史料，或稱直接史料；次要史料指第二手史料，或稱間接史料。原則上使用主要史料，若欠缺主要史料時可酌採間接史料。縱向時間性歷史考察，須結合政治、社會、教育、文化等歷史背景進行研究。

本文以歷史研究法連繫日治時期臺灣和蘭陽地區的歷史史實，有系統地蒐集當時的背景史料，蘭陽地區詩社的成立發展和詩人的活動紀錄、作品等，將歷史資料加以整理歸納分析，試圖探討蘭陽詩社對在地文化的存在意義。

日本領臺三個時期：綏撫時期（1895～1918）、同化時期（1919～1937）、皇民化時期（1937～1945）。以皇民化時期的政策施行對臺灣影響最大，本文依據這三個時期加以說明，探討日治時期蘭陽地區詩社成立發展情形，詩人寫作風氣，配合歷史角度結合詩章詞句，觀察蘭陽詩人在日本殖民政府統治下的應對之道，和其詩作所產生的意義。

歷史研究可分為四個步驟：一、界定研究問題，以研究目標來陳述研究問題，內含假設。二、蒐集與評鑑資料，區別主要史料和次要史料，儘量使用主要史料，也就是注重原典。三、綜合資料，閱覽資料並予以綜合。四、分析解釋及形成結論，邏輯分析文件資料並加以解釋，最後做出客觀結論。

蘭陽詩社成員之詩文集中，存有不少史料、詩歌、文章，對於研究日治時期蘭陽詩人的創作意識及動機，具有參考價值。

有關本文之研究方法，為使蘭陽詩社的活動及發展歷程能作一系統研究，於研究時運用分析、綜合、歸納、統計、比較等方法予以進行，期使蘭陽詩社的發展得到完整論述。

第二章　日治時期蘭陽詩社創立原因與發展

　　詩社濫觴於魏晉時期《蘭亭集》〔註1〕，學者認為殆無疑義〔註2〕，唐朝才正式出現詩社〔註3〕，宋朝詩社組織大為興盛，此種文人結社風氣留傳後世，在福建頗為盛行，清代由移民跨海流傳到臺灣，隨著噶瑪蘭設治而傳入蘭陽地區。

　　臺灣詩社始自清康熙二十四年（1685），由沈斯菴（名光文）等十四人成立東吟社〔註4〕，初名「福臺閒詠」，後改名為「東吟社」。自東吟社成立後，迄光緒二十一年（1895）清廷割讓臺灣止，兩百多年間臺灣詩社僅有東吟社、鐘毓詩社、竹社、梅社、潛園吟社、崇正社、竹梅吟社、斐亭吟會、荔譜吟社、牡丹詩社、浪吟詩社、海東吟社等十二社〔註5〕。

〔註1〕東晉穆帝永和九年（353）三月三日上巳節，王羲之（303～361）偕同謝安、孫綽及兒子獻之、徽之等四十一人，修禊後相聚於會稽山陰（今浙江紹興）的蘭亭飲酒賦詩，詩作集結成《蘭亭集》，並寫下著名的《蘭亭集序》。

〔註2〕大陸學者，廣東中山大學歐陽光《宋元詩社叢稿》。臺灣方面，廖一瑾《臺灣詩史》，以及武麗芳《日治時期塹城詩社淺探》中，均持類似論點。

〔註3〕高駢〈途次內黃馬病寄僧舍呈諸友人〉有句云：「好與高陽結吟社」，歐陽光《宋元詩社叢稿》以此推斷唐朝已有詩社。見歐陽光，《宋元詩社叢稿》（廣州：廣東高等教育出版社，2011年），頁156。

〔註4〕沈斯菴（名光文），與諸羅縣（今之嘉義）縣令季蓉洲、華蒼崖（名袞）、韓震西（名又琦）、陳易佩（名元圖）、趙蒼直（名龍旋）、林貞一（名起元）、陳克瑄（名鴻猷）、屠仲美（名士彥）、鄭紫山（名廷桂）、何明卿（名士鳳）、韋念南（名渡）、陳雲卿（名雄略）、翁輔生（名德昌）。龔顯宗選注，《沈光文集》（臺南：國立臺灣文學館，2012年），頁209～212。

〔註5〕廖一瑾（雪蘭），《臺灣詩史》（臺北：文史哲出版社，1999年），頁32～35。

　　直到日治時期臺灣詩社發展才達到顛峰，廖一瑾《臺灣詩史》引述《臺灣通志稿・學藝志・文學篇》記載：「民國二十五年（1936），全省詩社有一百七十八所」〔註6〕，賴子清《古今臺灣詩文社（二）》稱有二百四十四社〔註7〕，復據廖一瑾《臺灣詩史》調查統計結果：「日本人據臺五十年間，詩社成立者卻有二六一社。」〔註8〕顧敏耀、薛建蓉、許慧玟在《一線斯文：臺灣日治時期古典文學》中記載：「臺北州探討詩社數量計38個；新竹州52個；臺中州62個；臺南州74個；高雄州及花東澎三廳47個，總計紀錄詩社數量273個。」〔註9〕黃美娥甚至認為達到三百七十餘社〔註10〕，雖然五項數據不同，但是均已達到一百七十八社以上，應可確認至少有一百七十八社，甚至更多達三百七十餘社。

　　本文除追尋日治時期蘭陽地區傳統詩社源流外，欲更進一步分析日治時期蘭陽地區詩社的創立原因，探索其成立及發展狀況。因為日治時期詩社社員多為地方菁英分子，不是科舉及第者就是儒生或富豪、士紳，為地方意見領袖，居於領導階層地位，從其詩作觀察，有助於了解當時、在地風土民情。日治時期詩社勃興原因，前人多所研究，今以前人研究為基礎，增添淺見，綜合探討蘭陽地區詩社創立原因。

第一節　創立原因

　　日治時期臺灣詩社蓬勃發展，形成一種特有文化現象，詩社興盛狀況遠勝過同一時期中國大陸與日本。迥別於清領時期，也與民國時期（1945～迄今）大不相同，無疑地是受到清廷甲午戰敗割讓臺灣，政治生態異動，環境產生變遷，主政者心態不同，社會觀念改變，人們思想轉換等因素所致。想要了解日治時期蘭陽詩社為何如雨後春筍般創立的原因，必須由日人與漢人兩方面來探討。

〔註6〕廖一瑾（雪蘭），《臺灣詩史》（臺北：文史哲出版社，1999年），頁24。
〔註7〕賴子清，〈古今臺灣詩文社（二）〉，《臺灣文獻》，11卷3期（1960年9月），頁74。
〔註8〕廖一瑾，《臺灣詩史》，頁28～29。
〔註9〕顧敏耀、薛建蓉、許慧玟，《一線斯文：臺灣日治時期古典文學》（臺南：國立臺灣文學館，2012年），頁267。
〔註10〕黃美娥，《古典臺灣：文學史・詩社・作家論》（臺北：國立編譯館，2007年），序論V。

　　蘭陽地區詩社創立原因，應該和臺灣各地詩社相似，原因有三：政治氛圍的影響、日人喜愛漢詩而帶動風潮、漢人的態度，茲分析如下：

一、政治氛圍的影響

　　施懿琳指稱：「從清代、日治到戰後初期，每逢政權轉移之際，『古典詩』這種文類往往以其特殊性，扮演了溝通新政權與舊勢力之間的重要角色。」〔註11〕日人運用和臺籍文人共同喜好的漢詩作為溝通工具，為籠絡菁英階層支持殖民政府，臺灣總督府於明治二十九年（1896）十月頒布「臺灣紳章條規」，欲藉紳章制度收買士紳。第四任總督兒玉源太郎（1852～1906），於明治三十二年（1899）在別墅「南菜園」邀宴全臺詩人。復於明治三十三年（1900）三月十五日，邀集曾獲進士、舉人、貢生、廩生者一百五十一人，到臺北淡水館（清代之登瀛書院）參加「揚文會」，實際與會者七十二人，蘭陽地區到會十一人〔註12〕，有舉人：李望洋。歲貢：黃友璋、李挺枝、李葆英。恩貢：李紹宗等〔註13〕。明治三十八年（1905），民政長官後藤新平（1857～1929）於官邸「薲松閣」落成時，舉辦徵詩活動，與臺籍人士相唱和。大正十年（1921），第八任總督田健治郎（1855～1930）則在官邸與全臺詩人五十餘人茶敘賦詩，自賦一首七言絕句，並集結成《大雅唱和集》。

　　〈大正十年秋日開茶話會於官邸招待全臺詩社諸友席上賦示〉

　　田健治郎

　　我愛南瀛景物妍，竹風蘭雨入詩篇。

　　堪欣座上皆君子，大雅之音更蔚然。〔註14〕

詩中「南瀛」指臺灣，將「竹風蘭雨」寫入詩中，「蘭雨」正是蘭陽事物，每當冬季東北季風來臨，蘭雨綿綿富有詩意。大正十三年（1924），第九任總督內田嘉吉（1866～1933），在臺北大稻埕江山樓舉行全臺詩人聯吟。大正十五

〔註11〕施懿琳，〈五○年代臺灣古典詩隊伍的重組與詩刊內容的變異〉，《戰後初期臺灣文學與思潮論文集》（臺北：文津出版社，2005 年），頁 29～61。

〔註12〕高淑媛，《宜蘭縣史大事記》（宜蘭：宜蘭縣政府，2004 年），頁 100。

〔註13〕曾今可，〈臺灣的詩人〉，《臺灣省通志館館刊》，1 卷 2 期（1948 年 11 月），頁 27。

〔註14〕中正大學臺灣文學研究所，「臺灣漢詩數位典藏資料庫」，網址：http://140.125.168.74/literaturetaiwan/poetry/04/04_02/04_02_01.htm,2014/06/15,04:20PM。

年（1926），第十一任總督上山滿之進（1869～1938），邀集全臺詩人共聚於東門官邸聯吟，作品輯爲《東閣唱和集》。

歷任臺灣總督對文人恩寵有加，讓詩人自認爲獲得殊榮，對其他人民則具有鼓勵作用，引發學詩風潮，促使詩社興起與茁壯。在這股流行風潮中，蘭陽地區傳統詩社跟隨逐步創立。

陳培豐在〈日治時期的漢詩文、國民性與皇民文學：在流通與切斷過程中走向純正歸一〉文中指出：

> 黃美娥的詩社研究中甚至告訴我們：「從大正十年到昭和十二年（1921～1937），這十七年間是全臺詩社數目增加最多的時段，共計成立 159 個新詩社。」換句話說，在所謂新舊文學論戰最激烈的時候，同時也是漢詩社成立最多的時候。〔註15〕

在 1921 年到 1937 年間新舊文學論戰最激烈時，也是詩社成立最多的時候，蘭陽地區亦然，爲何會如此，值得探討，無疑日本政府的立場是關鍵。傳統詩人向來耽於吟風弄月，比起高談改革的新文學作家，較無反動性、叛逆性，對殖民政府威脅性較低。日本殖民政府基於政治考量，認爲詩社對其政權傷害性較低，兼可疏導文人不滿情緒，兩害相權取其輕，寧可壓制新文學，允許各地詩社成立。

一八九五年六月二十一日，日軍由蘇澳登陸，二十二日侵入宜蘭。一八九六年一月十二日，日軍再度由蘇澳登陸，十七日攻佔礁溪，宜蘭地區抵抗軍徹底瓦解〔註16〕。經過日本政府一段期間高壓統治後，社會呈現安定狀態。根據歷史經驗，在安定的社會環境下，通常是較有利於文學發展，譬如大唐盛世近體詩蓬勃發展，北宋則發展詞。在相對安定的環境下，蘭陽地區詩社規模得以擴充。

二、日人喜愛漢詩而帶動風潮

日治時期詩社得以興盛，原因很複雜，外在因素和內在因素都有，不能以殖民政府的懷柔綏撫涵蓋一切。在臺日人對漢詩的喜愛，因而帶動詩社風

〔註15〕 成功大學臺灣文學系編，《跨領域的臺灣文學研究學術研討會論文集》（臺南：國立臺灣文學館，2006 年），頁 486～487。

〔註16〕 依據：盧世標，《宜蘭縣志・卷首中・大事記》（宜蘭：宜蘭縣文獻委員會，1960 年）。潘作津，《宜蘭縣志・卷首中・大事記・續篇》（宜蘭：宜蘭縣文獻委員會，1970 年）。高淑媛，《宜蘭縣史大事記》綜合整理。

潮，這一事實不能完全抹除。土居通豫（香國）、水野遵（大路）、白井如海、加藤重任（雪窗）、伊藤天民等日人，以及「臺日論說」記者章炳麟等二十多人，率先在明治二十九年（1896）成立「玉山吟社」〔註 17〕，其他詩社還有「淡社」、「南雅吟社」、「穆如吟社」等〔註 18〕。黃美娥指稱：「發現由日人主導的玉山吟社，扮演著臺灣傳統詩社得以延續的關鍵角色。」〔註 19〕亦即日人玉山吟社的成立，開啟日治時期詩社的勃興。

唐太宗貞觀十九年（645）日本孝德天皇推行「大化革新」，全面學習唐朝典章制度，中國詩文對日本影響甚深，日人喜愛漢詩，也有許多文人能寫漢詩。駐臺日本官僚，不乏喜愛漢詩又能寫漢詩者，日本在臺文人亦有許多能詩者，時與臺籍人士唱和，其中翹楚，首推《臺灣日日新報》漢文部主任籾山衣洲（1858～1919），曾輯錄《南荃園唱和集》〔註 20〕。其他，還有中村櫻溪（1852～1921）、……館森鴻（1863～1942）等人。

在蘭陽地區的日本人，同樣有擅於寫漢詩者，先後留下一些作品，既是文學資料也是歷史文獻，例如曾任宜蘭郡守（1926～1927）的八丁春太郎所作〈年頭口占〉一詩：

愧浴皇恩四五春，南瀛作宦七經新。

欲知蘭邑流亡少，須識均沾雨露仁。〔註 21〕

整首詩以「愧浴皇恩」起頭，忠實反映日本官員對天皇的忠誠，正是儒家思想所強調忠君愛國，由此印證漢文化、儒教對日本之影響。次句說在臺灣當官七年，頗有他鄉作故鄉的感慨。三四句自吹自捧政績優良，有功於宜蘭。這首詩為日人統治宜蘭史實作一註腳，其歷史性大於文學性。

又如首任宜蘭公學校校長〔註 22〕，三屋大五郎（1864～？），號清陰，曾作〈恭祝宜蘭公學校創立三十週年〉一詩：

〔註 17〕國立臺灣文學館，「臺灣詩社資料庫」，網址：http://xdcm.nmtl.gov.tw/twp/c/c01.htm,2014/06/11,10:20AM。

〔註 18〕王文顏，《臺灣詩社之研究》，政治大學中文系碩士論文，1979 年，頁 107～119。

〔註 19〕黃美娥，《重層現代性鏡像：日治時代臺灣傳統文人的文化視域與文學想像》（臺北：麥田出版社，2004 年），頁 148。

〔註 20〕廖振富、張明權選注，《在臺日人漢詩文集》（臺南：臺灣文學館，2013），頁 130～131。

〔註 21〕張振茂，《茗園集》（宜蘭：張振茂，未著撰年），宜蘭縣史館藏影本，頁 83。

〔註 22〕即今日宜蘭縣宜蘭市中山國民小學，成立於明治 29 年（1896）8 月 2 日。

種露栽雲三十春，紅桃白李滿蹊新。

芳園馥郁歡何極，我是開荒起手人。〔註23〕

起句「種露栽雲」破空而來，氣勢不小，「三十春」直接點題創校三十週年。承句「紅桃白李滿蹊新」，採用句中對，「紅桃」對「白李」，指的是學生。結句「我是開荒起手人」，說明自己是首任宜蘭公學校校長。「芳園馥郁歡何極」，充滿創校有成的喜悅。三屋大五郎曾任《臺南新報》漢文主筆，以及嘉義地區詩社「鴉社」顧問，是教育家也是詩人。

日人初到臺灣得不到人民認同，於是發動宣傳，設立報社、雜誌社發行報刊雜誌，以為殖民政府宣傳政令之用，向臺灣人民進行洗腦。清朝遺留下來沒有內渡大陸的知識份子，許多具有科舉功名身分，在地方上素為鄉人敬重，有一定影響力。為吸引舊日文人閱覽報紙，遂行其目的，所以增闢漢詩園地做為釣餌，文人技癢兼欲博取聲名，相率投稿，因此培養一群詩人，有利於結成詩社。詩社成員作品，也經由報章雜誌發行周知，獲得成就感，形成魚水相幫效應。由於報紙雜誌推波助瀾，使得詩社更加蓬勃發展。除了日本人辦理報章雜誌社，臺籍人士也相繼辦理，譬如連橫所辦的《臺灣詩薈》，創刊時間大正十三年（1924）二月十五日，停刊時間大正十四年（1925）十月十五日，起迄卷期第1～22號。

當時報章雜誌有：《三六九小報》、《風月報》、《詩報》、《臺灣日日新報》、《臺灣民報》、《臺南新報》、《臺灣詩薈》、《臺灣新聞》等，確實掀起推波助瀾作用。蒐集文獻研究發現，蘭陽地區詩人較常發表詩作的報章雜誌為：《詩報》、《風月報》和《臺灣日日新報》。《詩報》更是由登瀛吟社盧纘祥（1903～1957）所大力支持發行，初期登載大量登瀛吟社社員所發表的詩作。

三、漢人的態度

促成日治時期蘭陽地區詩社勃興原因，當然和日本政府操控脫不了關係，這只是外部原因，詩社成員內心思維的因素更不應該排除。

（一）意欲保存漢文化

日人據臺初期急於施行統治權，深諳需要有地方意見領袖配合的道理，在不挑戰統治權情況下，允許社經地位較高文人結社昌詩，而詩社主持人也

〔註23〕同註21，頁84。

高舉「保存漢文化」旗幟招攬社員。例如「登瀛吟社社規」第一章總則第二條：「本社以研究漢詩振興漢學及助長地方文化爲宗旨。」〔註24〕明確標舉成立吟社目的有三：研究漢詩、振興漢學、助長地方文化。

（二）推廣詩學

從前科舉時代，詩文對一般士子來說是必備技能，習得一身學識後參加科舉，藉以換取功名富貴。遞逢乙未割讓臺灣變故，日本施行新式教育，更限制臺籍人士參與政治，造成文人英雄無用武之地，於是轉而推廣詩學，在詩社中教導後進。

（三）切磋詩藝

個人在家吟詠詩歌，不與他人接觸，無法知道自己詩藝水準如何，也無法惕勵磨練，因此有結社需求。一群人定期或不定期在詩社中聚會，賦詩吟詠，聘請前輩高手擔任詞宗評選指導，社員互相切磋，並和他社聯吟交流，有時數社聯吟，甚或全島聯吟，藉以提升詩技。

例如「登瀛吟社社規」第五章文藝及事業第十二條：「本社每月課題一次，由值辦擬定題目，於每月擊缽會時通知社員，至次月十五日止務要交卷，過期者不得再交。」〔註25〕明訂每月一次課題詩和一次擊缽吟。

（四）遺民心態

清廷割讓臺灣，臺籍文人有避往大陸者，如丘逢甲（1864～1912）寫下六首〈離臺詩〉後黯然離臺〔註26〕。留臺者普遍瀰漫著無力感與失落感，故國之思不可得，抱持滿清遺民心態，既無力反抗日本統治的現實，只好沉迷

〔註24〕莊英章、吳文星，《頭城鎮志》（宜蘭：頭城鎮公所，1985 年），頁 497～498。
〔註25〕同上註。
〔註26〕〈離臺詩〉一組六首，收錄於《嶺雲海日樓詩鈔選外集》。〈文苑〉，《臺灣日日新報》287 號（1899 年 4 月 20 日），2 版。賴子清，《臺海詩珠》（苗栗：苗栗縣國學會，未著撰年），頁 18：
宰相有權能割地，孤臣無力可回天。扁舟去做鴟夷子，回首河山意黯然。
虎韜豹略且收藏，休說承明執戟郎。至竟虹霓成底事，宮中一炬類咸陽。
捲土重來未可知，江山亦要偉人持。成名豎子知多少，海上誰來建義旗。
從此中原恐陸沈，東周積弱又於今。入山冷眼觀時局，荊棘銅駝感慨深。
英雄退步即神仙，火氣消除道德編。我不神仙聊劍俠，仇頭斬盡再昇天。
亂世團圓骨肉難，弟兄離別正心酸。奉親且作漁樵隱，到處名山可掛單。

詩中得過且過，不問國家大事以避禍。猶有內渡大陸不適而返回臺灣者，更是充滿無奈，唯有寄託詩詞聊以度日。

（五）對科舉制度的緬懷

老一輩文人失去科舉競技舞臺後，緬懷當年科場報捷往事，於是轉向追求詩會中的榮耀。詩社常常舉辦課題、徵詩、擊缽聯吟等活動，有時一社，有時數社聯吟，甚或全島聯吟。優勝者比照科舉制度，前五名稱為狀元、榜眼、探花、傳臚、翰林，彷彿回到昔日科場，令儒生熱衷參與詩社。

（六）提高身價博取榮譽

由於歷任總督器重詩人，造成一般人的羨慕，認為學詩可以抬高身分地位，受到官方和地方人士尊重，於是心生嚮往，有人登高一呼就加入詩社，日後有機會和當地日本官員、教員、文士交往，彼此賦詩唱和，與統治階層近距離接觸，自抬身價。

（七）地區間的比附效應

群眾經常存在一窩蜂心理，由於西部、北部地區大量成立詩社，引起比附效應。宜蘭從清嘉慶十七年（1812）設治後，共出了一位進士楊士芳，以及黃纘緒、李春華、李望洋、楊步瀛、陳望曾、李師洙、李春潮、李逢時、李春瀾、連旭春、林廷儀、林以佃、戴宗林等十三位舉人〔註27〕，被沈葆楨稱讚「淡蘭文風冠全臺」，蘭陽文士不甘落後其他地區，大正三年（1914）宜蘭率先成立仰山吟社，隨後頭城、羅東等地相繼成立詩社。

第二節　成立狀況

偏處臺灣東北角一隅的蘭陽地區，受制於雪山山脈和中央山脈險阻，地形隔絕以至於開發較晚，在交通不便情形下，政治、經濟、文化、教育、社會等各項發展，落後臺灣西部、北部地區，詩社的興起速度也較為遜色。據黃美娥在〈日治時代臺灣詩社林立的社會考察〉一文中所述：「嘉、南地區之詩社凡六十九社，……臺北地區……亦達五十二社之多，……新竹、彰化……

〔註27〕張日隆，〈清代噶瑪蘭科舉名錄〉，《宜蘭縣退休教育人員協會會刊》42 期（2012年 1 月 20 日），頁 7。

詩社亦夥。而臺中、高屏地區……詩社數目實亦可觀。」〔註28〕同一時間在蘭陽地區詩社數目落後甚多，根據陳麗蓮《蘭陽地區地區傳統文學研究（1800～1945）》研究結果顯示，主要有三大社：仰山吟社、登瀛吟社、東明吟社，十餘小社：吟香社、蘭社、光文社、敏求吟社、潮音吟社……等〔註29〕。就數量言，和西部、北部地區不能比，只與花東、澎湖等偏遠地區相埒，況且陳麗蓮所提「潮音吟社」，是否成立於日治時期尚有疑義，據《宜蘭縣志・人民志・禮俗篇》記載〔註30〕，該社成立於民國三十七年（1948），《羅東鎮志・文化篇・文學章》亦有相同記載〔註31〕，廖一瑾《臺灣詩史・臺灣詩社繫年》也未列入該社〔註32〕。雖蘭陽地區日治時期詩社成立晚而少，還是跟上時代潮流，比清代只有「仰山社」一社多出許多倍。

一、仰山吟社

（一）清領時期

陳長城〈宜蘭仰山吟社沿革〉指稱：「仰山吟社始創於前清嘉慶十七年二月上巳日。……楊廷理首先以興建衙門餘材，闢建仰山書院，並附設『仰山吟社』，每月集士子月課、唱和，此為仰山吟社之創由。」〔註33〕仰山吟社的創立可以上溯至清領時期，清嘉慶十五年（1810）臺灣知府楊廷理（1747～1813），奉命開辦噶瑪蘭廳，於嘉慶十七年（1812）設立書院，該書院位置在廳治西面文昌宮左側，書院故址為百姓佔用，今已不存，見圖一、二。事見陳淑均，《噶瑪蘭廳志》卷四：

> 仰山書院，在廳治西文昌宮左，以景仰楊龜山得名。嘉慶十七年委
> 辦知府楊廷理創建三楹，旋圮。道光五年，通判呂志恆移假文昌祠

〔註28〕黃美娥，〈日治時代臺灣詩社林立的社會考察〉，《臺灣風物》47 卷 3 期，頁 53～54。

〔註29〕陳麗蓮，《蘭陽地區地區傳統文學研究（1800～1945）》，博士論文，2008 年，頁 247。

〔註30〕盧世標，《宜蘭縣志・人民志・禮俗篇》（宜蘭：宜蘭縣文獻委員會，1960 年），頁 41。

〔註31〕中華綜合發展研究院應用史學研究所，《羅東鎮志》（宜蘭：羅東鎮公所，2002 年），頁 569。

〔註32〕廖一瑾，《臺灣詩史》，頁 32。

〔註33〕陳長城，〈宜蘭仰山吟社沿革〉，《臺北文獻直字》，109 期（1994 年 9 月），頁 141。

> 東廡房，爲山長安硯之地，並於東首臨街建一門樓，額曰「仰山書
> 院」。〔註34〕

楊廷理因爲景仰福建宋儒理學大師楊時（1053～1135），字中立，學者稱龜山先生，頭城外海恰巧有島嶼稱爲龜山，故取名「仰山書院」。仰山書院生員相邀結成詩社附於仰山書院，於每歲四季仲月聚首賦詩吟詠，名曰「仰山社」，可視爲仰山吟社的前身。《噶瑪蘭廳志》卷四，有關於「仰山社」的記載：

> 蘭無所謂義學，並社亦不得爲學。惟蘭士百數十人中自相訂盟，捐
> 有簿置。每歲四仲月，即在仰山書院內一會，文酒盡日。完篇，擇
> 其品優學裕者，請定甲乙。七名以內，贈筆硃墨有差，名曰仰山社。
> 〔註35〕

由上面引文可知仰山社有社員百數十人，都是蘭陽地區儒生，每季在仰山書院聯吟一次，一年詩酒聯歡四次，擇優七名贈與筆墨。相互砥礪詩文，兼有古代名士雅集風韻，賡續沈光文「東吟社」遺緒，可惜乙未鼎革後詩社運作中輟，社址遭日軍憲兵隊進駐，文物遺失一空〔註36〕。

（二）日治時期

仰山吟社在提供給《詩報》的〈各社社友錄〉資料中，自稱「道光三年（1823）八月十五日開社」〔註37〕，應係指清代「仰山社」。又，《臺灣日日新報》報導，一九三一年六月十四日，宜蘭仰山吟社五十週年紀念會，開於宜蘭街林氏家廟。依此時間點倒推，則仰山吟社成立於光緒七年（1881）。一般認爲仰山吟社正式創立於日治時期，爲蘭陽地區詩社鼻祖，創社時間有二種說法：

1. 大正三年（1914）說

據賴子清，〈古今臺灣詩文社（二）〉記載，「仰山吟社」創立於大正三年〔註38〕。宜蘭名醫林拱辰（1865～1935），字星樞，爲維護漢文化，以「仰山書院」故址，邀集貢生李翰卿、秀才林廷倫等士紳共組詩社，沿襲「仰山」

〔註34〕陳淑均，《噶瑪蘭廳志》（南投：臺灣省文獻委員會，1993年），頁139。

〔註35〕同上註，頁152。

〔註36〕陳長城，〈宜蘭仰山吟社沿革〉，頁142。

〔註37〕《詩報》87號（1934年8月15日），頁16。

〔註38〕賴子清，〈古今臺灣詩文社（二）〉，《臺灣文獻》11卷3期（1960年9月），頁74。

之名稱曰「仰山吟社」，共推林拱辰爲第一任社長，此係蘭陽地區傳統詩社之
嚆矢。

2. 昭和八年（1933）說

盧世標《宜蘭縣志・人民志・禮俗篇》，第五節「詩社及聯吟會」記載：

> 宜蘭地區有吟香社，成立於民國三年（日大正三年），嗣又有光文社，
> 成立於民國八年（日大正八年），其後吟香光文兩社於民國二十二年
> （日昭和八年）合併，改稱仰山吟社，今有詩友四十七人，推陳金
> 波爲社長。〔註39〕

依照《宜蘭縣志》說法，仰山吟社於昭和八年（1933），由吟香社、光文社合
併而成，若此說正確，1933 年以後吟香社應已不存在，實際上並非如此。據
《宜蘭文獻叢刊》之〈宜蘭縣建縣卅週年全國詩人聯吟大會職掌表〉，《宜蘭
縣設縣三十週年全國詩人大會專輯》記載略以：「主辦單位：宜蘭縣孔孟學會，
協辦單位：登瀛詩社、仰山詩社、吟香詩社、濤聲詩社、東明詩社。」〔註40〕
顯示至民國六十九年（1980）十月吟香詩社仍然存在，此一文獻使得《宜蘭
縣志》說法有待商榷。

綜上論述，以第一說創立於大正三年（1914）爲正確，研究者多採此說，
王文顏《臺灣詩社之研究》、廖一瑾《臺灣詩史》、陳麗蓮《蘭陽地區傳統文
學研究（1800～1945）》、謝崇耀《日治時期臺北州漢詩文化空間之發展與研
究》均採第一說，國立臺灣文學館「臺灣詩社資料庫」亦同。惟大正二年（1913）
二月二十八日《臺灣日日新報》有一則報導，謂水返腳（今新北市汐止區）
詩人高重熙（峻極）來訪宜蘭，作〈壬子葭月留別蘭陽仰山吟社詞友〉，莊贊
勳（仁閣）、林吳庚（嚼梅）各作〈次高重熙君留別瑤韻〉和之〔註41〕。由此
觀之，1913 年之前仰山吟社應已成立。

二、登瀛吟社

「登瀛吟社」成立於頭圍庄（今頭城鎮），又稱「登瀛詩社」、「登瀛社」、
「頭圍吟社」、「頭圍登瀛吟社」，創社社員有十八人，故採用「十八學士登瀛

〔註39〕盧世標，《宜蘭縣志・人民志・禮俗篇》，頁 41。
〔註40〕宜蘭縣政府，《宜蘭縣設縣三十週年全國詩人大會專輯》（宜蘭：宜蘭縣政府，
　　　　1981 年），頁 16。
〔註41〕《臺灣日日新報》，1913 年 2 月 28 日，日刊 6 版。

州」的典故，社名稱為「登瀛吟社」。依據《頭城鎮志・藝文志・文藝團體》記載，登瀛吟社創社十八學士為：林才添、林德發、李兩傳、吳六也、吳阿根、吳祥輝、陳木裕、陳阿榮、陳書、莊鰲、張煙親、黃登元、黃見發、游象新、楊水成、簡林財發、劉枝昌、盧纘祥〔註42〕。創立時間有四種說法：

（一）大正八年（1919）說

據盧世標纂修《宜蘭縣志・人民志・禮俗篇》，第五節「詩社及聯吟會」中記載：「頭城地區有登瀛吟社，成立於民國八日（日大正八年），係由盧纘祥創始，今有詩友十五人。」〔註43〕此說未註明出處，並無有力資料作為佐證，故可信度存疑。

（二）大正十年（1921）說

林正芳《續修頭城鎮志・文化篇・登瀛詩社》指出，《臺灣通志稿・學藝志・文學篇》云：「民國十年，有盧史雲發起，邀集葉文樞、黃振芳、簡林財發等設立『登瀛吟社』，亦時集吟會。」〔註44〕林正芳《續修頭城鎮志》支持該論點。依據《臺灣詩薈》大正十三年（1924）六月第五號〈騷壇紀事〉記載：「登瀛社（頭圍），以五月四日發表徵詩，題為〈白燕〉五律（微韻），限至月抄截收。」〔註45〕又，大正十三年（1924）三月二十一日《臺灣日日新報》登載：「登瀛吟社訂於舊曆二月十九日午後一時，假頭圍喚醒堂開擊缽吟會。」〔註46〕依此記載，登瀛吟社最遲1924年即已成立，早於1926年成立說法。喚醒堂，見圖五。

（三）大正十五年（1926）說

賴子清〈古今臺灣詩文社（二）〉云：「宜蘭縣頭城鄉頭圍詩人，於民國十五年（1926），倡設登瀛吟社。」〔註47〕王文顏《臺灣詩社之研究》，廖一瑾《臺灣詩史》，以及莊英章、吳文星纂修《頭城鎮志》皆採此說，一般都認

〔註42〕莊英章、吳文星，《頭城鎮志》（宜蘭：頭城鎮公所，1985年），頁497、503。
〔註43〕盧世標，《宜蘭縣志・人民志・禮俗篇》，頁41。
〔註44〕林正芳，《續修頭城鎮志》（宜蘭：頭城鎮公所，2002年），頁632。
〔註45〕《臺灣詩薈（上）》（南投：臺灣省文獻委員會，1992年），頁339。
〔註46〕《臺灣日日新報》，1924年3月21日，日刊6版。
〔註47〕賴子清，〈古今臺灣詩文社（二）〉，《臺灣文獻》十卷三期，1959年9月，頁82。

為登瀛吟社是 1926 年由盧纘祥、林才添、陳書等地方士紳所組成〔註48〕。

（四）昭和二年（1927）說

國立臺灣文學館「臺灣詩社資料庫」記載：「登瀛吟社，創始人：鄭騰輝，創辦時間：昭和二年（1927），創辦地點：宜蘭縣頭城鎮，歷任社長：吳祥輝、盧纘祥。」〔註49〕同一篇文章的「詩社活動」欄記載：「大正十一年（1922）五月三日《臺灣日日新報》第六版，載「登瀛社徵詩」第六期徵詩，詩題：白燕，詩體：五言律微韻。」依此推論 1922 年登瀛吟社應已存在，全篇前後矛盾，故此說不正確。且經查證《臺灣日日新報》，所稱大正十一年（1922）有誤，應為大正十三年（1924）。

綜上論述，得知第二說，即登瀛吟社創立於大正十年（1921）之說法符合史實。經查證《臺灣日日新報》大正十一年（1922）五月九日第六版「光文社詩社例會」，已有登瀛吟社鄭璞山、吳春麟、莊芳池社員參加的記載，足以支持登瀛吟社創立於大正十年（1921）之論點。

另一鐵證，就是昭和十一年（1936）十一月二日《詩報》第一四〇號記載：「第二日，十八日午前九時起煙火為號，登瀛吟社並開創立十五週年紀念。」〔註50〕同一時間，《臺灣日日新報》有相同報導：「臺北州秋季聯吟大會，輪值頭圍登瀛吟社主辦，前日已開籌備委員會議，決來十七日（即十月十七日）神嘗祭日，會場假頭圍信用組合樓上。本年適登瀛吟社創立十五週年，乘此大會之機，次日續開紀念招待會。」〔註51〕依據這兩則報導，以此時間點倒推，十五年前應是大正十年（1921），鐵證如山，其餘諸說自不成立。

三、東明吟社

依據歷史資料顯示，蘭陽地區之開發由北而南，以蘭陽溪為界，先開發溪北地區，次及溪南地區。城市發展亦然，由北往南先有開蘭第一城——頭城，次為宜蘭，再次為羅東，最後才是蘇澳。詩社的創立，由於宜蘭曾為縣治所在，人文薈萃最先創立仰山吟社。頭城為古鎮，繼起創立登瀛吟社。溪

〔註48〕同註 42。
〔註49〕「臺灣詩社資料庫」，網址：http://xdcm.nmtl.gov.tw/twp/c/c01.htm,2015/2/22, 0:19AM。
〔註50〕〈北州聯吟開於頭圍〉，《詩報》140 號（1936 年 11 月 2 日），頁 2。
〔註51〕《臺灣日日新報》，1936 年 10 月 10 日，日刊 8 版。

北地區另有一些規模較小的詩社，例如蘭社、光文社、吟香社、敏求吟社等，溪南地區則闕如，在地文人見賢思齊，於昭和九年（1934）由江紫元（夢花）邀集地方文士籌組詩社。

　　昭和九年（1934）六月十日，江紫元暨溪南地區詩人楊長泉（靜淵）等，假羅東公會堂舉行發會式，社名定爲「東明吟社」。推舉胡慶森（1879～1944）爲社長，陳純精（1878～1944）、藍滌淮（1892～1972）爲名譽顧問。發會式邀請仰山吟社、登瀛吟社詩友與會，仰山吟社副社長張振茂致〈東明吟社發會式祝辭〉云：

> 顧我蘭陽，前清之時，文風煥發。……然邇後歐風東漸，思想百出，斯文似見不振。今幸得諸賢，慨世風之日下，感文教之日衰，邀集同人，繼起詩社，網珊瑚於海底，樹詩幟於蘭東，藉補漢文之曙光，沿孔教於一綫，煮史烹經，揚華摘藻，當亦可增皇皇聖廟之光輝也哉，還期互相提攜，共通聲氣，振興文壇。〔註52〕

祝辭勉勵「沿孔教於一綫」，邀請東明吟社「共通聲氣，振興文壇」，此後仰山、登瀛、東明三社進行聯吟，鼎足而三，共振蘭陽詩風，延續漢文化命脈。後來與蘇澳潮音吟社四社合併，成立「蘭陽聯合詩會」，共推陳進東爲第一任會長〔註53〕。

四、其他吟社

（一）潮音吟社

　　潮音吟社位於蘇澳，是蘭陽地區較晚成立的詩社，創社主導人爲楊長泉，並擔任社長職務。該社較重要詩人，有楊氏昆仲楊長流（排行老大，1898～1973）、楊長泉（排行第四）以及楊君潛（楊長流兒子，後亦接任社長）等楊氏家族三人，其他社員資料則不詳。據《蘇澳鎮志》記載，曾活躍於蘇澳地區的漢詩人尚有張火全（宜蘭縣五結人）、范良銘（新竹新埔人）、吳鴻福等人〔註54〕。在「臺灣漢詩數位典藏資料庫」中以詩人居住地「蘇澳」蒐尋，發現曾居住過蘇澳的漢詩人，除上述諸人外，尚有王木溪、王德水、五十嵐海洲、五十嵐碧山、林秋風、邱嚴、凃大趏、凃捷三、南方澳一、彭祝堂、

〔註52〕張振茂，《茗園集》（宜蘭：張振茂，未著撰年），宜蘭縣史館藏影本，頁46。
〔註53〕盧世標，《宜蘭縣志·人民志·禮俗篇》），頁41。
〔註54〕彭瑞金，《蘇澳鎮志》（宜蘭：蘇澳鎮公所，2013年），頁640～641。

彭瑞儀、曾笑雲、曾氏春薷（女詩人）、盧史雲、蘇鏡平等十五人〔註55〕。另據連雅堂《臺灣詩薈・餘墨》記載：「臺灣閨秀之能詩者，若蔡碧吟、王香禪、李如月諸女士。……如月亦寓蘇澳。」〔註56〕故知蘇澳女詩人至少有曾氏春薷和李如月兩位，蘇澳文風鼎盛，詩人不少，還居住著名女詩人李如月。前述詩人是否曾經加入潮音吟社，依目前資料不可考。

該社是否確實成立於日治時期尚有疑義，成立時間有兩種不同說法：

1. 日治時期說

彭瑞金《蘇澳鎮志・文學篇・日治時期以降的蘇澳漢語文言文學》第三節〈潮音吟社的成立及蘇澳詩人〉寫道：

> 潮音吟社是創立於蘇澳的詩社，後改名濤聲吟社。創社時間無法確定，以創辦人楊長泉係活躍於日治時代的漢詩人，是登瀛吟社社員，又參與東明吟社之創辦，應可推定在昭和年間即已創立。一說潮音吟社創立於1948年。楊長泉為潮音吟社設立之靈魂人物。〔註57〕

彭瑞金《蘇澳鎮志・文學篇》認為潮音吟社「創社時間無法確定」，推定在昭和年間即已創立，研究學者陳麗蓮、謝崇耀所著博士論文皆支持此說。此外並無研究臺灣詩社之重要學者認同，王文顏《臺灣詩社之研究》、廖雪蘭《臺灣詩史》和顧敏耀、薛建蓉、許惠玟《一線斯文：臺灣日治時期古典文學》等重要著作，在全臺詩社名單中未均列入該社。前人重要文獻，連雅堂《臺灣詩薈》、賴子清《古今臺灣詩文社》所列詩社名單，查不到潮音吟社（或濤聲吟社），國立臺灣文學館「全臺詩・智慧型全臺詩資料庫・臺灣詩社資料庫」也查不到該社資料。

2. 民國三十七年（1948）說

宜蘭縣文獻委員會編印《宜蘭縣志・人民志・禮俗篇》第五節〈詩社及聯吟會〉寫道：「蘇澳地區有潮音吟社，於光復始成立，至今（民國四十二年）僅有五年歷史，詩友六人。」〔註58〕此外，中華綜合發展研究院應用史學研究所總編纂《羅東鎮志》和宜蘭縣文獻委員會《宜蘭縣志續編》亦有相同記載，此說與《蘇澳鎮志》記載相悖，但可信度較高。緣於孤本不能取證，官

〔註55〕中正大學「臺灣漢詩數位典藏資料庫」，網址 http://140.125.168.94/literaturetaiwan/poetry/04/04_02/04_02_01.htm
〔註56〕連雅堂，《臺灣詩薈》（南投：臺灣省文獻委員會，1992年重刊），頁168。
〔註57〕彭瑞金，《蘇澳鎮志》，頁641。
〔註58〕盧世標，《宜蘭縣志・人民志・禮俗篇》），頁41。

府方志只有《蘇澳鎮志》認為潮音吟社成立於日治時期，但也沒有肯定確認，其餘均屬稗官野史，可信度待商榷。支持潮音吟社成立於民國三十七年（1948）說法的官修史書有《宜蘭縣志》、《宜蘭縣志續編》和《羅東鎮志》。

綜上論述，以第二說成立於民國三十七年（1948）說法較接近史實，茲進一步考證如下：

一、陳麗蓮田野調查訪問仰山吟社前社長陳燦榕，陳燦榕認為「濤聲」和「潮音」兩者發音相近，是同一個吟社，其實兩者發音並不相近。經查證《增廣詩韻集成》結果，「潮」屬蕭韻，「音」屬侵韻；「濤」是豪韻，「聲」是庚韻，「濤聲」和「潮音」二者涇渭分明。另據仰山吟社社長程滄波說法，認為潮音吟社後為濤聲吟社，但程氏未提出其他佐證。另田野調查訪問楊君潛，指出：「因《宜蘭縣志稿·人物志·時賢事略》記載『楊長泉……曾組織潮音吟社』，而楊君潛提供的資料為『楊長泉……任濤聲吟社社長』，因此楊長泉在蘇澳設立詩社最早名為『潮音吟社』，而後改名『濤聲吟社』的說法應該是可信的。」〔註59〕此一論述或可證明潮音吟社和濤聲吟社是同一詩社，但仍無法強力證明其確實存在於日治時期。

二、事實上日治時期詩社發表作品最重要園地《詩報》不曾看見「潮音」和「濤聲」兩社發表作品，亦即原始文獻上沒有發現潮音吟社或濤聲吟社，因此前述說法都屬臆測之詞，尚待更多資料佐證。

三、換一個方法驗證，假設楊長泉曾任潮音吟社或濤聲吟社社長為真，且這兩社存在於日治時期亦為真，試以「楊長泉」及其字號「靜淵」或「楊靜淵」在「臺灣漢詩數位典藏資料庫」中蒐尋，理應出現楊長泉、靜淵或楊靜淵以潮音吟社或濤聲吟社名義發表的作品。「臺灣漢詩數位典藏資料庫」彙集日治時期臺灣報紙期刊中詩作，包括《詩報》（1930.10.30～1944.9.5）、《臺灣日日新報》（1898.5.6～1944.3.31）、《臺南新報》（1899.6～1944）、《風月報》（1937.7.20～1941.6.15）、《南方》（1941.7.1～1944.1.1）、《臺灣時報》（1898.10～1945.3）、《南瀛新報》（1930.6～1937.8）、《興南新聞》（1941.2～1944.3）、《臺灣詩薈》（1924.2.15～1925.10.15）等報紙期刊，資料最豐富。經查證結果楊長泉名下有六首詩，靜淵名下有一百五十八首詩，楊靜淵名下有八十九首詩，其中以東明吟

〔註59〕陳麗蓮，《蘭陽地區地區傳統文學研究（1800～1945）》，佛光大學文學系博士論文，2008年，頁255。

社名義發表者九首，以登瀛吟社名義發表者七十首，卻無一首以潮音吟社或濤聲吟社名義發表。按照經驗法則，社長作品往往會以自己所屬詩社名義發表，為何在「臺灣漢詩數位典藏資料庫」中徧尋不著，有可能潮音吟社或濤聲吟社根本不存在於日治時期，故知成立於日治時期說法有疑點。反證《宜蘭縣志》記載較接近史實，但《宜蘭縣志》沒有註明資料來源，也未提供其他佐證，故仍須繼續蒐尋更多資料才能做出正確判斷。

四、另一佐證，在「臺灣漢詩數位典藏資料庫」中，查得潮音吟社另一位重要詩人楊長流發表詩作六十九筆，只有一首〈烏江憶項王〉以東明吟社名義發表，其餘都為個人名義發表，從未用潮音（或濤聲）吟社名義發表作品，此現象可供解讀潮音吟社是否成立於日治時期。

五、在漢珍知識網報紙篇《臺灣日日新報》項下搜尋資料，發現仰山吟社有六十五筆，登瀛吟社有二十二筆，東明吟社有四筆，蘭社有二十筆，光文社有九筆，潮音吟社或濤聲吟社則為〇筆。

又，謝崇耀《日治時期臺北州漢詩文化空間之發展與研究‧臺北州詩社派生表》認為濤聲吟社成立於 1931 年〔註60〕，其《日治時期臺北州漢詩文化空間之發展與研究‧臺北州詩社要目整理》則說成立於 1933 年以前〔註61〕，前後說法不一，並未註明資料來源，正確性存疑，且立社早於東明吟社（1934）的說法，牴觸史實。

綜上論述，若依現有證據判定，應以《宜蘭縣志》記載較為正確，亦即潮音吟社（或濤聲吟社）成立於二戰後，但也不應完全排除存在於日治時期的可能性，實因現有資料仍嫌不夠周全。

（二）其他吟社

同一時期活動於蘭陽地區的詩社，除前述三大詩社之外，還有一些規模較小的詩社。據王文顏《臺灣詩社之研究》所述，尚有：「蘭社、光文社、敏求吟社、羅東吟社」〔註62〕，廖一瑾《臺灣詩史》持相同論點〔註63〕。

〔註60〕謝崇耀，《日治時期臺北州漢詩文化空間之發展與研究》，中正大學中國文學系博士論文，2010 年，頁 130。

〔註61〕同上註，頁 279。

〔註62〕王文顏，《臺灣詩社之研究》，頁 47～48。

〔註63〕廖一瑾，《臺灣詩史》，頁 61。

　　依據大正十二年（1923）十一月二十三日《臺灣日日新報》日刊第六版報導，蘭社成立於同年十一月八日，午後一時，蘭社發會式假宜蘭公會堂舉行，選舉役員，共推呂子香為社長。另據宜蘭縣史館藏影本《茗園集》記敘，光文社由張振茂於大正十年（1921）創立〔註 64〕。吟香社，由張鏡光成立於大正三年（1914）〔註 65〕。敏求吟社為宜蘭碧霞宮附設敏求齋教授莊仁閣及弟子等人組成，據昭和九年（1934）八月十五日《詩報》第八十七號〈各社社友錄〉記載，社長為莊贊勳（仁閣），名譽顧問有：呂桂芬、林星樞、李璧選、林英心。復據大正十一年（1922）五月九日《臺灣日日新報》刊載，還有一些詩社：蘭谿吟社、蘭東吟社、港澳吟社、紫雲吟社、三星吟社、員山吟社、歸真文社等〔註 66〕。

　　陳麗蓮《蘭陽地區地區傳統文學研究（1800～1945）》，以《臺灣日日新報》、《詩報》資料比對結果，認為「羅東吟社」、「羅東詩社」、「羅東街詩社」實為「東明吟社」之別稱。有關蘭陽地區詩社創立情形，詳見表 2－1：日治時期蘭陽地區詩社創立年表。

第三節　詩社組織

　　日治時期蘭陽地區詩社組織情形，基本上各社大同小異，茲就組織概況和社員概述兩項，分別說明如下：

一、組織概況

　　日治時期蘭陽地區詩社由仰山吟社、登瀛吟社、東明吟社形成三雄鼎立，社員人數較多，組織規模較大而完備，留傳資料較豐富，對地方影響力較深，故有關詩社組織活動以此三社為主進行探討。其他詩社，留下資料不多，社員人數較少且與三大社間彼此重複者甚多，例如吟香社社員部分和仰山吟社、登瀛吟社重疊，陳麗蓮在《蘭陽地區傳統文學研究（1800～1945）》中指出：「公（張鏡光）曾主吟香社……亦可知社員有莊仁閣、張振茂、林本泉、

〔註 64〕張振茂，《茗園集》（宜蘭：張振茂，未著撰年），頁 6。
〔註 65〕《宜蘭縣志‧人民志‧禮俗篇》，頁 41。以及陳燦榕，〈蘭陽文壇傳統詩的回顧與薪傳〉，《蘭陽》，58 期（臺北：蘭陽雜誌社，1991 年 5 月），頁 69。
〔註 66〕《臺灣日日新報》，1922 年 5 月 9 日，日刊 6 版。

蔡老柯等人，他們亦是仰山吟社社員，而盧纘祥、莊芳池同時是登瀛吟社社員。」〔註67〕故以影響力較小詩社為輔，酌予論述。

　　仰山吟社蔡老柯，在昭和六年（1931）六月十四日，於仰山吟社五十週年紀念會上提出「仰山吟社會則」，經議決修正通過〔註68〕，惜未留下「會則」內容資料。東明吟社也曾在昭和九年（1934）六月十日發會式中審議社則〔註69〕，目前尚未發現傳世資料。只有登瀛吟社留下「登瀛吟社社規」可供參考〔註70〕，不過一般詩社社規大同小異，舉一可以反三。「登瀛吟社社規」共分四章十四條一附則，包含第一章總則、第二章幹部、第三章會合、第四章文藝及事業。有關組織架構、幹部權限，規定如下：

　　　　第九條　在社幹部如左：社長一名。理事一名。幹事一名。編輯一
　　　　名。庶務一名。會計一名。顧問若干名。幹部概由總會出席者公選，
　　　　顧問由總會推薦之。

　　　　第十條　幹部之任期及權限如左：一、役員之任期以一個年為限度，
　　　　但不妨重選。二、役員代表本社議決一切社務。三、理事輔佐社長
　　　　專理一切事務，社長有事故之時代為決裁社務。四、幹事輔佐理事
　　　　幫辦本社事務。五、庶務擔當來往文書。六、編輯擔當編輯一切詩
　　　　稿。七、會計徵收本社寄附金，但本社所有費用皆由其支出。〔註71〕

由上述引文，可知登瀛吟社組織情形。社長綜理社務；理事為副手，輔佐社長專理一切事務，社長有事故時代理之；幹事輔佐理事幫辦社務；庶務管理文書；編輯負責詩稿；會計負責徵收寄附金，管控費用收支。組織完備，分工清楚，和一般社團組織類似，可以確保詩社正常運作。社員總會相關規定，則明定於社規第十一條：

　　　　第十一條　一、本社每年舊正月開定期總會一次，會費金一圓（報
　　　　告社務、選舉役員、改修社則、擊鉢吟等），但役員會認有必要之時
　　　　開臨時總會，其期日及場所由役員會議定通知社員。二、總會以三
　　　　分之二以上社員出席者之多數決為議決。三、幹部認有必要之時可

〔註67〕陳麗蓮，《蘭陽地區地區傳統文學研究（1800～1945）》，頁248。
〔註68〕《臺灣日日新報》，1931年6月19日，夕刊4版。
〔註69〕《臺灣日日新報》，1934年6月15日，夕刊4版。
〔註70〕莊英章、吳文星，《頭城鎮志》，頁497～499。
〔註71〕同上註，頁497～498。

得召集役員會。四、擊鉢會照別紙所定，輪番每月初三、十八開擊

鉢例會，其場所由值東指定通知社員。〔註72〕

由上述條文可知，登瀛吟社每年舊正月開定期總會一次，開會同時舉辦擊鉢吟，役員會認爲有必要時可以召開臨時總會，總會採三分之二多數決。擊鉢會輪番舉辦，每月初三、十八日開擊鉢例會，亦即每半個月辦一次擊鉢吟。

不是每個詩社組織都一樣，例如《詩報》第八十七號〈各社社友錄〉記載：「仰山吟社社長陳金波（鏡秋），副社長張振茂（松村）。……東明吟社社長胡慶森，副社長林義。」〔註73〕仰山吟社、東明吟社設有副社長一名，登瀛吟社則稱爲理事，職稱不同但職責相當。

蘭陽詩社爲傳承詩學，振興漢學，於詩社之外另設組織，譬如仰山吟社另創「仰山讀書會」，該會有作品發表，詳見表2－2：仰山讀書會課題、徵詩、擊鉢吟彙總表（1934）。例如《詩報》第八十七號刊登詩題〈睡鴛鴦〉，由張迺西獲得左、右元：

　　青荷葉底正酣眠，鰈合鶼交豈羨仙；

　　童子無知偏打鴨，驚教雙宿夢難圓。〔註74〕

「仰山讀書會」作爲仰山吟社外圍組織，會員有些是來自仰山吟社，比如張迺西即是，詩作具有一定水準，小詩清新可讀，奪得左右雙元。

二、社員概述

以上說明蘭陽詩社組織架構，以下則作社員概述，以蘭陽地區各詩社提供《詩報》第八十七號〈各社社友錄〉，以及《詩報》第三號〈介紹各吟社近況〉爲依據，略述如下：

（一）仰山吟社

依據昭和九年（1934）仰山吟社提供給《詩報》第八十七號〈各社社友錄〉資料，社長陳金波（鏡秋），副社長張振茂（松村）。顧問：林拱辰（星樞）、李琮璜（璧選）、莊贊勳（仁閣）、吳蔭培（竹人）、連城青（碧榕）等五人。幹事：連挺生（棟臣）、林淵源（達初）、蔡老柯（鰲峰）、蔡王輝（鏡

〔註72〕莊英章、吳文星，《頭城鎮志》，頁498～499。

〔註73〕《詩報》87號（1934年8月15日），頁16。

〔註74〕同上註，頁14。

豪）、石壽松（友鶴）等五人。社員：張明理（知天）、陳耀輝（新淡）、楊龍泉（滾臣）、陳永和（睦卿）、葉長安（吉臣）、陳振炫（耀卿）、江紫元（夢花）、林玉麟（仁卿）、張洒西（天眷）、李康寧（壽卿）、張長春（柳塘）、陳金茂（傅卿）、林紹裘（箕臣）、陳玉枝（友珊）、李燃薪（焰卿）、李炎（蘆洲）、賴仁壽（國藩）、黃炳焜（耀卿）、林松水（友梅）、莊木火（龍光）、李春池（步蓮）、李先麟（趾臣）、陳水木（樹人）、李耀東（啓明）、林德春（揚青）、黃新用（以仁）、陳春連（少品）、張黃曾（佐臣）、黃春亮（少青）、李金波（碧海）、蘇西庚（星樵）、王學山（樹人）等三十二人，共計四十四人〔註75〕。較活躍社員例如：林玉麟、吳蔭培、莊贊勳、李康寧、張天眷、陳存、吳英林、蔡老柯、陳金波、林本泉等人。

（二）登瀛吟社

依據《詩報》第三號〈介紹各吟社近況〉登載：「登瀛吟社，事務所置在宜蘭郡頭圍庄頭圍。社長陳書（子經），理事盧纘祥（夢蘭），幹事吳六也（夢祥），庶務莊方池（夢梅），會計黃振芳（夢熊），編輯林才添（夢筆）。社員：陳木裕、簡林財發、陳阿榮、簡祖林、陳生枝、張文通、陳枝成、連瓊瑱、林德發、莊正義、李雨傳、游雪齊、楊水成、黃登元、劉其昌、鄭阿福。」〔註76〕由上述記載資料，可知昭和六年（1931）元旦時，登瀛吟社含幹部在內共有二十二人，比仰山吟社、東明吟社少，社員數量不多但素質優良，活動力強，像盧纘祥、陳書、莊芳池、黃振芳、林才添等都是著名詩人，參加詩會往往名列前茅，有時擔任詞宗。例如《詩報》第六十五號刊載，盧纘祥擔任天籟吟社歡迎會〈蒲扇〉左詞宗〔註77〕。

（三）東明吟社

依據昭和九年（1934）東明吟社提供給《詩報》第八十七號〈各社社友錄〉資料，社長爲胡慶森，副社長爲林義。顧問：陳純精、藍淥淮二人，幹事：江紫元（夢花）、楊長泉（靜淵）、江朝開、李朝梓（維桑）、李金火（耀鋒）、林金枝（劍稜）等六人，社員：林玉麟、張劍雄、陳東山、黃承爐、張

〔註75〕《詩報》87 號（1934 年 8 月 15 日），頁 16。
〔註76〕《詩報》3 號（1931 年 1 月 1 日），頁 6。
〔註77〕《詩報》65 號（1933 年 8 月 15 日），頁 9。

天飛、馮石來、游垂德、黃春亮、林榮輝（子清）、張聰明（容光）、陳伯榮、
林寬雍、何福春、陳琳煥、陳葉成、廖火練（雪峯）、廖榮松、范良銘、張火
金、侯德鐘（少嚴）、李烏棕（修篁）、石朝枝（曉暉）、蔡奕彬、李盟珠等二
十四人，共計三十四人〔註78〕。較活躍社員例如：林玉麟、楊長泉、范良銘、
江紫元、蔡奕彬、林金枝（劍稜）、李朝梓（維桑）、李金火（燿鋒）、黃春亮
（少青）等人。

（四）其他吟社

依據昭和九年（1934）敏求吟社提供給《詩報》第八十七號〈各社社友
錄〉資料，社長莊仁閣（漆園叟），名譽顧問：呂桂芬（子香老）、林星樞（梅
居士）、李璧選（天乙生）、林英心（筱圃子）。社員：李屏藩（石金）、連鈞
藩（城璧）、賴國藩（仁壽）、吳鴻藩（聯如）、蔡作藩（奕樹）、梁宏藩（榮
燦）、林樹藩（赤木）、林經藩（展綸）、李耀藩（澄焜）、董君藩（耀輝）、蔡
昇藩（金龍）、陳文藩（清江）、簡雲藩（振坤）、游楊藩（如川）、藍學藩（桂
亭）、梁懋藩（枝臣）、李灼藩（焰坤）、江廷藩（金塗）、吳錫藩（金發）、黃
和藩（光輝）、潘垣藩（壽屛）、王忠藩（文藻）、林珠藩（寶庭）、林維藩（培
增）、呂同藩（俊澤）、李成藩（懷澄）、張聖藩（九如）、呂延藩（國賓）、潘
巨藩（登臣）、許貢藩（堅章）、蔡翰藩（朝元）、謝建藩（栢松）等三十二人，
共計三十七人，以莊仁閣較活躍。

第四節　詩社應酬性

日治時期蘭陽詩社熱中聯歡酬唱，不再局限於文學活動和研習詩學，變
得社會化、通俗化、應酬化。詩會聯歡，效古人玩弄風雅，寄情詩詞以逃避
殖民現實，詩人吟風弄月以遠避禍患，相互酬唱以增進情誼，流行「擊鉢吟」、
「課題詩」、「徵詩」和「詩鐘」，而以擊鉢吟爲最大宗，其聯歡酬唱活動情形，
可由活動空間擴大和活動方式應酬化兩方面進行探討。

一、活動空間擴大

日治時期蘭陽地區詩社，由於日本政府的默許和推波助瀾，得以蓬勃發

〔註78〕《詩報》87號（1934年8月15日），頁16。

展，盛況空前，其活動空間，依詩人活動範圍大小，可分為社內例會、區域聯吟、鼎社聯吟、全州聯吟和全島聯吟：

社內例會，為詩社基本擊缽吟會，作為社員傳習詩作，社員聯誼以增進對詩社向心力，例會舉開規定，各社不同，可以是每周、半月或一月一次，舉登瀛吟社為例，社規第十一條第四款規定「每月初三、十八開例會」，故知其為半月會。

區域聯吟，由整個蘭陽地區宜蘭、羅東、蘇澳三郡詩人聯吟，例如大正十一年（1922）五月九日《臺灣日日新報》登載〈光文社詩社例會〉：

> 宜蘭光文社本期值東陳金波氏。去四月二十八日午後五時，假宜蘭
> ライオン旗亭樓上。大開擊缽吟會。出席者仰山吟社：莊贊勳氏、
> 林吳庚氏、林青雲氏、陳登第氏。蘭谿吟社：連碧榕氏、李壁選氏、
> 李先麟氏。蘭東吟社：藍授義氏、游時中氏、張陳聯氏。紫雲吟社：
> 蔡士添氏。三星吟社：李光斗氏、黃壽朋氏。港澳吟社：蕭少藩氏。
> 頭圍吟社：鄭璞山氏、吳春麟氏、莊芳池氏。員山吟社：朱雲樵氏、
> 陳君猷氏、陳周臣氏、張恆如氏。歸真文社：呂子香氏、陳占鰲氏。
> 〔註79〕

出席擊缽吟會者，有仰山吟社、蘭谿吟社、蘭東吟社、紫雲吟社、三星吟社、港澳吟社、頭圍吟社、員山吟社、歸真文社等詩友二十三人。由於光文社未留存資料，故無法進一步了解活動詳情。

鼎社聯吟，日治時期蘭陽地區詩社中只有登瀛吟社參加，其他詩社均未參加。據廖一瑾《臺灣詩史》記載，鼎社成立於昭和十一年（1936）〔註80〕，由基隆大同吟社邀集新北之雙溪貂山吟社、奎山吟社聯吟，主持人由三社社長貂山吟社張庭魁、奎山吟社吳如玉、大同吟社張一泓輪值，取「鼎足而三」之意，命名為「鼎社」。一年三次詩會，每隔四個月輪流在基隆、雙溪、九份舉辦聯吟。三年後頭城登瀛吟社加盟，仍稱為鼎社，每年四季分春大同、夏貂山、秋奎山、冬登瀛，輪值聯吟。二次大戰爆發，鼎社聯吟中斷數十年，二戰後至民國七十九年（1990）才再度復社，但登瀛吟社已解散，改由仰山吟社參加聯吟。

全州聯吟，日治時期臺北州轄區涵蓋臺北、基隆、宜蘭，臺北州下臺北

〔註79〕〈光文社詩社例會〉，《臺灣日日新報》，1922年5月9日，日刊6版。
〔註80〕廖一瑾（雪蘭），《臺灣詩史》，頁55。

市、七星郡、淡水郡、基隆郡、宜蘭郡、羅東郡、蘇澳郡、文山郡、海山郡、新莊郡等地，詩社聯吟有「臺北州下聯吟大會」和「北部同聲聯吟會」。

自 1932 年至 1937 年，「臺北州下聯吟大會」舉辦九次，「北部同聲聯吟會」舉辦十次，全州聯吟共十九次。登瀛吟社主辦二次「北部同聲聯吟會」，一九三三年六月和一九三五年五月；一次「臺北州下聯吟大會」（秋季），一九三六年十月。仰山吟社主辦一次「北部同聲聯吟」會，一九三四年五月；一次「臺北州下聯吟大會」（秋季），一九三四年十一月。以上資料，來自謝崇耀〈報紙記載北州聯吟與北部同聲活動紀錄〉〔註81〕。全州聯吟使詩社空間擴大，讓蘭陽詩人不再局限一隅，打破蘭陽封閉地域，增加和蘭陽地區以外詩人交流機會，有助於詩技提升和聲氣互通。

全島聯吟，自 1924 年至 1937 年，臺北州、新竹州、臺中州、臺南州、高雄州輪辦「全島詩人大會」，共舉辦十四回：一九二四年四月二十五日第一回，一九二五年二月七日第二回，一九二六年四月三日第三回，一九二七年三月二十日第四回，一九二八年二月十一日第五回，一九二九年二月二十三日第六回，一九三〇年二月八日第七回，一九三一年三月二十一日第八回，一九三二年三月二十日第九回，一九三三年二月十一日第十回，一九三四年四月七日第十一回，一九三五年二月十日第十二回，一九三六年三月二十一日第十三回，一九三七年四月三日第十四回。以上資料，來自謝崇耀〈日治時期臺灣全島層級之聯吟會紀錄〉〔註82〕。全島詩人大會以州為輪值單位，州下各社聯合主辦，產生區域意識，增進社際溝通，提供交流平臺，促進蘭陽地區詩人和全島詩友聯誼機會，擴大視野，提高交誼層次。

日治時期蘭陽詩社除活動空間擴大外，並產生詩社規模擴增，社員普及化現象。清領時期詩社成員局限於仰山書院生員聯吟，詩社社員一般都是具有功名者，不是進士、舉人、秀才，就是儒生，屬於社會菁英階層，迥異於平民，一般人甚至不識字，根本無緣加入詩社。在男性為主的詩社，當時社會風氣根本不容許女性入社，所以社員清一色男性。進入日治時期後，由於政治、社會氛圍影響，老一輩文人為保存漢文化，積極吸收社員，不限身分地位均可入社。新生一代想學習漢文者，苦無適當場所，學校不教漢文，書

〔註81〕謝崇耀，《日治時期臺北州漢詩文化空間之發展與研究》，頁 92～93。
〔註82〕同上註，頁 90～91。

房被禁止，只有詩社中還能藉詩詞學習漢文，想學習漢文者湧入詩社，身分複雜，士農工商都有，也有受過新式教育者，不限傳統士子，例如登瀛吟社社規第四條規定：「本社以贊同本社宗旨之男女而組織之。」〔註83〕入社資格寬鬆，形成詩社社員大眾化、普及化，詩社不再是儒士、文人的專利，甚至日治時期社會風氣較開通，已有女性詩人參加詩社活動，例如昭和六年（1931）六月十九日《臺灣日日新報》報導，宜蘭仰山吟社五十週年紀念會，就中有女士二名參加〔註84〕。又如《詩報》第二十七號〈海國清音〉刊載宜蘭簡明霞女士詩作〈秋威〉：

〈秋威〉　　　　宜蘭　簡明霞女士

畫角臨風逼晚山，壯懷原不戀豬肝。

飄飄捲起沙塵白，時局驚心豈等閒。〔註85〕

簡明霞女士〈秋威〉一詩，未註明參加哪一詩社活動，或為閒詠之作。第一句寫秋氣威逼情況，第二句「戀豬肝」用典，是指文士在生活上受地方官照顧的典故〔註86〕。第三句寫秋風蕭瑟捲沙塵，結句藉秋威以感懷時局，已能做到「託物言志」。詩中化用僻典，證明具有相當學識水準，不似泛泛一般初學者，應該已經在詩社中歷經一段時間的陶冶。復如《詩報》第一五五號〈蘇澳小集擊缽錄〉刊載陳氏如賓詩作〈石山〉：

〈石山〉　　　　　　　陳氏如賓

磊落堅貞劫幾經，胸中邱壑悟通靈。

登臨我有三生約，南向嵩呼祝壽齡。〔註87〕

相隔五年後，女詩人陳氏如賓參與「蘇澳小集擊缽吟」，和簡明霞女士作品比較，所呈現水準已不可同日而語，這次擊缽吟由左詞宗鄭蘊石和右詞宗鄭香圃評選，各選出優勝者十名，陳氏如賓獲右詞宗鄭香圃青睞，擊敗眾

〔註83〕莊英章、吳文星，《頭城鎮志》，頁497。

〔註84〕〈宜蘭仰山吟社五十週年紀念會〉，《臺灣日日新報》，1931年6月19日，夕刊4版。

〔註85〕簡明霞，〈秋威〉，《詩報》27號（1932年01月01日），頁24。

〔註86〕《後漢書·列傳卷第四十三》：「太原閔仲叔者，世稱節士……客居安邑。老病家貧，不能得肉，日買豬肝一片，屠者或不肯與，安邑令聞，勑吏常給焉。仲叔怪而問之，知，乃歎曰：「閔仲叔豈以口腹累安邑邪？」遂去，客沛。詳見〔南朝宋〕范曄撰，《後漢書》（臺北：臺灣商務印書館，1981年），宋紹興刊本，頁787。

〔註87〕陳氏如賓，〈石山〉，《詩報》155號（1937年06月25日），頁6。

多男性詩人，奪得右五名次。詩作採擊缽吟慣用之「籠紗格」，不見詩題「石」、「山」二字，但詩句指向「石」、「山」，詩中用典嫻熟，四句中連用「紅樓夢通靈頑石」、「三生石」、「嵩呼」三個典故，作爲一個詩人，已具有相當高的水準。

二、活動方式應酬化

蘭陽地區詩社成員活動方式，趨向詩作應酬化，分別爲擊缽吟、課題詩、徵詩、詩鐘、閒詠等項目：

（一）擊缽吟

擊缽吟又稱擊缽催詩，源自南北朝，盛行於福建，清代傳入臺灣，原始規則爲「頓燒一寸燭，而成四韻詩」，限時、限題、限體、限韻。擊缽吟多爲七言絕句，五言絕句幾乎沒有，間有律詩，五言律詩或七言律詩均有。作品交卷後，由工作人員另行謄稿，推舉詞宗評比，詞宗甚少一人擔綱，多爲兩名以上進行評選以求公正，兩名詞宗分稱左詞宗、右詞宗，以左詞宗爲尊。若三名詞宗，則稱爲天詞宗、地詞宗、人詞宗，地位依天、地、人排序。若五名詞宗，則稱爲天詞宗、地詞宗、人詞宗、日詞宗、月詞宗，地位依天、地、人、日、月排序。

歷來學界對擊缽吟的功過，存有正負兩極看法，蔡汝修在《臺海擊缽吟集・卷頭言》說道：「所謂擊缽詩是文士結社，在一定的時間內，受題目、體裁、韻目的限制下，所做成的詩。學界對於擊缽詩，有兩種極端看法：有謂毫無性靈，純爲文人遊戲。有謂受諸限制而無礙創作，乃磨練文筆之絕佳方式。自來佳作如林，不勝枚舉，值得提倡。」〔註88〕由上述引文可知學者對擊缽吟的存在價值，看法落差極大，莫衷一是。其實擊缽吟源遠流長，〔唐〕李延壽《南史》卷五十九，列傳第四十九，江淹、任昉、王僧孺傳，記載〔南朝梁〕蕭文琰擊銅缽立韻爲詩，響滅詩成的故事：

> 虞羲字士光，會稽餘姚人，盛有才藻，卒於晉安王侍郎。丘國賓，吳興人，以才志不遇，著書以譏楊雄。蕭文琰，蘭陵人。丘令楷，吳興人。江洪，濟陽人。竟陵王子良嘗夜集學士，刻燭爲詩，四韻者則刻一寸，以此爲率。文琰言曰：「頓燒一寸燭，而成四韻詩，何

〔註88〕蔡汝修編，《臺海擊缽吟集》（臺北：龍文出版社，2006年），卷頭言。

難之有。」乃與令揩、江洪等共打銅缽立韻，響滅則詩成，皆可觀覽。〔註89〕

由上述引文可知擊缽吟始自南北朝的〔南朝梁〕蕭文琰，其後盛行於福建一帶，傳至臺灣後廣受詩人喜愛，雖流於酬唱聯歡的文字遊戲，但也是日本政府嚴密統治下，臺籍詩人互通聲氣的工具。

擊缽吟的規律：一、限時。原始規則爲「頓燒一寸燭，而成四韻詩」，後來改由主辦單位約定寫作時間，到時交稿，類似一般考試，答題時間到一律交卷。二、限題。詩題初無限制，由參加者自由寫作，後以拈題決定之，或由主辦單位決定，較大型詩會則推選命題詞宗數人，共商題目。三、限體。以近體詩爲限，不作古體詩。至於是五言絕句、七言絕句、五言律詩或七言律詩，由主辦單位或命題詞宗決定，通常爲七言絕句較多。四、限韻。以平水韻爲準，限押平聲三十韻，不可押仄韻，不可通轉，不可有「孤雁入群」或「孤雁出群」。通常由主辦單位推舉一人當眾拈韻或點韻，即任取一書，由點韻者隨手翻出或隨口說出第幾頁第幾行第幾字，若平聲字，看其屬於何韻，以之爲韻。若仄聲字則往下推，以得到平聲字爲止，也有以籤筒抽籤決定韻腳者。

連橫在〈餘墨〉《臺灣詩薈》第二十號（1925年8月15日）中寫道：

今臺人士之所尚者，非詩乎？詩社之設，多以十數，詩會之開，日有所聞，而詩之眞意義，知者尚少。夫詩者，最善最美之文學也。小之可以涵養性情，大之可以轉移風化，其用神矣。而今之詩人知之乎？能不以詩爲應酬頌揚之具乎？而詩之價值乃不失。〔註90〕

連橫認爲時人不解詩之眞意義，熱中擊缽，以之作爲酬唱頌揚的工具，失去詩的價值，枉費詩是最善最美之文學，但識者之言又有幾人接受，終日治時期擊缽吟仍流行不輟，此乃詩社之特色，時至今日，亦復如此。

連橫又在〈餘墨〉，《臺灣詩薈》第十九號（1925年7月15日）中指出：「余所反對者爲擊缽吟，擊缽吟者一種之遊戲也，可偶爲之而不可數，數則詩格自卑，雖工藻繢，僅成土苴。故余謂作詩當於大處著筆，而後可歌可誦。」〔註91〕連橫認爲常作擊缽吟，詩格會卑弱，僅成土苴，反對擊缽吟，主張作

〔註89〕〔唐〕李延壽撰，《南史》（臺北：臺灣商務印書館，1981年），元大德刊本，頁612。
〔註90〕連橫，《臺灣詩薈（下）》（南投：臺灣省文獻委員會，1992年），頁502。
〔註91〕同上註，頁460。

詩要從大處著筆，這樣寫出來的詩才會可歌可誦，的確是作詩應有的原則。詩歌有教化作用，《論語·陽貨》：「子曰：小子，何莫學夫詩？詩可以興，可以觀，可以群，可以怨。邇之事父，遠之事君，多識於鳥獸草木之名。」〔註92〕詩可以激發情志，可以觀察社會，可以交往朋友，可以怨刺不平，不只有酬唱頌揚而已，如囿於擊缽吟，未免失卻詩應有之功用。

（二）課題詩

各詩社除例會擊缽吟外還有課題詩，擊缽吟是現場作詩，稱爲「次唱」。課題詩則是在家作好後向主辦詩社投稿，於擊缽吟會中發表成績，稱爲「首唱」。舉登瀛吟社爲例，社規第十二條規定「本社每月課題一次，由值辦擬定題目，於每月擊缽會時通知社員至次月十五日止務要交卷，過期者不得再交。」〔註93〕故知登瀛吟社配合擊缽會，每月一次課題詩。

詩社慣例，首唱課題詩爲七言律詩，次唱擊缽吟則爲七言絕句。課題詩在家寫作，時間較長可以一再推敲，也可以參考資料，故品質較佳，不似擊缽吟短時間完稿交卷，通常只有一兩小時寫作，一切急就章往往寫不出佳作。課題詩仍受限時、限題、限體、限韻之限制，但所限時間較長，短者十數日，多者一月以上，可以從容寫作。

（三）徵詩

徵詩以七言律詩爲主，透過報刊發布新聞，向全島徵取稿件，入選者寄贈獎品。徵詩有向全島詩人宣傳自身詩社意思，詩題多取自詩社所在地風景名勝，有推廣家鄉美景用意，類似今日縣市政府舉辦文學獎，作品大多限於描述該縣市地區風景、人物。仰山吟社只辦理一次徵詩，詩題〈蘭成聽雨〉，評選結果錄取十三人，公布在《詩報》第十三號，十三人中只有景尾（今臺北景美）文淵是外人，其餘都是蘭陽詩人〔註94〕，公正性存疑。

登瀛吟社則辦過六次徵詩，第一次〈吳沙〉，第二次〈龜山朝日〉，第三次〈大里漁燈〉，第四次〈湯圍溫泉〉，第五次〈北關海潮〉，第六次〈隆嶺夕煙〉。以上資料來自《詩報》，詳見表 1-1：登瀛吟社徵詩彙總表。詩題多爲蘭陽八景，意在宣傳蘭陽美景，七律不限韻，讓詩人自由發揮。

〔註92〕謝冰瑩等六人，《新譯四書讀本》（臺北：三民書局，2003 年），頁 278。
〔註93〕莊英章、吳文星，《頭城鎮志》，頁 497～499。
〔註94〕《詩報》31 號（1932 年 2 月 15 日），頁 8。

徵詩一般仍受限時、限題、限體、限韻之限制，但所限時間較長，短者十數日，多者數十日，可以從容寫作。有些徵詩不限韻，在平聲三十韻中任選，但仍不得押仄韻。另有一種徵詩限時、限體而已，連詩題亦不限，只訂出主旨，詩題由作者自訂，但不可超出主旨範圍，詩韻也由作者自選，給予作者很大彈性，類似今日文學獎做法。更有一種徵詩，訂出主旨後只限近體詩，不拘五七言絕律，題、韻自選，彈性更大。日治時期蘭陽詩社徵詩，都屬於限時、限題、限體、限韻，所限時間約二至四週。

茲以登瀛吟社昭和六年（1931）四月十五日第一次徵詩爲例，觀察詩社如何辦理徵詩活動，《詩報》第十號刊載登瀛吟社徵詩啓事如下：

登瀛吟社徵詩

一、詩　　題　　吳沙（吳公事跡參考本報文壇欄）

二、體　　韵　　七律不拘韵

三、詞　　宗　　葉文樞先生

四、交卷處　　宜蘭郡頭圍庄盧纘祥

五、期　　限　　五月二十日截收

六、贈　　品　　十名内有薄贈〔註95〕

從上述引文可知，該次徵詩單位爲「登瀛吟社」。限題「吳沙」，並提供其事蹟資料供參考。限體「七言律詩」，不限韻，但以平聲韻爲限，因爲規定「七律不拘韻」，若押仄韻就成爲古體詩而不是近體詩七律，故知其限定平聲三十韻。詞宗爲「葉文樞」，時任盧纘祥家庭教師和登瀛吟社指導老師，也是《詩報》編輯。收件人爲「宜蘭郡頭圍庄盧纘祥」，盧爲葉氏高足，是登瀛吟社理事，相當於登瀛吟社副社長，也是《詩報》副社長。限時「三十五天」，四月十五日公告徵詩，五月二十日截止收件。以上爲徵詩範例，其餘詩社辦理徵詩活動過程大同小異，舉一隅可以知大概。

（四）詩鐘

張西廂《閒話詩鐘・鐘義》云：「昔人敲鐘，規律極嚴，拈題時，綴錢於縷，焚香寸許，盛以銅盤，香焚縷斷，錢落盤鳴，以爲構思之限，故名敲鐘。」〔註96〕詩鐘承襲擊鉢吟「刻燭擊鉢」遺意，但僅一聯兩句，爲七言絕句之半，

〔註95〕《詩報》10號（1931年4月15日），頁10。
〔註96〕張西廂，《閒話詩鐘》（臺北：龍文出版社，2011年），頁1。

故又稱「詩畸」，別稱「詩唱」、「羊角對」、「百衲琴」，一稱「雕玉雙聯」。

　　詩鐘源於清朝中葉閩中地區，乃是文人遊戲之作，後由唐景崧（1841～1903）傳入臺灣。廖一瑾《臺灣古典詩選、詩集、詩社與詩人》指出：「光緒年間臺灣巡撫唐景崧在臺南道署成立『裴亭吟會』，又轉至臺北成立『牡丹吟社』，與僚屬及文士收於《詩畸》，為臺灣詩鐘之嚆矢。」〔註97〕臺灣有詩鐘，肇始於清光緒十五年（1889），唐景崧成立於臺南之「裴亭吟會」。唐景崧好吟詠，公餘輒邀僚屬、文士為詩會，在光緒十九年（1893）輯成《詩畸》八卷，據陳懷澄《吉光集‧編輯略言》指出「《詩畸》二冊……作唱詩者，均幕府官紳，計五十有五人，中三人：中丞唐薇卿、進士施澐舫、邱仙根，餘五十二名姓氏不詳。」〔註98〕張作梅《詩鐘集粹六種‧裴亭詩畸》則明確列出作者姓氏唐景崧等五十八人〔註99〕，故知《詩畸》乃唐景崧、施澐舫、……邱逢甲等人的作品，上行下效帶動臺灣風潮，日治時期蘭陽詩社亦受其影響。

　　詩鐘傳入臺灣後，因為較律詩絕句短小，類似七言對聯而變化更多，普受詩社喜愛，用作訓練新手寫律聯的入門工具，基本款式通常稱為冠首、一唱、二唱、三唱、四唱、五唱、六唱、七唱。例如鐘題「身心」鶴頂格，鐘聯「身無彩鳳雙飛翼；心有靈犀一點通」，冠首必須上聯第一字「身」，下聯第一字「心」，一唱則「身心」可任意置放上下聯第一字。第二至六唱，可任意分置上下聯第二至第六字。第七字則受限於對聯「仄起平收」的規定，出句第七字必定仄聲，對句第七字則為平聲。

　　詩鐘變化繁多，南社趙雲石《鯤海鐘聲‧同跋》指稱：「詩鐘一道於詞壇，別創一體，有嵌字、分詠、籠紗、碎錦各格。」〔註100〕明白指出詩鐘和詩有別，自成一體。張正體《學詩門徑‧詩鐘》云：

〔註97〕廖一瑾，《臺灣古典詩選、詩集、詩社與詩人》（臺北：文津出版社，2013年），頁220。

〔註98〕陳懷澄，《吉光集》（臺北：龍文出版社，20011年），頁5。

〔註99〕《裴亭詩畸》作者：劉荃、翁景藩、李鴻銘、鄭鑅、方崑玉、王毓菁、曾宗昭、曾宗亮、鄭祖庚、林有廣、郭名昌、林際平、周景濤、李葆均、翁鳴璜、張秉奎、施沛霖、邱樹檉、王鳴鏘、林鶴年、翁昭泰、宋滋蘭、邱逢甲、施士洁、汪春源、林啓東、黃宗鼎、陳鳳藻、朱駸、王甲榮、羅大佑、蔡金臺、李華石、彭大川、楊淑仁、劉鼎、李新蕚、熊佐虞、譚嗣襄、任于正、羅建祥、梁維嵩、楊綏、倪鴻、汪慶徵、蔣樹藩、黎煥章、王家馴、黎中儞、吳懋勛、唐景崧、唐運溥、唐運深、唐運涵、唐運澤、劉壽鏗、張文瀾、劉雍。詳見張作梅，《詩鐘集粹六種》（臺北：龍文出版社，2011年），頁3。

〔註100〕《詩報》94號（1934年12月1日），頁15。

其格式可分爲嵌字，與分詠格。分詠沒有別體，但嵌字則立名甚多，有正格與別格之分。……嵌字正格可分爲七種，一名鳳頂，二名燕頷，三名鳶肩，四名蜂腰，五名鶴膝，六名鳧脛，七名龍尾。……嵌字別格有魁斗格、蟬聯格、鴻爪格、雙鉤格、碎錦格、鷺拳格、流水格、唾珠格、雜俎格、鼎足格、三四轆轤格、四五捲簾格等十二種。……分詠有分詠格、合詠格、單詠格、晦明格、嵌詠格、籠紗格。〔註101〕

從上述引文可知詩鐘變化多端，共有二十五種格式，富有趣味性，可以滿足文人爭奇鬥艷的癖好，也可以用來磨練新手造句能力。在詩會聯吟中，詩鐘也是限時限體要求平仄，但不限韻。

陳懷澄《吉光集・詩鐘考》列舉十一種詩鐘圖示：

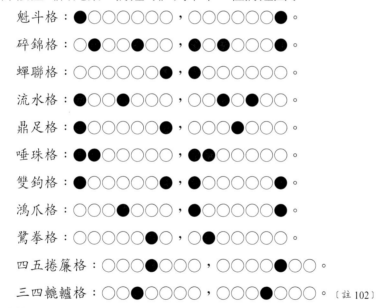

魁斗格：●○○○○○○，○○○○○○●。

碎錦格：○●○○●●○，●●○○○●○。

蟬聯格：○○○○○●○，●○○○○○○。

流水格：●○○○○○○，●○○○○○○。

鼎足格：●○○○○○○，●○○○○○●。

唾珠格：●●○○○○○，○○○○○●●。

雙鉤格：●○○○○●○，○●○○○○●。

鴻爪格：○○○●○○○，○○○●○○○。

鷺拳格：○○○○●○○，○○●○○○○。

四五捲簾格：○○○●○○○，○○○●○○○。

三四轆轤格：○○●○○○○，○○○●○○○。〔註102〕

上述詩鐘格式都屬常見常用，蘭陽地區詩社都有寫作詩鐘，但以東明吟社較熱中，可說是該社的特色。依據《詩報》刊載資料統計結果，蘭陽地區詩社寫作詩鐘十七次，仰山吟社兩次，登瀛吟社一次，東明吟社十四次，比數爲2：1：14，詳見表2－3：日治時期蘭陽詩社詩鐘彙總表（1935～1939）。

茲舉東明吟社在《詩報》發表之詩鐘三則，〈羅東〉（鶴頂格）、〈山水〉（蜂腰格）、〈花夢〉（龍尾格）等爲例，觀察蘭陽地區詩社的詩鐘寫作情形如下：

〔註101〕張正體，《學詩門徑》（臺北：臺灣學生書店，1998年），頁184～197。
〔註102〕陳懷澄，《吉光集》，頁9。

羅東（鶴頂格）林玉麟、陳耀輝合選

　　　　元　　　　　　　李培榕

東籬菊自懷彭澤；羅襪踪空剩馬嵬。

　　　　眼　　　　　　　林劍稜

羅巾角折曾傳郭；東野躬耕尚記陶。

　　　　花　　　　　　　楊靜淵

羅張山北思烏入；東望江南待客歸。〔註103〕

上述引文是「鶴頂格」的例子，鶴頂格又稱鳳頂格、七一格、一唱，以「羅東」二字嵌於出句和對句第一字，順序不拘。左詞宗林玉麟和右詞宗陳耀輝評選後合點計算成績，由李培榕掄元，林劍稜獲榜眼，楊靜淵得到探花，觀其作品大多使用典故，可知東明吟社社員和詞宗的作品風格都喜歡用典。又如〈山水〉（蜂腰格），鐘題「山水」，前三名作品如下：

山水（蜂腰格）　　　張迺西氏選

　　　　元　　　　　　　李耀鋒

聚米成山追馬援；投鞭斷水記符堅。

　　　　眼　　　　　　　李維桑

蓮生濁水泥難染；梅綻深山雪易侵。

　　　　花　　　　　　　林劍稜

大塊有山多拜嶽，小川無水不朝溟。〔註104〕

這是「蜂腰格」的例子，蜂腰格又稱七四格、四唱，以「山水」二字嵌於出句和對句第四字，順序不拘。詞宗張迺西選出第一名李耀鋒，第二名李維桑，第三名林劍稜，第一名作品用典，「馬援」對「符堅」是專名對，「援」讀仄聲，屬去聲十七霰韻〔註105〕，此處可以看到東明吟社社員嫻熟典故，隨手引用渾然天成。

　　再如〈花夢〉（龍尾格），詞宗張天眷選出第一名李耀鋒，第二名李維桑，第三名李培榕，對照前兩例，可以看出他們三人都是詩鐘高手，擅長鐘聯對句。前三名作品如下：

<hr>

〔註103〕《詩報》112 號（1935 年 9 月 1 日），頁 14。

〔註104〕《詩報》125 號（1936 年 3 月 20 日），頁 15。

〔註105〕余照春亭著，周基校訂，朱明祥編，《增廣詩韻集成》（高雄：高雄復文圖書出版社，2000 年），頁 198。

　　花夢（龍尾格）　　　　　張天眷氏選

　　　元　　　　　　　　　　耀鋒

　紙帳夜深梅入夢；竹籬霜冷菊開花。〔註106〕

此爲「龍尾格」的例子，龍尾格又稱雁足格、魚尾格、押尾格、七七格、七
唱，以「花夢」二字嵌於出句和對句第七字，因爲詩鐘和對聯一樣，必須仄
起平收，所以出句末字一定要嵌「夢」字，對句末字一定要嵌「花」字，才
能符合格律，不能錯置。

　　　眼　　　　　　　　　　維桑

　春風未醒王孫夢；月夜方開姉妹花。〔註107〕

第二名李維桑以「王孫」對「姉妹」有瑕疵，若嚴格講求則不能對，勉強對
之，只能歸類爲「字對」。字面上「王」對「姉」和「孫」對「妹」，都是「人
倫」對「人倫」，很工整，這只是表面現象，深入分析詞性，則不夠工整。「王
孫」是串用詞，串用詞只表達一項事物，「王」轉品爲形容詞用，而「姉妹」
則是連（並）用詞，連用詞表達兩項事物，「姉」仍然作名詞解。王孫猶言公
子，是指一個人，不是王公和孫子兩個人，姉妹則是指姉姉和妹妹兩個人，
所以「王孫」對「姉妹」不夠工整。此例，字面可以對，然而詞性不能對，
勉強對之，即屬不工整。由此可以觀察到，有些詩人對於詞性不是很在意，
對仗往往只注意字面而不深入詞性分析，造成瑕疵，所謂「差半字」，以此例
言，第二名李維桑和詞宗張天眷都犯了同樣問題，可見每個詞宗評選標準寬
緊不一。如果把串用詞「王孫」更換一個字，改成連用詞「王侯」或「王公」，
就可以更工整地對仗。

　　　花　　　　　　　　　　培榕

　巫山縹緲裏王夢；灃畹芬芳侍女花。〔註108〕

第三名也對得不夠工整，李培榕以「襄王」對「侍女」稍嫌勉強，也是「字
對」。「襄王」是專有名詞，爲特定對象，「侍女」則是一般名詞，不符「專名
對」需專有名詞對專有名詞的規定，只能算是字面對。但以「襄王夢」對「侍
女花」則又成對，此時「襄王」、「侍女」都轉爲形容詞，用來形容「夢」和

〔註106〕《詩報》131 號（1936 年 6 月 15 日），頁 7。

〔註107〕同上註。

〔註108〕同上註。

「花」。「巫山」、「襄王夢」典出《昭明文選》宋玉〈高唐賦〉、〈神女賦〉〔註109〕。「澧畹」一詞化用「澧蘭沅芷」成語典故，喻高潔人品或高尚事物。「澧」指澧水，《楚辭・九歌・湘夫人》：「沅有茝兮澧有蘭，思公子兮未敢言。」〔註110〕而「畹」指九畹蘭花，《楚辭・離騷》：「余既滋蘭之九畹兮。」〔註111〕又「侍女花」出自《維摩詰經・觀眾生品》天女散花典故〔註112〕。

（五）閒詠

詩社社員詩作不限於擊缽吟，閒時往往在家吟詠自娛，如果認為寫得不錯也可向報章雜誌投稿，如獲編輯青睞，就會予以刊登供同好分享。例如登瀛吟社莊芳池作品〈七夕〉：

> 久隔銀河恨不窮，今宵一會又西東；
> 舊愁未斷新愁續，畢竟離情與世同。〔註113〕

詩作悠然閒適，就七夕傳說書寫，把牛郎織女當作凡人看待，感嘆「畢竟離情與世同」，同情其遭遇。蘭陽地區詩人閒詠作品，大多投稿《詩報》。

〔註109〕〔南朝梁〕蕭統編，《昭明文選》（鄭州：中州古籍出版社，1990 年），據 1935 年國學整理社影印本影印，頁 249～253。
〔註110〕傅錫壬注譯，《新譯楚辭讀本》（臺北：三民書局，1993 年），頁 63。
〔註111〕同上註，頁 32。
〔註112〕陳引馳、林曉光注譯，《新譯維摩詰經》（臺北：三民書局），頁 127～128。
〔註113〕《詩報》創刊號（1930 年 10 月 30 日），頁 5。

第三章　日治時期蘭陽詩社作品意象與修辭

　　日治時期蘭陽詩社的文學創作以近體詩為主，古體詩很少，詩鐘除東明吟社外，仰山吟社和登瀛吟社甚少寫作。擊鉢吟、課題詩、徵詩大多為同題、同體甚至同韻賦詩，同中有異，一個題目各自表述。詩人憑藉內在自身學識、詩學造詣、生活歷練、人生際遇、思想觀念、意識形態、鄉土關懷、社會責任感、社群關懷、時局感懷、自然界觀察、人際關係、道德觀念、一時靈感，以及外在成長背景、社會氛圍、團體期望、社會期待、社員間相互影響、殖民政府箝制等等因素，創造出每個人不同藝術風格的詩作，但在一社之內，又往往由於社員間的相互感染、互相觀摩、師長指導、學習背景等因素，作品取向形成每一詩社特有的藝術風格。

　　日治時期蘭陽地區各詩社例會與社際聯吟的擊鉢詩、課題詩、徵詩、詩鐘，以及社員平常的閒詠詩，大多刊登在詩人專屬期刊《詩報》半月刊，部分刊載於當時第一大報《臺灣日日新報》，以及《風月報》、《南方》、《臺灣時報》……《臺灣詩薈》等報章期刊，也有一些詩人著有專輯，例如登瀛吟社陳書《畏勉齋詩文集》和盧纘祥《史雲吟草》……仰山吟社張振茂《茗園集》等。

　　經由中正大學「臺灣漢詩數位典藏資料庫」，蒐集蘭陽地區各詩社社員作品後，和原典《詩報》、《風月報》、《臺灣日日新報》等進行比對、校正，加以整理、歸納、分析。以仰山吟社、登瀛吟社、東明吟社三大社歷任社長，

以及一些較爲活躍而詩作豐富，作品達到一百首以上之社員的作品爲主〔註1〕，佐以各社其他詩人作品進行藝術析論，分別就意象書寫、表意修辭、形式修辭三個項目進行討論，探索日治時期蘭陽詩社的文學性和藝術性。

第一節　意象析論

　　首先，討論「意象」之定義，釐清對於意象的認知。袁行霈（1936～）指出：「意象是融入了主觀情意的客觀物象，或者是借助客觀物象表現出來的主觀情意。」〔註2〕故知主觀抽象的情意加上客觀具體的物象，是形成詩歌意象的要素。現代詩人白靈（1951～），在〈意象情景說〉中提出十種說法：

　　　一、經驗的再生或記憶。二、心理上的圖畫。三、用文字畫的圖畫。
　　　四、意象是情景的「景」。五、意是意境，象是形象。六、形象是形
　　　象，意象是意象，形象是寫生畫（人生的圖畫），意象是寫意畫（心
　　　靈的圖畫）。七、是瞬間的知覺與情緒復合後的表現。八、事務客觀
　　　的呈現，詩人思想觀念的具體化。九、意是内，象是外，内在之意
　　　藉外在具體事務、行爲、感官等之「象」來表達。十、意就是情，
　　　象就是景，或寓情於景，或觸景生情，或是情景交融。〔註3〕

上述說法，把意象和情景連結，今人講意象，古人說情景，其實原理相通。白靈認爲第十種說法最清晰，說道：「只不過情景二字聽慣了講爛了，毫無新鮮感，因此學詩人寧捨情景而就意象。」〔註4〕並指出詩的構成元素，不外乎情、理、事、物四項，情、理是虛的，以「情」字代表，事、物是實的，以「景」字代表，作詩必須「寓情於景」或「觸景生情」，絕對沒有「無情之景」或「無景之情」，故「有意無象」或「有象無意」均不能成詩。袁枚在《隨園詩話》中提到：「自古文章所以流傳至今者，皆即情即景。」〔註5〕文章如此，詩歌亦復如此，文學作品必須兼顧情景，才能被讀者接納。

〔註1〕作品達到一百首以上者共 19 人，仰山吟社：林玉麟、吳蔭培、莊贊勳、李康寧、鄭指薪、張天春、陳存、吳英林、陳金波、林本泉。登瀛吟社：盧纘祥、莊鱉、鄭指薪、劉枝昌、游象信、黃見發。東明吟社的楊長泉、范良銘、蔡奕彬。
〔註2〕袁行霈，《中國詩歌藝術研究》（臺北：五南圖書出版公司，1989 年），頁 61。
〔註3〕白靈，《一首詩的誕生》（臺北：九歌出版社，2006 年），頁 54。
〔註4〕同上註，頁 55。。
〔註5〕〔清〕袁枚，《隨園詩話》（臺北：宏業書局，1983 年），頁 11。

一首詩能夠受到廣大群眾喜愛絕非偶然，必定是經過詩人獨具匠心的設計，不論是謀篇造意、篇章策畫、句型結構、字句音韻、修辭運用、詩詞神韻、詩作性靈，無不存在真善美，才能激起讀者共鳴。這些美能夠加以分析，諸如時空設計、密度和強度加強、音韻和詩趣追求，最重要是意象的浮現。黃永武（1936～）在《中國詩學・設計篇・談意象的浮現》中，對於「意象」和「意象的浮現」有所描述。何謂「意象」，何謂「意象的浮現」，黃永武指出：

> 「意象」是作者的意識與外界的物象相交會，經過觀察、審思與美的釀造，成為有意境的景象。然後透過文字，利用視覺意象或其他感官意象的傳達，將完美的意境與物象清晰地重現出來，讓讀者如同親見親受一般，這種寫作的技巧，稱之為意象的浮現。〔註6〕

由上面這段引文描述，可知意象在詩詞創作中之重要性，作者利用內在的感官意識和外在的物象結合，把情境完美呈現在讀者眼前，使讀者感同身受，彷彿親臨其境一般。

意象是意念交流現象，不是單一的，是理智與情感之融合。「意象」並非源自近代西方文學理論，在古代中國已有相關理論提出，劉勰（465～520）在《文心雕龍・神思》寫道：「然後使玄解之宰，尋聲律而定墨；獨照之匠，闚意象而運斤。」〔註7〕意即，這樣才能使明瞭深奧道理的心靈，依循內心情感發出之音律而定下準繩，就像獨具慧眼的工匠，按照心意中形象來運用斧頭，這就是駕馭詩文、謀篇布局的方法及要點，此項見解對意象的詮釋有獨到之處，被後世文人和詩家奉為圭臬。

袁行霈在〈中國古典詩歌的意象〉一文指出：「意象可分為五大類：自然界的，社會生活的，人類自身的，人的創造物，人的虛構物。」〔註8〕其中自然界的、人類自身的、人的創造物屬於「物象類」；社會生活的、人的虛構物屬於「事象類」。意象不是物象的模仿，而是植基於物象，由物象轉進意象則是藝術創造。

茲依據上述意象概念，就日治時期蘭陽詩社作品進行析論。在析論之前，

〔註6〕黃永武，《中國詩學・設計篇》（臺北：巨流圖書，1976年），頁3。
〔註7〕羅立乾注譯，李振興校閱，《新譯文心雕龍》（臺北：三民書局，2011年），頁252。
〔註8〕袁行霈，《中國詩歌藝術研究》，頁62。

首先就詩作題材加以探討，元代方回《瀛奎律髓》一書將詩之題材分爲登覽……傷悼等四十九類〔註9〕，分類過於繁瑣，且有些題材，例如邊塞類、愛情類等，日治時期蘭陽詩社鮮少書寫，僅選擇較常書寫之題材列入析論，詩詞中選用物象最多的是自然景物，茲就蘭陽特有自然界意象進行探討，分將屬於天文意象之蘭雨意象，以及屬於地理意象之龜山島意象兩者提出討論，其餘未具特色者略而不論。

一、蘭雨意象

天文對於人類生活有莫大關係，古代君王派專人俯察地理、仰觀天象以治理國家，歷朝都設有欽天監，名稱或有不同但職責相似〔註10〕，負責觀察天文，洞曉天象變遷和節氣轉換，用以教導庶民四時耕種，天文和人類生活息息相關，天文意象在詩詞中占有重要地位。夏傳才《詩詞入門・分類平仄字選》列出「天文類」四十三字〔註11〕，故知「天文」含有四十三種自然現象，構成意象各不相同，天文種類繁多但限於篇幅，僅選擇最重要且具地域代表性的「蘭雨」討論。

討論天文意象，和新竹風齊名的宜蘭雨必不可少，日治時期蘭陽詩人如何書寫蘭雨意象，首先以仰山吟社第一回徵詩〈蘭城聽雨〉爲例析論，其次討論登瀛吟社擊缽吟〈蘭雨〉，最後剖析東明吟社詩鐘〈竹風蘭雨〉。

（一）仰山吟社的蘭雨意象

仰山吟社第一回徵詩〈蘭城聽雨〉，於昭和七年（1932）二月十五日發表

〔註 9〕《瀛奎律髓》將題材分爲四十九類：登覽、朝省、懷古、風土、昇平、宦情、風懷、宴集、老壽、春日、夏日、秋日、冬日、晨朝、暮詩、節序、晴雨、茶、酒、梅花、雪、月、閒適、送別、拗字、變體、著題、陵廟、旅況、邊塞、宮閨、忠憤、山巖、川泉、庭宇、論詩、技藝、遠外、消遣、兄弟、子息、寄贈、遷謫、疾病、感舊、俠少、釋梵、仙逸、傷悼等。見許清雲，《近體詩創作理論》（臺北：洪葉文化事業公司，1997 年），頁 339。

〔註10〕清朝欽天監，在周稱太史，秦漢爲太史令。隋設太史監，唐置太史局，後改司天臺。宋、元有司天監。明初設司天監，後改稱欽天監。

〔註11〕天文類平聲字有：「天、雷、風、雲、霜、虹、霓、星、辰、煙、冰、霖、暘、晴、颸、曦、氛、嵐、飆、霞、暉、宵、穹、空、曉。」等二十五字；仄聲字有：「日、月、雨、露、宿、斗、霧、雪、霰、電、雹、旭、靄、靂、霖、漢。」等十八字，合計四十三字。見夏傳才，《詩詞入門》（臺北：知書房出版社，2004 年），頁 501。

在《詩報》第三十一號，登載左詞宗林拱辰、右詞宗連碧榕選出的前十名作品，蘭陽詩人佔有八位，按照名次排序如下：

〈蘭城聽雨〉　　　　　左一右二　　　　宜蘭　李琮璜

驟雨下蘭城，連宵倍愴情。滂沱孤夢醒，蕭瑟五圍生。

聒耳添愁思，敲窗雜漏聲。曉來猶未息，悶坐待天晴。〔註12〕

此次徵詩，入選詩人的蘭雨意象，大多偏向負面，有愁悶、失眠意象，譬如李琮璜這首掄元詩句云「滂沱孤夢醒」和「聒耳添愁思」，滂沱雨聲入耳聒噪，被雨聲吵醒，令人一夜無法成眠，更增愁思。「曉來猶未息」，雨從深夜下到天亮還沒停，只好「悶坐待天晴」，寫盡蘭雨的惱人，詩中「五圍」是宜蘭市舊稱。又「連宵倍愴情」，蘭城急雨驟然而下，連宵不停，使人備感悽愴，具有悽愴、淒涼之意象。

〈蘭城聽雨〉　　　　　右一左九　　　　宜蘭　李紹蓮

獨坐幽齋裡，頻聞淅瀝聲。初疑來草嶺，終覺到蘭城。

灑竹音皆碎，彈蕉韻更清。思鄉眠不得，點點聽分明。〔註13〕

李紹蓮「思鄉眠不得」，獨自坐在幽齋裡面，頻頻聽到淅瀝雨聲，「灑竹音皆碎，彈蕉韻更清。」姑且把雨打芭蕉聲當作清韻樂聲，但「點點聽分明」勾起遊子鄉愁，叫人無法入眠，蘭雨有思鄉、鄉愁意象。

〈蘭城聽雨〉　　　　　左二右三　　　　宜蘭　陳鏡秋

雲霧迷龜嶼，沛然雨滿城。西堤侵葉响，東海吼濤聲。

霖澍環三結，新愁繫九荊。半規田水漲，傷稼最關情。〔註14〕

頸聯「霖澍環三結，新愁繫九荊。」又云「傷稼最關情」，指出滿城雨聲增添新愁，蘭雨有愁悶、憂傷意象。「三結」在宜蘭縣五結鄉三興村〔註15〕，「九荊」指宜蘭市。楊廷理築宜蘭城時環土城遍植九芎，賦詩〈重定噶瑪蘭全圖偶成〉有句曰：「他日濃陰懷舊澤，聽人談說九芎城。」〔註16〕故宜蘭又稱九

〔註12〕《詩報》31 號（1932 年 3 月 15 日），頁 8。

〔註13〕同上註。

〔註14〕同上註。

〔註15〕「三結」在清光緒 11 年（1885）臺灣設省時，屬宜蘭縣二結堡，日大正 9 年（1920）實施州廳制度，隸屬五結庄，民國 67 年（1978）併入五結鄉三興村。見黃雯娟撰述，施添福總編纂，《臺灣地名辭書・卷一・宜蘭縣》（南投：臺灣省文獻委員會，2000 年），頁 256～257。

〔註16〕〔清〕陳淑均，《噶瑪蘭廳志》（南投：臺灣省文獻委員會重刊，1993 年），頁 399。

芎城，九荊即是九芎別稱〔註17〕。「西堤」指宜蘭河岸「西鄉堤」〔註18〕，在此遙望西山群峰，風景絕佳，「西堤晚眺」爲「蘭陽十八勝」之一〔註19〕，現開發爲宜蘭河濱公園。

〈蘭城聽雨〉　　　左三右四　　　頭圍　葉文樞

一雨濕蘭城，關心耳獨傾。廉纖連四結，漸瀝到三更。

近染員山色，遙添濁水聲。萬家春樹裡，開闔憶沙成。〔註20〕

葉際唐（文樞）首聯破題，開門見山直接點「蘭城」和「聽雨」，次聯「四結」對「三更」是時空對，「四結」爲地名。結句「開闔憶沙成」，「沙」指開蘭先賢吳沙，蘭城、四結、員山都是吳沙率漳、泉、粵三籍人士開墾而得，聽雨憶吳沙，此時蘭雨有懷古意象。

〈蘭城聽雨〉　　　左四右六　　　頭圍　葉文樞

蘭陽連夜雨，入耳一聲聲。漂麥流增急，喧荷響倍明。

庭愁紅日杳，宮慮碧霞傾。莫向員山去，泥深未可行。〔註21〕

第五句云「庭愁紅日杳」，因爲「蘭陽連夜雨」連夜綿綿細雨不斷，許久不見陽光，讓人增添愁思意象。第六句云「宮慮碧霞傾」〔註22〕，有破壞、阻礙意象，害怕大雨下不停會使碧霞宮傾倒，屬於夸飾法的運用。

〈蘭城聽雨〉　　　左五右十一　　　宜蘭　陳鏡秋

此處疑天漏，瀟瀟瀝本城。敲窗驚客夢，洒竹亂書聲。

水鳥憑空鬧，雨蛙傍樹鳴。鳳頭山罩霧，未許望庚晴。〔註23〕

陳鏡秋「敲窗驚客夢」，瀟瀟蘭雨來敲窗，驚醒羈客夢，訴不盡鄉愁，詩中蘭

〔註17〕楊欽年撰文，周家安圖說，《詩說噶瑪蘭》（宜蘭：宜蘭縣文化局，2000 年），頁 52。

〔註18〕「西鄉堤」，日治時期首任宜蘭廳長西鄉菊次郎，任期自明治 30 年至 35 年（1897～1902），任內整治宜蘭河，使人民免於水患，人民感念遂將宜蘭河堤稱爲「西鄉堤」。

〔註19〕蘭陽十八勝：員山遠眺、大溪漁燈、大湖澄碧、員山溫泉、猴洞瀑布、鳳岫雲煙、西隄晚眺、蘇澳冷泉、鑑湖秋月、沙林聽濤、枕山春海、礁溪楓林、新寮瀑布、寒溪櫻花、石燭凝翠、蘭陽大橋、蘇花公路、秋塭觀魚。

〔註20〕《詩報》31 號（1932 年 3 月 15 日），頁 8。

〔註21〕同上註。

〔註22〕「碧霞宮」主祀岳武穆王，位於宜蘭市城隍街，乙未割臺後，由開蘭進士楊士芳等人倡建，隱含期待「還我河山」。

〔註23〕同註20。

雨有思鄉、鄉愁意象。蘭雨下不止，故云「此處疑天漏，瀟瀟瀝本城。」懷疑天漏造成雨水不停的下到宜蘭城內，蘭雨有破壞意象。

〈蘭城聽雨〉　　　　右五　　　　　頭圍　游象新

大雨下蘭城，聽來百感生。荷喧添客思，竹响動鄉情。

滴瀝三鬮徧，淋漓五坎盈。瀟瀟長不斷，徹夜夢難成。〔註24〕

游象信（象新）「聽來百感生」，寫「大雨下蘭城」生活不便，讓人百感叢生「徹夜夢難成」，具愁悶、失眠意象。又「荷喧添客思，竹响動鄉情」，愁雨打新荷，聲聲添客思，孤竹夜雨聲，勾動思鄉情，有思鄉、鄉愁意象。

〈蘭城聽雨〉　　　　左六　　　　　宜蘭　張雲章

蘭陽一夕雨，涼意滿孤城。愁譜淋鈴曲，平添洗竹聲。

茶鐺消獨夜，燈影話三更。萬派朝宗去，群流底不平。〔註25〕

詩中云：「愁譜淋鈴曲」，〈雨淋鈴曲〉是唐明皇幸蜀想念楊貴妃而作，張雲章一番苦中作樂，把淅瀝雨聲叮咚作響，想像成〈雨淋鈴曲〉，愁悶、失眠意象中帶有情趣。又云「涼意滿孤城」，蘭城夕雨，一陣雨一陣涼，燈影三更，涼意滿城，具有悽愴、淒涼意象。

〈蘭城聽雨〉　　　　左八右八　　　　頭圍　啓明

淅滴聽蘭城，全臺雨有名。堂愁追遠漏，宮怕碧霞傾。

濁水流方急，員山色未明。西鄉堤上路，路滑太難行。〔註26〕

啓明云：「堂愁追遠漏，宮怕碧霞傾。」〔註27〕蘭雨有破壞、妨害意象。既怕追遠堂漏水，又怕碧霞宮傾倒，擔心大雨的破壞力。復云「西鄉堤上路，路滑太難行。」這是頂眞格，聽到雨聲就聯想到西鄉堤上路難行，憂民憂國憂家鄉。西鄉堤，指宜蘭河堤岸。

〈蘭城聽雨〉　　　　右九　　　　　頭圍　游象新

急雨來何處，頻聞滴瀝聲。三篙添古渡，萬點洒新城。

遠寺晨鐘渺，寒齋客夢驚。枕頭山下路，戴笠有人耕。〔註28〕

第六句寫道「寒齋客夢驚」，有思鄉、鄉愁意象，首聯「急雨來何處，頻聞滴

〔註24〕《詩報》31 號（1932 年 3 月 15 日），頁 8。
〔註25〕同上註。
〔註26〕同註 24。
〔註27〕「追遠堂」指宜蘭林氏家廟，位於宜蘭市南興街，臺灣銀行宜蘭分行北側。
〔註28〕同註 24。

瀝聲。」蘭城急雨來何處，羈客頻聞滴瀝聲，寒齋驚醒，不知身是客，轉添鄉愁無限。尾聯「枕頭山下路，戴笠有人耕。」農夫沐雨耕作，此處蘭雨有滋潤、生發意象。

〈蘭城聽雨〉　　　左十右十四　　　宜蘭　李琮璜

子夜蘭城雨，樓風聽愈明。懷人難入夢，愁緒易傷情。

點滴心將碎，淒涼淚欲傾。蕭蕭蕉葉響，半是斷腸聲。〔註29〕

這首詩云：「懷人難入夢，愁緒易傷情。」蘭雨有愁悶、失眠意象，說道被雨聲吵醒無法入夢，懷想親友而愁緒倍加傷情，訴說蘭城夜雨的擾人清夢。又云「點滴心將碎，淒涼淚欲傾」，蘭城子夜雨，點滴碎心肝，又似淒涼淚，一泣到天明。復云「半是斷腸聲」，一夜雨，蕭蕭蕉葉響，半是雨聲半是斷腸聲，寫得纏綿俳惻，有悽愴、淒涼意象。

〈蘭城聽雨〉　　　右十左十三　　　頭圍　啓　濤

連番豪雨至，入耳一聲聲。水料增新港，泥應滿武營。

三醱紅日杏，五結黑雲橫。尚憶龜山畔，先期若鼓鳴。〔註30〕

啓濤「泥應滿武營」，有破壞、阻礙意象，擔心泥水應已灌滿武營，也是夸飾手法。「武營」有兩處，一在宜蘭舊城南路和武營街之間，清朝守備署所在地；一為頭圍清代駐軍千總署〔註31〕，武營舊址在今之頭城國中。

此次徵詩，入選詩人的蘭雨意象，大多偏向負面。一是愁悶、失眠意象，二是思鄉、鄉愁意象，三是悽愴、淒涼意象，四是破壞、阻礙意象，另有懷古意象，這五種意象分別說明如上。

（二）登瀛吟社的蘭雨意象

登瀛吟社擊缽吟〈蘭雨〉，昭和十三年（1938）九月十七日發表在《詩報》第一八五號，登載左詞宗洪鐵濤和右詞宗蕭獻三分別選出的前十名作品，茲觀察登瀛吟社詩人對蘭雨的意象如下：

〈蘭雨〉　　左一右三　　盧史雲

行人恍惚杏花村，不遇清明亦斷魂。

名共仁風揚竹塹，物沾甘雨說桃源。

〔註29〕《詩報》31號（1932年3月15日），頁8。

〔註30〕同上註。

〔註31〕陳淑均，《噶瑪蘭廳志》，頁166。

　　迷離蜃市傳蘇澳，紉佩騷經續屈原。

　　我愛催詩並留客，何妨日日落傾盆。〔註32〕

盧纘祥（史雲）「我愛催詩並留客，何妨日日落傾盆」，具有文學性、藝術性的詩意、催詩意象。盧氏愛詩成癡，偏喜蘭雨催詩留客，寄語蒼天何妨每日下雨好一解詩癮，十足詩人口氣，卻不問農民苦痛。頷聯「名共仁風揚竹墊，物沾甘雨說桃源」，因爲雨水足糧食豐，所以把蘭陽比作桃花源，感謝天意爲人間開勝地，長教蘭雨竹風名共存，有勝景、桃源意象。

　　〈蘭雨〉　　右一左四　　曾笑雲

　　空谷天寒綠長痕，竹風夾處欲傾盆。

　　詩題結佩催聲急，操寫橫琴潤色存。

　　盡灑三閭哀怨淚，來滋九畹秀靈根。

　　誰憐滴瀝深閨夜，姞夢重尋總不溫。〔註33〕

曾笑雲「詩題結佩催聲急」，只管雨聲聲聲催詩，卻不管夜深夢難尋，具文學性、藝術性的詩意、催詩意象。姞夢，引用「燕姞夢蘭」典故〔註34〕。第六句「來滋九畹秀靈根」，一畹三十畝，「九畹」一詞源出《楚辭‧離騷》之「余既滋蘭之九畹兮，又樹蕙之百畝。」〔註35〕後人借指蘭花，此處用來點題〈蘭雨〉的「蘭」字，又有蘭雨滋潤蘭花根苗之意，含生意盎然、喜悅、滋潤的意象。

　　〈蘭雨〉　　左二右二　　莊芳池

　　竹風媲美姓名存，等是東皇雨露恩。

　　清淨最宜居石谷，涵濡端合潤雲根。

　　霏霏細滴三農喜，隱隱幽香一室噴。

　　玉樹階前沾已足，流馨遠勝謝公門。〔註36〕

詩句云「霏霏細滴三農喜」，蘭雨霏霏甦草木，「等是東皇雨露恩」，東君雨露均霑，安慰農民三春雨足，可以期待農作豐收，有生意盎然、喜悅、滋潤意

〔註32〕《詩報》185 號（1938 年 09 月 17 日），頁 6。

〔註33〕同上註。

〔註34〕《左傳‧宣公三年》紀載春秋鄭文公侍妾燕姞，夢見鄭國先君化爲天使賜予蘭花。後得文公寵幸，生穆公。見陳克炯，《左傳譯注》（臺北：建安出版社，2002 年），頁 298。

〔註35〕傅錫壬注譯，《新譯楚辭讀本》（臺北：三民書局，1993 年），頁 32。

〔註36〕同註32。

象。尾聯「玉樹階前沾已足，流馨遠勝謝公門。」引用〔宋〕梅堯臣〈南陽謝公祈雨〉典故〔註37〕。

〈蘭雨〉　　左三右八　　劉枝昌

知時而至感皇恩，每喜新芽得潤蕃。

馥馥余香傳九畹，霏霏殘滴認孤村。

只堪窗下尋詩句，難向花前倒酒罇。

天意爲人開勝地，竹風長與共名存。〔註38〕

劉枝昌「只堪窗下尋詩句」，有文學性、藝術性的詩意、催詩意象，暗用李商隱〈巴山夜雨〉典故，因爲下雨，只好在室內窗下覓句，「難向花前倒酒罇」，遺憾不能到園中邀花共飲。

〈蘭雨〉　　右四左九　　盧史雲

黑雲密佈北關門，鎮日瀟瀟曉到昏。

好學巴山同剪灼，何妨蘇澳瀉傾盆。

催詩西海煩河伯，潤物東郊長稻孫。

最是惜花情意重，小階獨應爲銷魂。〔註39〕

第二聯「好學巴山同剪灼，何妨蘇澳瀉傾盆」，化用李商隱〈巴山夜雨〉典故，也是詩人口氣，寧可傾盆大雨西窗剪燭卻不要陽光。第五句「催詩西海煩河伯」，河伯是傳說中黃河水神，原名馮夷，也作冰夷，或泛指所有水神，煩請水神幫助降雨催詩以解詩饞。詩中蘭雨有文學性、藝術性的詩意、催詩意象。

〈蘭雨〉　　左五右避　　蕭献三

扶傘來尋畫卦門，終年八表幾同昏。

宵徵燕姞符祥夢，朝下龜山例瀉盆。

屈佩香紉沾有意，謝庭景美涇無痕。

清明霡霂頭圍路，應斷三生杜牧魂。〔註40〕

〔註37〕〔宋〕梅堯臣〈南陽謝公祈雨〉「雲龍本職雨，不雨其失職。萬草欲焚如，千疇幾赭色。刺史爲民憂，侵晨車競飭。竭來欸宮祠，豈不念黍稷。（上雨下奄）靄隨輪軒，滂沱遍畛域。孰謂雲龍愚，能成仁惠德。濯濯群物新，蒸蒸眾苗殖。莫比邵父渠，初慚用人力。」謝公指謝絳（994～1039），字希深，富陽人。見夏敬觀、趙熙原著，曾克耑纂集，《梅宛陵詩評注》（臺北：臺灣商務印書館，1983 年），頁 62。

〔註38〕《詩報》185 號（1938 年 09 月 17 日），頁 6。

〔註39〕同上註。

〔註40〕同註38。

頷聯「宵徵燕姞符祥夢，朝下龜山例瀉盆。」上聯引用「燕姞夢蘭」典故，「朝下龜山例瀉盆。」寫得彷彿蘭陽無日不雨，是一種夸飾法，形容雨多。「清明霡霂頭圍路，應斷三生杜牧魂。」化用杜牧〈清明〉一詩，蘭雨有文學性、藝術性的詩意意象。

　　　〈蘭雨〉　　　右五左八　　　張文通

　　瀟瀟八夜潤靈根，碧蕊芳心印水痕。

　　東望龜峰如霧罩，西看鷹嶺若雲屯。

　　輕飄未改幽貞志，亂滴應憐弱態魂。

　　一樣竹風堪比例，儼如世外認桃源。〔註41〕

結句說「儼如世外認桃源」，蘭陽平原有充足雨水滋潤，物阜民豐，「東望龜峰，西看鷹嶺」，山明水秀，堪比作世外桃源，有勝景、桃源意象，可媲美岱輿、員嶠、方壺、瀛洲、蓬萊等仙境。

　　　〈蘭雨〉　　　左六　　　莊芳池

　　知時好雨濕平原，豈獨培蘭臭味存。

　　路滑怕粘名士屐，風吹合斷美人魂。

　　幾番辨蝶傍花國，一樣騎驢入劍門。

　　我願東皇工醞釀，春陰長蔭祖行尊。〔註42〕

首句說「知時好雨濕平原」，詩人筆下的蘭雨彷彿具有靈性，知道生民需求，抓住重要時刻適時降下甘霖，滋潤蘭陽平原，具有生意盎然、喜悅、滋潤意象。第三句「路滑怕粘名士屐」，「名士屐」暗用「謝公屐」典故〔註43〕，雨溼路滑，蘭雨有破壞、阻礙意象。

　　　〈蘭雨〉　　　右六左十　　　林錫虎

　　如膏細拂盪靈根，滴碎蕉心入夢魂。

　　半夜瀟瀟侵竹屋，數枝濯濯映梅村。

　　龜山雨過雲長在，烏石帆歸跡舊存。

　　醉所南來佳子弟，淋漓悲絕北關門。〔註44〕

〔註41〕《詩報》185 號（1938 年 09 月 17 日），頁 6。

〔註42〕同上註。

〔註43〕《宋書卷六十七‧傳第二十七》云：「（謝靈運）登躡常著木屐，上山則去其前齒，下山去其後齒。」見〔南朝梁〕沈約撰，《宋書》（臺北：臺灣商務印書館，1981 年），宋蜀大字本，頁 1021。

〔註44〕同註41。

林錫虎「滴碎蕉心入夢魂」，含有文學性、藝術性的詩意、催詩意象，蘭雨如膏細拂沁入心靈。「半夜瀟瀟侵竹屋」，夜半大雨侵屋，有破壞意象，然而「龜山雨過雲長在」，別是一番滋味在心頭。

〈蘭雨〉　　　左七　　　李兩傳

蘭雨紛紛溼柳園，清明時節老鶯喧。

茁芽歲歲氤氳在，潤物朝朝霑澤存。

煙鎖北關迷客路，雲飛南嶺憶梅魂。

綠章更向天公奏，乞賜春陰護子孫。〔註45〕

李兩傳說「蘭雨紛紛溼柳園」，又說「茁芽歲歲氤氳在，潤物朝朝霑澤存。」寫清明時節蘭雨紛紛，潤溼柳園有生發之功，乞求上天賜予春陰以護子孫，有生意盎然、喜悅、滋潤意象。

〈蘭雨〉　　　右七　　　吳蔭庭

默默如塵宿霧繁，行人如過杏花村。

輕滋綺石香浮動，宛轉絲桐韻洽翻。

柔軟美人心滴碎，孤高騷客賦銷魂。

羨他獨秀深林裡，摘向靈筠荐一番。〔註46〕

首聯「默默如塵宿霧繁，行人如過杏花村」，煙雨蘭陽彷似一幅「小放牛」場景，行人恰似走進杏花村，有勝境、桃花源意象。頸聯「柔軟美人心滴碎，孤高騷客賦銷魂」，一樣的蘭雨，兩樣的心情，美人心碎，騷客魂銷，有文學性、藝術性的詩意、催詩意象。

〈蘭雨〉　　　右九　　　黃振芳

馳名多雨此鄉村，泉湧礁溪到處溫。

罕晴深林尋臭竹，何妨幽谷聽啼猿。

偶爾且漫禰蘇澳，勝景爭誇有樂園。

我向龜山山外望，迷濛海霧惹銷魂。〔註47〕

第三聯「偶爾且漫禰蘇澳，勝景爭誇有樂園」，蘇澳位處蘭陽平原東南角，擁有南方澳漁港，內埤漁港、蘇澳商港、北方澳軍港，由於海口地形，雨水勝於其他鄉鎮，蘇澳雨水冠蘭陽，武荖坑為喇叭口地形，雨水冠蘇澳，夙以「武

〔註45〕《詩報》185 號（1938 年 09 月 17 日），頁 6。

〔註46〕同上註。

〔註47〕同註45。

茗林泉」著稱，屬「新蘭陽八景」之一〔註48〕，故云「馳名多雨此鄉村」。結句「迷濛海霧惹銷魂」，蘭雨迷濛生海霧，龜山煙雨最銷魂，句中詩意盎然，富有文學性、藝術性的詩意意象。

〈蘭雨〉　　右十左避　　洪鐵濤

瀟瀟細嚮過名園，几箭濃香到夜昏。
暗洗珍珠騷客珮，驚回蝴蝶美人魂。
素心話合青燈剪，好句思將綺石溫。
畢竟香王終得氣，階前來日長方蓀。〔註49〕

洪鐵濤「瀟瀟細嚮過名園」，有勝景、桃源意象，蘭雨瀟瀟聲瀝瀝，飄灑名園稱勝景，「驚回蝴蝶美人魂」，蝴蝶遊園驚夢。詩中「香王」指蘭花，蘭為王者香，點詩題「蘭」字。

登瀛吟社詩人對「蘭雨」的意象有三：一是文學性、藝術性的詩意、催詩意象，二是生意盎然、喜悅、滋潤意象，三是勝景、桃源意象。觀察以上入選作品，發現登瀛吟社詩人對蘭雨的意象，都持正面看待，和前述仰山吟社詩人所持負面看法截然不同，推測原因出在詞宗身上，由於詞宗的個人偏好，或喜或悲，選詩角度不同，錄取作品風格受其影響，導向某一方面，未必客觀，若能觀察到所有作品，包含落榜詩作，將能更客觀評論。

（三）東明吟社的蘭雨意象

最後，析論東明吟社詩鐘〈竹風蘭雨〉（雙鉤格），據林小眉〈詩鐘——東海鐘聲〉云：「雙鉤格，眼字凡四，順序分嵌於出句及對句之首尾。」〔註50〕，亦即四字分置於兩句首尾。該社平素擊缽喜作詩鐘，「蘭雨」沒有入詩題而是成為鐘題，刊登於昭和十年（1935）十一月十八日《詩報》第一一七號，由天詞宗張迺西、地詞宗李耀鋒、人詞宗李維桑各選出十名佳作：

〈竹風蘭雨〉天一人三地四　林劍稜

風動窗前手个竹，雨滋園裡一畦蘭。〔註51〕

〔註48〕新蘭陽八景：大里海濤、五峰瀑布、太平雲海、武茗林泉、南方澳港、枕山春海、大湖澄碧、金面大觀。見宜蘭縣政府，《宜蘭縣設縣卅週年全國詩人大會專輯》（宜蘭：宜蘭縣政府，1981年），頁11～12。
〔註49〕《詩報》185號（1938年09月17日），頁6。
〔註50〕林小眉，〈詩鐘——東海鐘聲〉，《臺灣詩薈》，第一號（1924年2月），頁61。
〔註51〕《詩報》117號（1935年11月18日），頁13。

在東明吟社詩人眼中,「蘭雨」具有滋潤、生長的意象,比如林劍稜「雨滋園裡一畦蘭」,喜見蘭雨滋潤蘭花,有生發之象。

　　　　〈竹風蘭雨〉地一天三　　　李培榕

　　　　蘭開九畹沾秋雨,竹植三湘弄曉風。〔註52〕

李培榕「蘭開九畹沾秋雨」,寫得是秋蘭開花沾雨,蘭花可分為春蘭和秋蘭,比如石斛蘭就分成春、秋開花兩種,臺灣北部為春石斛蘭,中南部為秋石斛蘭。秋天原本有蕭殺、收成意象,但秋蘭卻有生發、開花意象。「九畹蘭」為寫蘭慣用典故,語出《楚辭‧離騷》之「余既滋蘭之九畹兮」〔註53〕。

　　　　〈竹風蘭雨〉人一天二　　　林子清

　　　　蘭室聯歡逢舊雨,竹窗解慍是薰風。〔註54〕

「蘭室」是高雅芬芳的居室,原本指婦女香閨,此處應作「書房」解才有意義,藉指書香瀰漫房室,也才能和下句「竹窗」成對仗。舊雨,稱老朋友。此處用典,舊雨一詞源自杜甫〈秋述〉:「秋,杜子臥病長安旅次,多雨生魚,青苔及榻。常時車馬之客,舊雨來,今雨不來。」〔註55〕意謂舊日老朋友遇到雨天也來,新朋友遇到雨天就不來,交情深淺有別。

　　　　〈竹風蘭雨〉地二天四　　　李維桑

　　　　蘭芷相思愁夜雨,竹松並茂傲霜風。〔註56〕

李維桑「蘭芷相思愁夜雨」,也是化用「沅芷澧蘭」典故,夜雨相思愁難眠,雨聲淅瀝瀝,整夜擾人清眠,睡不著而益增相思,一夜相思一夜雨,此時蘭雨有哀怨意象。

　　　　〈竹風蘭雨〉人二地三天五　李劍生

　　　　蘭乍生芽青浥雨,竹長解籜秀凌風。〔註57〕

此鐘聯「蘭乍生芽青浥雨」,寫得是青帝到來,春雨浥蘭城,蘭花喜得蘭雨滋潤而吐出新芽,明寫蘭花發新芽,暗喻萬物並育,草木逢春欣欣向榮。

〔註52〕《詩報》117 號(1935 年 11 月 18 日),頁 13。

〔註53〕傅錫壬注譯,《新譯楚辭讀本》,頁 32。

〔註54〕同註 52。

〔註55〕〔唐〕杜甫著,〔清〕楊倫箋注,《杜詩鏡銓》(臺北:天工書局,1994 年),頁 1078。

〔註56〕同註 52。

〔註57〕同上註。

　　〈竹風蘭雨〉人四天六　　　李耀鋒

　　　蘭開蝴蝶嬌迎雨，竹植龍孫翠舞風。〔註58〕

「蘭開蝴蝶嬌迎雨」寫春蘭花開景象，有蒙太奇（法語：Montage）手法〔註59〕，一句中寫三個景象：蘭花、蝴蝶、春雨，由三個畫面剪接組合成立體畫面，形成詩中有畫，以春雨爲背景，蘭花是靜態，蝴蝶是動態，構築生命樂章，但有瑕疵存在，依常理推斷雨水會打溼翅膀，蝴蝶如何嬌迎雨，故知此是詩人造景，不是寫實，鐘句雖美唯不切實際。

　　〈竹風蘭雨〉地五人六　　　吳尊秋

　　　蘭滋九畹宜春雨，竹種三湘弄夏風。〔註60〕

吳尊秋「蘭滋九畹宜春雨」，綿綿春雨最適合滋潤九畹蘭花，蘭花喜水但不求多，濛濛水氣間有陽光，可助蘭花生長，蘭雨充滿生發意象。

　　〈竹風蘭雨〉人五地六　　　李修篁

　　　風裡詩催頻刻竹，雨前句寫自紉蘭。〔註61〕

李修篁「雨前句寫自紉蘭」，「紉蘭」用典，語出《楚辭‧離騷》「扈江離與辟芷兮，紉秋蘭以爲佩。」〔註62〕「紉蘭」是貫穿蘭花配戴之意，雨前賦詩佩蘭，有詩意、藝術意象。

　　〈竹風蘭雨〉天七地十　　　蔡奕彬

　　　風吟牖外虛心竹，雨濕墀前鐵骨蘭。〔註63〕

「雨濕墀前鐵骨蘭」，此是白描法，純粹寫景無深意，「鐵骨蘭」就是鐵骨素心蘭，屬四季蘭，是重要國蘭之一，開花期在春末秋初之間，葉色鋼青，呈鐵骨之相。蘭雨潤濕鐵骨蘭，有滋潤、生長意象。

　　〈竹風蘭雨〉地七天九　　　石曉暉

　　　蘭葉葳蕤長浥雨，竹枝瀟灑正吟風。〔註64〕

〔註58〕《詩報》117號（1935年11月18日），頁13。
〔註59〕蒙太奇源自法語：Montage，原意爲剪接，傳到俄國後被延伸到電影藝術中，其後詩歌亦普遍使用。詳細內容見〔俄〕C.M.愛森斯坦著，富瀾譯，《蒙太奇論》（北京：中國電影出版社，2011年）。
〔註60〕同註58。
〔註61〕同上註。
〔註62〕傅錫壬注譯，《新譯楚辭讀本》（臺北：三民書局，1993年），頁29。
〔註63〕同註58。
〔註64〕同上註。

石曉暉「蘭葉葳蕤長浥雨」，長得蘭雨浥注，蘭葉得以葳蕤生發，蘭雨越滋潤則蘭葉更葳蕤，有成長意象，下句「竹枝吟風」是擬人法。

〈竹風蘭雨〉人七　　　林劍稜

蘭室群書經潤雨，竹簾雙燕受斜風。〔註65〕

「蘭室群書經潤雨」，蘭室本指婦女閨房，此處做書房解。「經潤雨」用典，引用〔金〕趙秉文（1159～1232）的〈遊開元精舍〉：「瓶殘夜禪起，經潤雨翻餘。」〔註66〕蘭雨有詩意、文學意象。

〈竹風蘭雨〉天八　　　李劍生

蘭室休疑為喜雨，竹亭漫誤是歌風。〔註67〕

「蘭室休疑為喜雨」，「喜雨」用典，出自杜甫〈春夜喜雨〉：「好雨知時節，當春乃發生。隨風潛入夜，潤物細無聲。野徑雲俱黑，江船火獨明。曉看紅濕處，花重錦官城。」〔註68〕杜詩言「好雨知時節，當春乃發生。」春天正是草木萌芽之時，亟需雨水滋潤。「喜雨」，有生發、滋長意象。

〈竹風蘭雨〉地八天十　　　吳尊秋

蘭香正迓三春雨，竹影空吟一夜風。〔註69〕

「蘭香正迓三春雨」寫得是春蘭，按廿四節氣排序，三春是立春、雨水、驚蟄、春分、清明、穀雨，其中兩個節氣雨水、穀雨和雨有關，而蘭花多在春天開，故說「蘭香正迓三春雨」，有生長意象。

〈竹風蘭雨〉人八　　　李耀鋒

蘭綻花偏香冒雨，竹抽枝自態迎風。〔註70〕

李耀鋒寫道「蘭綻花偏香冒雨」，蘭花冒雨綻放，獨處幽靜處，默默散發王者香，不忮不求，不與群花爭豔，無邪品自高，古來就和梅、竹、菊並稱「四君子」，有高尚、潔淨無染的意象，也是詩人自我期許。

〔註65〕《詩報》117 號（1935 年 11 月 18 日），頁 13。
〔註66〕〔金〕趙秉文〈遊開元精舍〉「松軒風掃靜，終日閉門居。犬臥青苔地，鳥銜紅柿初。瓶殘夜禪起，經潤雨翻餘。自是少人迹，非關往來疏。」見〔清〕吳重熹輯，《九金人集（一）》（臺北：成文出版社，1967 年），影印山東海豐吳氏石蓮盦彙刻本，頁 130。
〔註67〕同註65。
〔註68〕〔唐〕杜甫著，〔清〕楊倫箋注，《杜詩鏡銓》（臺北：天工書局，1994 年），頁 344。
〔註69〕同註65。
〔註70〕同上註。

　　　〈竹風蘭雨〉地九　　　　林子清

　　風刀未剪池邊竹，雨箭難穿畹上蘭。〔註71〕

「雨箭難穿畹上蘭」寫蘭花富含生命力，能耐風雨侵凌，畹上蘭花展現強韌
性格，不怕雨箭從四面八方穿射過來，似乎在讚許蘭陽子民，歷經吳沙開墾
後，破除萬難艱苦卓立，也似乎暗示著不怕日本殖民統治，堅忍過活以期待
變天。

　　　〈竹風蘭雨〉人九　　　　林子清

　　蘭開冉冉迎甘雨，竹自娟娟弄曉風。〔註72〕

林子清「蘭開冉冉迎甘雨」，在蘭雨滋潤下，大地甦醒，蘭花冉冉而開，象徵
春天已到，豈止蘭花，所有草木都歡喜迎接甘霖，具生發意象。

　　　〈竹風蘭雨〉人十　　　　吳蓴秋

　　蘭生澧沅經滋雨，竹報平安每舞風。〔註73〕

「蘭生澧沅經滋雨」是化用「沅芷澧蘭」典故，源自《楚辭・九歌・湘夫人》：
「沅有芷兮，澧有蘭。」〔註74〕鐘句言蘭花得雨水滋潤而欣欣向榮，蘭雨有
滋潤萬物，蓬勃生長的意象。

　　古清遠、孫光萱《詩歌修辭學》說「成功的詩作常常以捕捉、提煉意象
為創作的起點」。〔註75〕意象的組合對於詩作成功與否，有關鍵性影響。由上
述所引用東明吟社詩鐘觀察，例句中的蘭雨都充滿生發意象，不論春雨、秋
雨均有滋潤之功，多少風流人物隨風消逝，多少往事如雲煙消散，蘭雨依然
滋潤蘭陽千萬載，宜其並列「竹風」，長得詩人吟詠。

二、龜山島意象

　　地理包含諸多項目，例如山川、河海、……城鄉、原野等等，不勝枚舉。
今擇其要者討論，宜蘭的地理意象，絕對不可忽略龜山島，歷來受到詩人重
視，必須加以討論，許美智主編《宜蘭第一》寫道：「龜山島面積 2.7 平方公

〔註71〕《詩報》117 號（1935 年 11 月 18 日），頁 13。
〔註72〕同上註。
〔註73〕同註 71。
〔註74〕傅錫壬注譯，《新譯楚辭讀本》（臺北：三民書局，1993 年），頁 63。
〔註75〕古清遠、孫光萱，《詩歌修辭學》（臺北：五南圖書出版公司，1997 年），頁
　　　　115。

里，由兩座火山組成龜首和龜甲，龜尾則是一片細長的沙洲，屬安山岩，以龜山島八景聞名。」〔註 76〕龜山島具有強烈意象，自古以來即是蘭陽平原地標，代表著宜蘭。龜山島和蘭陽平原沿太平洋岸一長列沙崙，形成宜蘭人口中的「龜蛇把海口」，有守護蘭陽之意象，對宜蘭人而言，擁有特殊情感，像是守護神。陳偉智在〈「龜」去來兮！──龜山島與宜蘭文化史初探〉中〔註77〕，引用蘭陽文學家黃春明（1935～）現代詩〈龜山島〉〔註78〕，指出龜山島文化形成「地方感」，龜山島有離鄉與思鄉的意象。

　　黃侃（1886～1935）在《文心雕龍札記·比興》中指出：「有物同而感異者，亦有事異而情同者。」〔註 79〕同樣的龜山島，古今詩人各自構作不同意象，現代詩人黃春明是離鄉與思鄉的意象，清代詩人則有不同感受。最早書寫龜山島，應屬清嘉慶五年（1800）蕭竹友〈陽景三絕〉中之〈龜嶼秋高〉：

　　　　孤峰獨聳接雲間，砥柱中流豈等閒。

　　　　日月每從眉上過，乾坤祇在海中山。〔註80〕

蕭竹友寫秋天的龜山島，他對龜山島的意象是中流砥柱，詩云：「砥柱中流豈等閒」，龜嶼孤聳大海中央，秀出雲表，「日月每從眉上過」，恍若茫茫大海中的倚靠。嗣後烏竹芳、柯培元、陳淑均、李祺生、李望洋等人均曾以〈龜山朝日〉為題〔註81〕，同題各詩，分別寫下古典詩傳世，將龜山島和旭日結合，產生光明、希望、朝氣的意象，彼時龜山島象徵喜悅、希望而不是思鄉、哀愁。日治時期蘭陽詩人又是如何看待龜山島，作品有怎樣的意象，探討如下。

（一）登瀛吟社詩人的龜山島意象

　　登瀛吟社於昭和五年（1930）十月第四回擊缽吟，以〈望龜山〉為題，

〔註76〕龜山島八景：龜山朝日、龜島礦煙、龜岩峭壁、龜卵觀奇、靈龜擺尾、神龜戴帽、眼鏡洞鐘乳石觀奇、海底溫泉湧上流。許美智主編，《宜蘭第一》（宜蘭：宜蘭縣史館，2010年），頁121。

〔註77〕陳偉智，〈「龜」去來兮！──龜山島與宜蘭文化史初探〉，《「宜蘭研究」第四屆學術研討會論文集》（宜蘭：宜蘭縣文化局，2002年），頁248。

〔註78〕黃春明，〈龜山島〉：「龜山島，每當蘭陽的孩子搭火車出外，當他從車窗望著你時，總是分不清空氣中的哀愁，到底是你的，或是他的，（下略）」同上註，頁247。

〔註79〕黃侃，《文心雕龍札記》（北京：典文出版社，1959年），頁173。

〔註80〕〔清〕陳淑均，《噶瑪蘭廳志》，頁414。

〔註81〕盧世標，《宜蘭縣志·文化志·勝蹟篇》（宜蘭：宜蘭縣文獻委員會，1970年），頁64～66。

由天詞宗李石鯨、地詞宗周士衡、人詞宗陳子經合點選出十名優勝者，依序臚列如次：

〈望龜山〉　　　　一　　　　　　　楊靜淵

撐天憑遠眺，蔽魯不堪望。紫翠迷離甚，滄桑感慨長。

昂頭空際外，觸目水中央。欲藉愚公力，來移出異鄉。〔註82〕

第三聯「昂頭空際外，觸目水中央。」龜山島昂首太平洋中，是茫茫大水中流砥柱的意象。還有一個意象，就是歲月悠長而人生短小的感傷意象，「滄桑感慨長」，見到龜山島興起滄海桑田之感。

〈望龜山〉　　　　二　　　　　　　李石鯨

翹首觀東畔，龜峰峙海洋。極巔齊草嶺，厥勢鎮蘭陽。

有尾人堪住，無柯聖早傷。屹然同蔽魯，長樹水中央。〔註83〕

第一聯「翹首觀東畔，龜峰峙海洋。」是獨立奮發的意象。第四句「厥勢鎮蘭陽」，在詩人李石鯨眼中，龜山島意象是鎮鎖蘭陽的守護神。結句「長樹水中央」，具有茫茫大水中流砥柱意象。「屹然同蔽魯」，引用孔子嘆「龜山蔽魯」典故，孔子作琴曲《龜山操》而去國〔註84〕，嘆龜山遮蔽不見魯國，喻季氏蔽君若龜山之蔽魯。

〈望龜山〉　　　　三　　　　　　　林本泉

放眼波濤外，龜峰屹海洋。經宵迎夜月，破曉拜朝陽。

入目形容秀，凝眸樹木蒼。天然一妙景，永鎮在蘭疆。〔註85〕

首聯云「放眼波濤外，龜峰屹海洋。」是汪洋大水中流砥柱意象，「天然一妙景，永鎮在蘭疆」，在林本泉眼中，龜山島既是天賜絕妙景色，更具有蘭陽子民保護者意象。

〈望龜山〉　　　　四　　　　　　　張一泓

何來鼇負岳，伸頸飲汪洋。日曝斑斕甲，浪淘磊落腸。

欲加宣聖斧，恐是穆王梁。砥柱中流固，悠悠閱歲長。〔註86〕

〔註82〕《詩報》1號（1930年10月30日），頁4。

〔註83〕同上註。

〔註84〕孔子《龜山操》歌詞：「予欲望魯兮，龜山蔽之。手無斧柯，奈龜山何！」見馮保善注譯，《新譯古詩源》（臺北：三民書局，2006年），頁57。

〔註85〕同註82。

〔註86〕同上註。

張一泓認為「砥柱中流固」，具有浩浩汪洋中流砥柱的意象。「悠悠閱歲長」，
龜山島還有一個意象，就是閱歷歲月悠長而感傷人生短小。第三聯用典「欲
加宣聖斧」，引用「龜山蔽魯」典故，孔子嘆手無斧柯，奈龜山何！

〈望龜山〉　　　　　五　　　　　蔡庭柯

極目汪洋外，靈峰勢插蒼。滄桑曾小劫，興廢幾經霜。

賴此迎初日，憑誰弔夕陽。己無柯斧在，望魯意何償。〔註87〕

「極目汪洋外，靈峰勢插蒼。」龜山島孤峰挺立，有中流砥柱、獨立自強意
象。第二聯「滄桑曾小劫，興廢幾經霜」，有歲月悠悠而人生渺渺的感傷意象。
尾聯「己無柯斧在，望魯意何償。」使用「龜山蔽魯」典故。

〈望龜山〉　　　　　六　　　　　陳枝成

一望潮流處，龜山鎮蛤疆。形成身背印，霧吐首朝陽。

出沒波間際，昂藏海上方。不殊東魯象，篆列大文章。〔註88〕

「龜山鎮蛤疆」，陳枝成的龜山島意象是雄鎮蘭疆守護者意象，「蛤」指蛤仔
難，也就是噶瑪蘭、宜蘭、蘭陽。「出沒波間際，昂藏海上方」，是汪洋中的
砥柱，獨立自強意象。

〈望龜山〉　　　　　七　　　　　李紹連

放眼海汪洋，龜山插水傍。東朝紅日麗，西接暮山蒼。

駭浪沖無礙，狂風撼不傷。蘭陽鐘毓秀，萬古耀文光。〔註89〕

頸聯「駭浪沖無礙，狂風撼不傷」，具有狂風駭浪中流砥柱，不畏風雨意象。
龜山島還有一個意象，「蘭陽鐘毓秀，萬古耀文光」，有地靈人傑意象。

〈望龜山〉　　　　　八　　　　　盧纘祥

獨立滄茫裡，龜峰一望長。崢嶸山挺秀，激灩水浮光。

景好推朝日，圖明掛夕陽。畫屏窮目處，幾訝是仙鄉。〔註90〕

盧纘祥望龜山，「獨立滄茫裡，龜峰一望長。」龜峰聳峙滄茫大海哩，有獨立
自主意象。尾聯「畫屏窮目處，幾訝是仙鄉。」盧纘祥眼中龜山，恍如畫屏，
疑是蓬萊仙島，有勝境、仙鄉意象。

〔註87〕《詩報》1號（1930年10月30日），頁4。

〔註88〕同上註。

〔註89〕同註87。

〔註90〕同註87。

〈望龜山〉　　　　　　九　　　　　　　簡財發

　極目海門際，龜山別一方。身隨波上下，首向日昂藏。

　　霧吐知風雨，雲收絢鈕章。老翁閑述異，某歲鎮斯疆。〔註91〕

第四句「首向日昂藏」，象徵宜蘭人獨立自主精神，有奮發意象。結句「老翁閑述異，某歲鎮斯疆」，在詩人簡財發眼中，龜山島是鎮守蘭疆的保護神。還有一層意象，就是人生苦短的感傷意象，「某歲鎮斯疆」流露對歲月流逝的感慨。

〈望龜山〉　　　　　　十　　　　　　　陳金波

　千尋窮目力，突兀立東方。挺翠連春草，拖紅帶夕陽。

　　茫茫浮水遠，隱隱接天長。祇作中流柱，波瀾任自狂。〔註92〕

陳金波所望見龜山，「春草翠」對「夕陽紅」，色彩繽紛，有圖畫意象。末聯「祇作中流柱，波瀾任自狂。」陳金波也認為龜山島具有中流砥柱意象。

　　登瀛吟社於昭和六年（1931）九月一日，在《詩報》第十九號刊載第二期徵詩〈龜山朝日〉入選作品，由詞宗鄭養齋選出三十首詩，蘭陽詩人獲選十二首。這次徵詩，蘭陽詩人如何描繪龜山島，作品呈現甚麼意象，剖析如下：

〈龜山朝日〉　一　　頭圍　盧纘祥

　紅旭初升照翠巒，休將不動誚蹣跚。

　昂頭東向琉球島，曳尾西連噶瑪蘭。

　鋒峙何須盛玉匣，濤翻卻似湧金盤。

　祺生一賦流傳久，攜向晨光仔細看。〔註93〕

破題「紅旭初升照翠巒，休將不動誚蹣跚。」詩人盧纘祥對龜山與朝日建構光明、美好、希望意象。頷聯「琉球島」對「噶瑪蘭」，係專名對。第七句「祺生一賦流傳久」，指清代生員李祺生（壽泉），嘗作〈龜山賦〉一篇云：「維臺海之名山，實蘭疆之鉅鎮。」〔註94〕李祺生認為龜嶼有鎮守、衛護蘭陽之功。

〈龜山朝日〉　三　　頭圍　葉文樞

　形勢渾如長介蟲，最宜初旭蘸瞳矓。

<hr/>

〔註91〕《詩報》1 號（1930 年 10 月 30 日），頁 4。
〔註92〕同上註。
〔註93〕《詩報》19 號（1931 年 9 月 1 日），頁 6。
〔註94〕陳淑均，《噶瑪蘭廳志》，頁 424。

蕃滋草木尾疑綠，變幻雲霞背訝紅。

兩卵微茫依嶼畔，一輪燦爛湧波中。

有人指點晨光裡，故國毘耶此極東。〔註95〕

詩云「最宜初旭蘸曈曨」與「蕃滋草木尾疑綠」，葉文樞筆下龜山島有光明、希望、生長意象。另一意象就是護衛蘭陽、保境安民。結句「故國毘耶此極東」，毘耶係佛經中的古印度城名〔註96〕，藉指蘭陽，謂蘭疆最東是龜山島。

〈龜山朝日〉　五　宜蘭　李紹蓮

疑是神鰲戴嶼過，形如龜狀更嵯峨。

首朝東海恩光滿，尾對西峰爽氣多。

萬劫不磨磅礡勢，一輪長映去來波。

從茲永鎮蘭陽口，宣聖何須嘆斧柯。〔註97〕

李紹蓮寫到「從茲永鎮蘭陽口，宣聖何須嘆斧柯。」〔註98〕有兩個意象，一是護衛蘭陽、保境安民，另一個意象是正面、正直、正道，用它和「龜山蔽魯」對比。

〈龜山朝日〉　六　頭圍　游象新

如蛇相對有沙灘，莫效宣尼蔽魯嘆。

天外初升欣燦爛，水中長峙笑蹣跚。

蒼涼空逞兒童辯，突兀何愁大卜鑽。

出海雲霞光倒映，故推風景冠宜蘭。〔註99〕

游象新說「莫效宣尼蔽魯嘆」，又說「天外初升欣燦爛」，有正道、光明意象，用它和「龜山蔽魯」對照。尾聯「出海雲霞光倒映，故推風景冠宜蘭。」則有美麗、明媚意象。

〈龜山朝日〉　十一　頭圍　黃振芳

千尺孤峰聳碧空，遙臨金鏡色曈曨。

時原悲谷虞淵異，名竟漢陽將樂同。

〔註95〕《詩報》19號（1931年9月1日），頁6。

〔註96〕毘耶又譯作毘耶離、毘捨離、吠捨離，古印度大城，釋迦牟尼曾在此講經。見陳引馳、林曉光注譯，《新譯維摩詰經》（臺北：三民書局），頁2。

〔註97〕同註95。

〔註98〕漢平帝元始元年，諡孔子為褒成宣公，歷代尊為聖人，稱「宣聖」。

〔註99〕同註95。

水面螺鬟痕蘸綠，波心鳥足影搖紅。

伊誰變滅烟霞裡，細認臺灣境極東。〔註100〕

首句「千尺孤峰聳碧空」，係夸飾法的運用，形容孤峰挺立波浪中，不怕風雨侵襲，有砥柱意象。這首詩用了五個地名，第三句悲谷、虞淵，語出《淮南子‧天文訓》「日至於悲谷，是謂餔時。……至於虞淵，是謂黃昏。……日入於虞淵之氾，曙於蒙谷之浦。」〔註101〕說太陽走到悲谷是吃晚餐時候，走到虞淵就黃昏西沉，在蒙谷天亮，這是古人的天文觀。第四句漢陽、將樂，漢陽今屬湖北省武漢市，將樂為福建省將樂縣。

〈龜山朝日〉　十二　頭圍　葉文樞

東障毘耶峙海隅，黎明蘸便有金烏。

陽光分映山名玉，地脈潛通澳姓蘇。

頭上疑懸紅瑪瑙，足間新現白珊瑚。

銅鉦倒浸波中湧，似效驪龍戲弄珠。〔註102〕

葉文樞云「東障毘耶峙海隅」，龜山具有護衛蘭陽、保境安民意象。結句「似效驪龍戲弄珠」是「比」的寫法，將龜嶼比做驪龍戲珠，生龍活現。

〈龜山朝日〉　十三　頭圍　連瓊瑱

遙升雲外色瞳曨，光照龜山瑞氣融。

九十二家居島上，一千餘尺援波中。

徧生瑤草身皆碧，高掛金輪背亦紅。

首受陽和得天厚，萬年長峙海門東。〔註103〕

首聯「遙升雲外色瞳曨，光照龜山瑞氣融」，詩人對龜山與朝日建構光明、美好、祥瑞、希望意象。結句「萬年長峙海門東」，就是護衛蘭陽、保境安民意象。頷聯「九十二家居島上，一千餘尺援波中。」說明島上居民有九十二戶，孤懸海外生活不便，時需本島援助。

〈龜山朝日〉　十九　頭圍　莊芳池

聳起龜峰鬱作雲，晨曦曝背靖塵氛。

山高幾訝蜂腰斷，海闊還疑燕尾分。

<hr>

〔註100〕《詩報》19號（1931年9月1日），頁6。
〔註101〕陳廣忠注譯，《淮南子譯注》（臺北：建宏出版社，1996年），頁90。
〔註102〕同註100。
〔註103〕同上註。

噓雨一聲雷乍奮，噴磺萬點浪成紋。

昂藏雖異池中物，變幻依然向海濱。〔註104〕

「晨曦曝背靖塵氛」莊芳池對龜山與朝日建構光明、美好、希望意象，盼望龜山日出掃靖塵氛。「昂藏雖異池中物」，龜山不與凡物同，雄立碧海傲長空，象徵宜蘭人自立自強精神。

〈龜山朝日〉 二十 頭圍 游象新

極東長峙障臺灣，晨旭纔升醮此間。

灘畔蛇蟠形詰屈，波心烏湧色斑斕。

周身脈逗聯蘇澳，滿背光分映玉山。

更喜咽雷知有雨，休將不動誚冥頑。〔註105〕

首句「極東長峙障臺灣」，龜山島位處東極，有保障臺灣、護境安民意象。「灘畔蛇蟠形詰屈」，龜蛇把海口，一起保障蘭陽，成為守護神意象。「滿背光分映玉山」，後山日先照，龜山日出早於玉山，游象新建構龜山與朝日光明、美好、希望意象。

〈龜山朝日〉 二一 頭圍 林錫虎

凌霄突起異搘床，乍照瞳朧谷出暘。

明滅紅綃峰左右，斑斕金鏡水中央。

一千多尺搖清影，九十餘家被曉光。

莫誤虛名愁蔽魯，永迎初旭鎮蘭陽。〔註106〕

首聯是說日出暘谷照龜山，次聯寫日出時山海景象，三聯寫島上人家沐浴晨光，四聯期望陽光長照蘭陽。龜山島結合朝日，有照護人民意象，還有一個意象是正面、正直、正道，用它和「龜山蔽魯」對比，「莫誤虛名愁蔽魯」，化用孔子《龜山操》典故。

〈龜山朝日〉 二三 宜蘭 李紹蓮

旭影波光咫尺間，紅呈山背現斑斕。

隨潮掉尾神俱活，向日昂頭勢欲攀。

罩霧含烟身半隱，北關南澳水三灣。

〔註104〕《詩報》19號（1931年9月1日），頁6。

〔註105〕同上註。

〔註106〕同註104。

雲霞出海天將曙，五色中開鏡一環。〔註107〕

詩云「旭影波光咫尺間，紅呈山背現斑斕。」又說「雲霞出海天將曙」，呈現一片光明美景，象徵大好前程，李紹蓮對龜山與朝日建構光明、活力、朝氣、希望意象。「向日昂頭勢欲攀」，有奮起、振作意象。

〈龜山朝日〉　二六　頭圍　莊芳池

孤嶼如龜鎮海門，朝朝最喜弄晴暾。

青鱗甲上金烏映，碧玉峰前白馬奔。

日漾波光浮卵島，天開曙色露螺痕。

分明一角晨曦景，無數硫磺吐又吞。〔註108〕

首句「孤嶼如龜鎮海門」，龜蛇共同把海口，就是守護蘭陽、保衛人民意象。「朝朝最喜弄晴暾」，詩人莊芳池將龜山與朝日建構成光明、朝氣、活力意象。第二聯之「金烏映」是日照，「白馬奔」則是浪湧。

綜上所述，登瀛吟社詩人對「龜山島」的意象有五：一是護衛蘭陽、保境安民意象。二是正面、光明、朝氣、活力、美好、希望意象。三是中流砥柱意象。四是勝境、仙鄉意象。五是歲月悠長而人生短小的滄海桑田感傷意象。

（二）仰山吟社詩人的龜山島意象

同樣的龜山島，仰山吟社詩人又是怎麼看待，試就該社昭和十三年（1938）七月十九日《詩報》第一八一號，刊載擊缽吟〈弔遊龜山島遭難者〉入選作品，析論入選者對龜山島的意象。

〈弔遊龜山島遭難者〉　　林淵源

天降奇殃覆泛舟，罹災廿五浪中浮。

魂歸水府悲無限，骨葬魚身恨不休。

弔客來時頻淚滴，故人杳處剩潮流。

傷心莫話龜山事，尸體依然覓尚不。〔註109〕

在這次詩會中，仰山吟社詩人的龜山島意象是悲傷、死別、絕望、哀愁，龜山島依舊是龜山島，但因為移情入景，轉成悲傷意象。林淵源說「罹災廿五浪中浮」，又說「傷心莫話龜山事」，受制於詩題，呈現悲傷意象。

〔註107〕《詩報》19號（1931年9月1日），頁6。

〔註108〕同上註。

〔註109〕《詩報》181號（1938年07月19日），頁17。

〈弔遊龜山島遭難者〉　　　江夢花

乘風破浪賦輕舟，詎意終生魚腹休。

滄海翻成遊子墓，驛亭竟作望夫樓。

可憐縹渺龍宮去，太息空存龜嶼浮。

剪紙招魂何處是，心隨潮水共悠悠。〔註110〕

江夢花詩云「太息空存龜嶼浮」，龜山島意象是悲傷、死別、絕望、哀愁。龜
山島依舊是龜山島，山水無情，人間有義，因爲寓情於景，轉成悲傷意象。

　　雖然歐麗娟在《杜詩意象論》中指出：「人心不同，各如其面，所感之物、
所選之象也各有所別，因此最能顯示詩人不同的風格或心靈向度。」〔註111〕
但擊缽吟同題賦詩，詩人失去選題自由，只能書寫同一事物，作品風貌受限
於詩題，呈現意象差異不大，以下各首作品只有相同意象，就是悲傷、死別、
絕望、哀愁。

〈弔遊龜山島遭難者〉　　　吳英林

招魂剪紙大溪頭，廿五生靈命已休。

骨葬鯤溟塵世嘆，身埋龜嶼古今愁。

災殃不避由狂浪，禍患難除爲破舟。

枉死未明終是慘，傷心空見海潮流。〔註112〕

因爲受到詩題的拘束，吳英林「身埋龜嶼古今愁」，其龜山島意象，也是充滿
傷心、哀愁。

〈弔遊龜山島遭難者〉　　　陳友珊

臨風酒奠碧江頭，追悼觀光浪破舟。

萬頃潮翻心欲碎，一篇賦就淚將流。

尸埋魚腹恨須有，魂遠龜峰怨亦不。

霧罩雲昏通海岸，爲君慘淡不勝愁。〔註113〕

陳友珊「魂遠龜峰怨亦不」，他的龜山島意象，同樣是充滿悲傷、哀怨。

〈弔遊龜山島遭難者〉　　　林玉麟

龜峰攬勝作清遊，禍起蕭牆鬼亦愁。

〔註110〕《詩報》181 號（1938 年 07 月 19 日），頁 17。

〔註111〕歐麗娟，《杜詩意象論》（臺北：里仁書局，1997 年），頁 20。

〔註112〕同註 110。

〔註113〕同上註。

　　　鼉浪翻來船頓覆，鯨波撼至命教休。

　　　舵師乞援甘終殉，客體沈冤痛不留。

　　　惆悵大溪昂首望，臨風悼吊淚難收。〔註114〕

林玉麟「龜峰攬勝作清遊，禍起蕭牆鬼亦愁。」，清遊路上突來的災難，令人
「悼吊淚難收」，呈現悲傷、哀愁意象。

　　〈弔遊龜山島遭難者〉　　　李壽卿

　　　浩劫茫茫幻小舟，龜峰攬勝憶前遊。

　　　天邊浪撼全團覆，海上波恬幾輩留。

　　　埋骨寧消魚腹恨，招魂空惹客心愁。

　　　江聲嗚咽淒風夜，疑是英靈哭未休。〔註115〕

　　〈弔遊龜山島遭難者〉　　　李壽卿

　　　狂風駭浪覆輕舟，海上龜山痛未遊。

　　　本為雄心颺鷁首，那堪死體葬鰲喉。

　　　魂招晚嶼雲猶鎖，滂灑荒城雨未收。

　　　彼岸慈帆何處覓，大江劫後水空流。〔註116〕

李壽卿這兩首詩「海上龜山痛未遊」以及「招魂空惹客心愁」，詩人對於龜山
島，只有濃濃的哀愁意象。

　　〈弔遊龜山島遭難者〉　　　李繼先

　　　賞心小島作清遊，半海誰知禍映頭。

　　　雲黑天昏風浪猛，男號女哭鬼神愁。

　　　昨宵樂共妻兒聚，此日哀同魚鱉儔。

　　　徧索屍身何處有，靈魂應悔失深籌。〔註117〕

李繼先寫道：「賞心小島作清遊，半海誰知禍映頭。」感嘆快樂出遊卻大難臨
頭，對龜山島的意象是悔恨、哀愁。

　　〈弔遊龜山島遭難者〉　　　李抱罕

　　　誰不蓬萊世外遊，風雲頃刻覆孤舟。

　　　偏愁閨裡幾紅粉，又殺堂前兩白頭。

〔註114〕《詩報》181號（1938 年 07 月 19 日），頁 17。
〔註115〕同上註。
〔註116〕同註114。
〔註117〕同註114。

　　魚腹難忘千載恨，龜峰永誌此生休。

　　可憐廿五同流水，痛指天涯共一丘。〔註118〕

李抱罕感慨說道：「龜峰永誌此生休」，所有詩人筆調都充滿哀傷，對龜山島的意象不再是正面，而是死寂、悲慟、怨懟。

　　綜上所述，因為詩題的原因，仰山吟社詩人對「龜山島」的意象是負面的，呈現悲傷、絕望、哀愁、怨懟、生離死別的意象。

（三）其他詩人的龜山島意象

　　仰山、登瀛兩社以外詩人對龜山島意象如何，東明吟社不曾以龜山島為題賦詩，意象不明，蘇澳詩人楊長流則有兩首七言絕句可供討論：

　　　〈自南方澳乘舟赴龜山作〉楊長流

　　明滅江流一葉舟。遙看龜嶼景清幽。

　　待登彼岸同吟侶。快上尖峰一日遊。〔註119〕

　　　〈龜山眺望〉　　　　　　楊長流

　　天然一島海中浮。四面長江景色幽。

　　絕好龜頭尖上望。基隆草嶺眼中收。〔註120〕

在詩人楊長流眼裡的龜山島意象，是清幽、閒逸、絕景，兩首詩以輕快筆調寫出對龜山島的憧憬，期待早點登島暢遊。不過兩首詩都犯有相同的瑕疵，為了符合平仄格律，把「海」寫成「江」是敗筆，但無損於龜山島意象的建構。

第二節　表意修辭

　　劉勰《文心雕龍・鍊字》云：「善為文者，富於萬篇，貧於一字。」〔註121〕蘇軾（1037～1101）嘗言：「詩賦以一字見工拙。」〔註122〕劉勰認為鍊字不易，作家往往貧於一字之運用，蘇軾則認為在一個字上做比較，就可以看

〔註118〕《詩報》181 號（1938 年 07 月 19 日），頁 17。

〔註119〕《詩報》161 號（1937 年 09 月 22 日），頁 23。

〔註120〕同上註。

〔註121〕羅立乾注譯，李振興校閱，《新譯文心雕龍》（臺北：三民書局，2011 年），頁 358。

〔註122〕林正三，《詩學概要》（臺北：廣文書局，1998 年），頁 123。

出詩賦作品的優劣，二人極言修辭重要性。袁枚（1716～1797）〈遣興〉二十四首詩之一云：「愛好由來落筆難，一詩千改始心安；阿婆猶是初笄女，頭未梳成不許看。」〔註123〕袁枚將改詩以阿婆梳妝作比擬，未臻完美之前不肯讓人看見，藉以在人前保持最美好一面。以上例證，在在說明修辭之重要性。

　　茲列舉一些日治時期蘭陽詩社作品使用的修辭手法，分就表意和形式兩方面修辭技巧進行討論，先就表意方面修辭手法擇要討論用典、譬喻、夸飾，其餘較少使用者限於篇幅略而不論。

一、用典

　　典者，典故也，也就是歷史故事，有言典，有事典。元好問（1190～1257）《論詩絕句》三十首之第十二首云：「望帝春心託杜鵑，佳人錦瑟怨華年；詩家總愛西崑好，獨恨無人作鄭箋。」〔註124〕用典是詩歌修辭中極重要一環，可以用典抒情，可以借古諷今，以古喻今。張仁青《麗詞探頤》指出：「病之者謂爲戕賊心靈，賞之者謂爲用意深厚。」〔註125〕其實古人文史哲不分，引用古人事蹟爲事典，引用古人言論爲言典，不知歷史典故如何研究文學。

　　啓功在《詩文聲律論稿・漢語詩歌的構成及發展》中寫道：「文章、詩歌裡邊常常用一些信號，增加表達的效率，就是用典的來歷。特別是詩歌，它不像散文，篇章句子長短不受限制。它又要表達得豐富、完整，用典便是壓縮語用詞的必然結果，因爲它能傳達許多信息。」〔註126〕故知要以簡短文字表達更多信息，詩歌不可不用典，亦不可濫用典故。觀察日治時期蘭陽詩人作品，發現偏愛用典，探究原因不外乎當代詩人喜歡賣弄才學，更實際問題是擊鉢場中不使用典故如何凸顯作品優於他人，怎能博取詞宗青睞獲得佳績，純粹抒情敘事或許能直抒胸臆，但缺乏詞藻華麗之美，在詩會擊鉢競賽中往往敗北，故大量用典乃不得不爾。雖然日治時期蘭陽詩人作品喜歡用典，不過水準參差不齊，大多正用、明用而已，較少暗用、反用。試舉各社重要詩人作品幾首討論，首先觀察仰山吟社詩人如何用典，例如仰山吟社林玉麟作品〈贈春子〉、〈賞菊〉、〈晚釣〉三首：

〔註123〕〔清〕袁枚，《小倉山房詩集》（臺北：廣文書局，1971年），卷33，頁2。
〔註124〕鍾星選註，吟溪今譯，《元好問詩文選註》（臺北：建宏出版社，1996年），頁33。
〔註125〕張仁青，《麗詞探頤》（臺北：文史哲出版社，1985年），頁51。
〔註126〕啓功，《詩文聲律論稿》（北京：中華書局，2011年），頁170。

〈贈春子〉　　　　林玉麟（夢鶴）

娲皇有石鍊多年，底事難填缺陷天。

視汝眼眶頻染血，涕談身世總堪憐。〔註127〕

林玉麟，字夢鶴、仁卿，是仰山吟社社員，也是東明吟社社員，曾以兩社名義發表詩作。第一首〈贈春子〉是與仰山吟社詞友在酒宴席上唱和酬贈所作，贈與酒侍春子。詩中引用「女娲煉石補天」故事〔註128〕，在此處藉指女娲雖有補天之神力，卻無法彌補春子身世上的缺憾。

〈賞菊〉　　　　林玉麟（夢鶴）

東籬踏遍此芒鞋，節近重陽色更佳。

杜甫有詩陶有酒，流連一樣爽吟懷。〔註129〕

第二首〈賞菊〉以東明吟社名義發表，引用陶淵明典故，陶潛〈飲酒詩〉二十首其五：「採菊東籬下，悠然見南山。」〔註130〕是詩家慣用典故。杜甫詩和淵明酒同具舒爽吟懷功效眾所皆知，同是擊缽詩愛用之典故。

〈晚釣〉　　　　林玉麟（夢鶴）

閒來無事理長竿，垂釣溪邊日已闌。

豈羨江鱸與河鯉，只因樂趣在嚴灘。〔註131〕

第三首〈晚釣〉，援用東漢嚴子陵披裘垂釣典故，「嚴灘」多用在隱逸高士或垂釣之上，也是詩家慣用典故。綜上所述，林玉麟只是一般用典，取材平實，多為慣用典故並無特殊之處。

再論另外兩位仰山吟社詩人作品，莊贊勳〈詩癡〉和吳蔭培〈烏衣夢〉：

〈詩癡〉　　　　莊贊勳（仁閣）

紛紛終日把詩看，戛玉敲金興未闌。

李杜文章吾所好，無關廢寢共忘餐。〔註132〕

莊贊勳〈詩癡〉首句採用疊字修辭法，第三句用典，指出喜好李杜文章，整首詩環繞題旨，用典不深，平順易解，但犯了用典不實的瑕疵，李白杜甫俱

〔註127〕《風月報》94 期（1939 年 09 月 28 日），頁 45。

〔註128〕《淮南子‧覽冥訓》云：「往古之時，四極廢，九州裂，天下兼覆，地不周載……於是女娲鍊五色石以補蒼天。」見陳廣忠注譯，《淮南子譯注》，頁 197。

〔註129〕《詩報》97 號（1935 年 01 月 15 日），頁 12。

〔註130〕溫洪隆注譯，《新譯陶淵明集》（臺北：三民書局，2002 年），頁 157。

〔註131〕《詩報》147 號（1937 年 02 月 19 日），頁 15。

〔註132〕《風月報》97 期（1939 年 11 月 06 日），頁 31。

以詩名不是以文名，若改為「李杜詩篇吾所好」較符合實際，可能是擊缽吟有所謂「籠紗格」的要求，怕犯題目「詩癡」之「詩」字，故出此下策。

　　〈烏衣夢〉　　　　吳蔭培（竹人）

　　　一枕迷離幻六朝，烏衣故里路非遙。

　　　春風筵席迎嘉客，社日呢喃待畫橋。

　　　龍髓鳳肝珍饌異，梅花竹葉嫩芳飄。

　　　醒來偶聽雙棲燕，王謝繁華等夢消。〔註133〕

吳蔭培〈烏衣夢〉首句採用「句中對」修辭法，「一枕」對「六朝」。整首詩意只是襲用劉禹錫〈烏衣巷〉言典，有別於前述各首詩使用事典。第四句「社日呢喃待畫橋」，「社日」是民間祭社祈年之日，於立春後第五個戊日，大約在春分前後。「呢喃」使用「借代」修辭法，指「燕子」。「畫橋」沿用宋詞人柳永（987～1053）詞〈望海潮〉：「東南形勝，三吳都會，錢塘自古繁華。煙柳畫橋，風簾翠幕，參差十萬人家。」〔註134〕句意，「煙柳畫橋」極富詩意，正是江南綺麗風光寫照。綜觀二人用典，較偏向淺白，符合擊缽詩慣用熟典生態。

　　其次，析論東明吟社詩人用典情況，以范良銘〈喜小女于歸賦此以訓〉、林義德〈劍潭垂釣〉為例：

　　〈喜小女于歸賦此以訓〉　范良銘（文新）

　　　膝下相依廿四年，于歸此日締良緣。

　　　叮嚀我囑須當記，婦德無違婦道全。

　　　佳耦生成證鳳緣，聘婚正值小陽天。

　　　梁鴻嫁得堪酬願，舉案齊眉到百年。〔註135〕

范良銘〈喜小女于歸賦此以訓〉一詩，引用東漢梁鴻、孟光夫妻「舉案齊眉」事典，勉勵女兒向孟光看齊，要注重婦德。

　　〈劍潭垂釣〉　　　林義德（黑石）

　　　亦學嚴公與志和，神宮堤畔一竿摩。

　　　圓山虎嘯魚驚餌，兩岸風輕鴨戲波。

　　　隔水鐘聲來古寺，凌霄劍氣設長河。

〔註133〕《風月報》82 期（1939 年 03 月 3 日），頁 23。
〔註134〕賴橋本，《柳永詞校注》（臺北：黎明文化公司，1995 年），頁 385。
〔註135〕《詩報》237 號，（1940 年 12 月 01 日），頁 9。

有時釣罷磯頭坐，回憶延平感慨多。〔註136〕

林義德〈劍潭垂釣〉則就垂釣一事使用東漢嚴光和唐代張志和漁隱典故，以及延平郡王鄭成功在臺北劍潭除妖的民間傳說，既切題又增加詩歌可看性。

最後，探討登瀛吟社詩人用典情形。該社有許多用典高手，淺探鄭指薪（火傳）、莊鼇（芳池）、盧纘祥（史雲）三人作品。先論鄭指薪詩作，〈登山〉、〈蚊煙香〉、〈和文樞夫子送献三芸兄就職蘇澳原韻〉、〈賣花女〉、〈獵犬〉等五首詩作：

〈登山〉　　　　鄭指薪（火傳）

層巒重疊聳遙空。飽飯閒看憶放翁。

更擬陰平鄧軍度。一齊鼓勇襲蠶叢。〔註137〕

鄭指薪第一首〈登山〉第二、三、四句皆用典，第二句放翁指陸游〔註138〕，第三句引用三國魏將鄧艾（195～264）偷渡陰平滅蜀典故，第四句採用四川第一位蜀王蠶叢典故，只不過登山一事而已卻用了三個典故。

〈蚊煙香〉　　　　鄭指薪（火傳）

喓喝終宵不擾人，製來焚可妙如神。

能教一炷當年置，吳猛何愁苦及親。〔註139〕

第二首〈蚊煙香〉，使用二十四孝之一，晉朝吳猛「恣蚊飽血」故事。

〈和文樞夫子送献三芸兄就職蘇澳原韻〉　鄭指薪（火傳）

愛靜端宜寄海隅，有書好伴夜燈孤。

何須張果攜仙眷，病愈維摩不待扶。〔註140〕

第三首〈和文樞夫子送献三芸兄就職蘇澳原韻〉，分別引用道教神仙八仙之一的張果老，以及佛教《維摩詰經》的故事。

〈賣花女〉　　　　鄭指薪（火傳）

生涯自愧託群芳，喚賣沿街枉盛妝。

何似楊家稱解語，金釵鈿盒賺明皇。〔註141〕

〔註136〕林義德著，吳水秋編，《黑石集》（臺北：林義德遺屬，1997年），頁28。
〔註137〕《詩報》119號（1935年12月15日），頁6。
〔註138〕陸游（1125～1210），字務觀，號放翁，南宋詩人、詞人。
〔註139〕《詩報》159號（1937年08月19日），頁17。
〔註140〕《詩報》177號（1938年05月22日），頁3。
〔註141〕《詩報》212號（1939年11月17日），頁10。

第四首〈賣花女〉，則用唐明皇指楊貴妃爲「解語花」的典故。

　　　　〈獵犬〉　　　　　　鄭指薪（火傳）

　　逐獸猖狙日幾回，淮王未必許追陪。

　　早知與兔收田父，辜負相如諫疏來。〔註142〕

第五首〈獵犬〉，引用漢朝淮南王得道「雞犬升天」，《戰國策・齊策三》「田父之功」故事，以及司馬相如《諫獵疏》勸諫漢武帝三個典故。綜觀鄭指薪作品，才學豐富，詞藻華麗，確實是典故愛用者，也能運用自如，有西崑詩人遺意。

　　次論莊鱉作品，就〈丹爐〉、〈蘇澳泛舟〉、〈黃金夢〉、〈鳥人〉等四首詩之用典析論如下：

　　　　〈丹爐〉　　　　　　莊鱉（芳池）

　　莫作尋常寶鴨窺，長藏九轉拯民癡。

　　葛洪別有神仙手，依樣葫蘆鼓鑄宜。〔註143〕

莊鱉第一首〈丹爐〉詩中「寶鴨」指「薰爐」，又稱爲「淨爐」，乃是燃香供神用，詩中引用道家神仙葛洪（284～363）典故〔註144〕。

　　　　〈蘇澳泛舟〉　　　　　　　　莊鱉（芳池）

　　　一水連天碧，扁舟破浪紋。泛湖追范蠡，載酒憶司勳。〔註145〕

第二首〈蘇澳泛舟〉，「泛湖追范蠡，載酒憶司勳。」分指東周越國大夫范蠡（生卒年不詳）〔註146〕，以及唐代詩人杜牧（803～852）〔註147〕。稗史稱范蠡襄助越王勾踐滅吳後，載西施泛舟五湖，成爲詩人寫泛舟詩慣用典故之一。杜牧曾任職司勳員外郎，李商隱〈杜司勳〉詩句稱：「刻意傷春復傷別，人間惟有杜司勳。」〔註148〕杜牧〈遣懷〉詩中有句云「落魄江湖載酒行。」〔註149〕句中「載酒行」成爲詩家慣用典故。

〔註142〕《詩報》213 號（1939 年 12 月 04 日），頁 15。
〔註143〕《詩報》103 號（1935 年 04 月 15 日），頁 11。
〔註144〕葛洪，晉朝人，字稚川，道號抱朴子，世人尊稱葛仙翁。
〔註145〕《詩報》113 號（1935 年 09 月 16 日），頁 9。
〔註146〕范蠡，字少伯，又名鴟夷子皮或陶朱公，經商致富被後人尊爲財神。
〔註147〕杜牧，字牧之，號樊川，與李商隱齊名，號稱小杜。
〔註148〕〔唐〕李商隱著，〔清〕馮浩箋註，《玉谿生詩集箋註》（臺北：里仁書局，1981年），頁 397。
〔註149〕邱燮友注譯，《新譯唐詩三百首》（臺北：三民書局，2000 年），頁 502。

〈黃金夢〉　　　　　莊鱉（芳池）

　論加合鑄平吳范，欹枕思追載筆江。

　願化遊仙尋郭況，披沙好藉富家邦。〔註150〕

第三首〈黃金夢〉每句一典，總共引用四個典故，第一句「論加合鑄平吳范」指平定吳國的范蠡，此處做財神用。第二句「欹枕思追載筆江」，「欹枕」點題「夢」，「載筆江」或指「五色筆」，有兩說，一說江淹（444～505）彩筆能下筆成章；另一說廉廣（生卒年不詳）彩筆能讓筆下事物成眞，見《太平廣記‧卷二百十三‧畫四》〔註151〕，應以後說較切題，但與「江」字不符。第三句「願化遊仙尋郭況」指東漢光武帝劉秀國舅郭況，屢獲光武帝賞賜金錢絹帛，人稱「郭家金穴」。第四句「披沙好藉富家邦」，指「披沙瀝金」典故〔註152〕。

〈鳥人〉　　　　　莊鱉（芳池）

　奮翅沖霄戰鬥時，敵情隱隱得先知。

　倘教公冶長猶在，合作軍中辨語師。〔註153〕

第四首〈鳥人〉，引用孔子學生兼女婿公冶長通曉鳥語典故。莊鱉學識淵博，引用僻典較多，不局限於常用典故，雖然作品呈現華美景象，但一首絕句詩中句句用典，頻率過高，致使詩意難明。莊鱉也是用典高手，詩作往往名列前茅，並多次擔任詞宗，作品具有一定水準。

　末論盧纘祥作品，舉〈說鬼〉、〈養蝦〉、〈海市〉等說明用典情形：

〈說鬼〉　　　　　盧纘祥（史雲）

　一車載到便喃喃，滿口山魈木客咸。

　更聽鍾馗能嫁妹，通家進士兩頭銜。〔註154〕

盧纘祥第一首〈說鬼〉，第一句「一車」，引用易經睽卦上九言典「見豕負塗，載鬼一車。」〔註155〕第二句「木客」，慣與「山都」並稱，在一些古籍裡屢見

〔註150〕《詩報》249 號（1941 年 06 月 04 日），頁 11。

〔註151〕〔宋〕李昉等編，《太平廣記》（上海：上海古籍出版社，1995 年），頁 1044 之 403。

〔註152〕〔唐〕劉知己《史通‧直書》云：「披沙揀金，有時獲寶」。見〔唐〕劉知己撰，〔清〕浦起龍釋，《史通通釋》（臺北：里仁書局，1980 年），頁 193。

〔註153〕《詩報》182 號（1938 年 08 月 04 日），頁 10。

〔註154〕《詩報》104 號（1935 年 0 月～01 日），頁 8。

〔註155〕郭建勳、黃俊郎注譯，《新譯易經讀本》，頁 302。

記載〔註 156〕，或說為山鬼，實係中國東南方閩、贛、粵一帶山居少數民族，長久與世隔絕，被視為山鬼。第三句引用民間流傳鬼王鍾馗嫁妹故事。

〈養蝦〉　　　　盧纘祥（史雲）

蝗化廣陵誇太守，鵲吞江渚哭王姬。

別途水產憑開拓，此處應呼謝豹池。〔註 157〕

第二首〈養蝦〉引用三個典故，首句引用《藝文類聚・災異部・蝗》，東漢馬稜任廣陵太守，有威德，蝗蟲飛入海，化為魚蝦〔註 158〕。次句，引用東周越王夫人顧烏鵲啄江渚之蝦據船而哭典故〔註 159〕。末句則引用陸游在《老學庵筆記》中所記述之「謝豹蝦」典故〔註 160〕。

〈海市〉　　　　盧纘祥（史雲）

夕照牙檣幻彩雲，遊船似駕六鰲探。

滿城燈火樓臺美，員嶠方壺漫共談。〔註 161〕

第三首〈海市〉中第一句「牙檣」，本指「桅杆」，使用修辭學「借代法」，借指舟船。第二句、第四句化用同一典故，員嶠、方壺乃係傳說中海外仙山，神話傳說有六隻大海龜負載岱輿、員嶠、方壺、瀛洲、蓬萊五座仙山〔註 162〕，唐詩人王珪（570～639）在〈上元應制〉詩中有句云「雙鳳雲中扶輦下，六鰲海上駕山來。」〔註 163〕即是此一典故的運用。從上述作品中可以發現，盧

〔註 156〕散見《山海經・海內南經》、《海內經》、《太平寰宇記》、《南康記》、《述異記》、《輿地志》等古籍。

〔註 157〕《詩報》127 號（1936 年 04 月 18 日），頁 20。

〔註 158〕〔唐〕歐陽詢等撰，于大成編，《藝文類聚》（臺北：文光出版社，1974 年），頁 1729～1730。

〔註 159〕《吳越春秋・越王勾踐五年》：越王夫人乃據船哭，顧見烏鵲啄江渚之蝦，飛去復來，因哭而歌之，曰：「仰飛鳥兮烏鳶，凌玄虛號翩翩。集洲渚兮優恣，啄蝦翮兮雲間，任厥兮往還。妾無罪兮負地，有何辜兮譴天？驪驪獨兮西往，孰知返兮何年？心惙惙兮若割，淚泫泫兮雙懸。」見〔東漢〕趙曄著，張覺譯注，《吳越春秋》（臺北：臺灣古籍出版社，1996 年），頁 309～310。

〔註 160〕〔宋〕陸游撰，《老學庵筆記》（臺北：廣文書局，1972 年），頁 103。《老學庵筆記》卷三記載：吳人謂杜宇為謝豹。杜宇初啼時，漁人得蝦曰「謝豹蝦」。

〔註 161〕《詩報》246 號（1941 年 04 月 18 日），頁 20。

〔註 162〕馬自毅注譯，《新譯幼學瓊林》（臺北：三民書局，2003 年），頁 16～17。《列子・湯問》記載：渤海之東有五山焉，一曰岱輿，二曰員嶠，三曰方壺，四曰瀛洲，五曰蓬萊。

〔註 163〕邱燮友、劉正浩注譯，《新譯千家詩》（臺北：三民書局，1991 年），頁 398。

纘祥詩作確實勝過同一時代詩人，無怪乎轉戰全島大小詩會擊鉢聯吟屢創佳績，並多次被公推擔任詞宗，盧史雲用典蓄深，直追玉谿生獺祭，由此印證用典能力和賦詩能力成正比，優秀詩人無須忌諱用典。

綜上所述，日治時期蘭陽詩人運用典故能力，登瀛吟社社員實優於其他兩社。以最少文字表達最多涵義，非用典莫屬，不會用典也就不會作詩，如何巧妙運用典故則非行家莫辦。學識有多寡之分，才能有高低之別，驗諸運典用事，優劣立判。陳麗蓮在《蘭陽地區地區傳統文學研究（1800～1945）》中說道：「曾經擔任貂山吟社社長，目前擔任名譽理事長李鸞輝以『淺、顯、典』為寫作傳統詩的標準，以三個字明白指出好的詩作應該淺白、詞意清楚，如果再用上典故就更好。」〔註164〕，由上述作品觀察所得，日治時期蘭陽詩人確實能把握這項原則，善加利用典故以增進詩作美感。

二、譬喻

譬喻，又稱「比喻」、「設喻」。《詩經》六義，風雅頌為詩之體，賦比興為詩之用。劉勰《文心雕龍‧比興》云：「何謂為「比」？蓋寫物以附意，颺言以切事者也。」〔註165〕此處所稱「比」，就是近代所謂「譬喻」修辭法。譬喻由喻體、喻依、喻詞三者構成〔註166〕，有明喻、隱喻、略喻、借喻四種。明喻常標明「如」、「猶」、「若」、「似」、「類」、「儼」等喻詞；隱喻的「喻詞」由「繫詞」代之，有「是」、「疑」、「成」、「為」等字詞；略喻則省掉這些喻詞；借喻則省掉喻體、喻詞，只留下喻依。茲舉數例以探討日治時期蘭陽詩人如何使用「譬喻」修辭法。

首先，以仰山吟社蔡老柯（鰲峰）、林玉麟（夢鶴）、張天眷（迺西）、吳英林（松籟）等詩人之作品〈思鄉寄逸峰〉、〈南澳紀遊〉、〈補情天〉、〈冰山〉、〈冬日〉為例進行析論：

〈思鄉寄逸峰〉　　蔡老柯（鰲峰）

幾如萍絮飛無定。繞往南寧又廣州。

〔註164〕陳麗蓮，《蘭陽地區地區傳統文學研究（1800～1945）》，佛光大學文學系博士論文，2008 年，頁 279。

〔註165〕羅立乾注譯，李振興校閱，《新譯文心雕龍》，頁 331。

〔註166〕「喻體」就是所要說明的事物主體；所謂「喻依」，是用來比方說明一主體的另一事物；所謂「喻詞」，是連接喻體和喻依的語詞。見黃慶萱，《修辭學》（臺北：三民書局，2000 年），頁 231。

幸是羊城風景好。觀山玩水樂優遊。〔註167〕

第一首蔡老柯〈思鄉寄逸峰〉，是作者由廣州寄給親友逸峰的詩，第一句「幾如萍絮飛無定」，形容自己像浮萍、飛絮一樣漂泊不定，「如」字採用「明喻」法。

〈南澳紀遊〉　　林玉麟（夢鶴）

一村如畫晚晴新，比似桃源好避秦。

雞犬不驚鄉俗樸，可稱都是葛天民。〔註168〕

第二首林玉麟〈南澳紀遊〉，第一句「一村如畫晚晴新」和第二句「比似桃源好避秦」，除化用「桃花源」典故外，「如」、「比似」都是「明喻」法。第四句「可稱都是葛天民」，葛天氏古之賢君，形容南澳如葛天氏治理下的理想國度，美稱南澳原住民為葛天氏子民，句中「都是」乃「隱喻」法。

〈補情天〉　　張天眷（迺西）

心端恨更逾精衛，石鍊工難覓女皇。

試把情根比寥廓，無由填陷願何償。〔註169〕

第三首張天眷〈補情天〉，第三句「試把情根比寥廓」，試將情根比作寥闊天空，「比」字是「明喻」法。

〈冰山〉　　吳英林（松籟）

北陸危巔萬仞平，堅凝一片似堆瓊。

非霜非雪無渣滓，清白原來博好評。〔註170〕

第四首吳英林〈冰山〉，第二句「堅凝一片似堆瓊」，「似」為「明喻」法。

〈冬日〉　　吳英林（松籟）

冬也寒添新獸炭，日猶暑曝古鴛衾。〔註171〕

第五首吳英林〈冬日〉，是七言詩鐘（鶴頂格），下句「日猶暑曝古鴛衾」，「猶」字也是「明喻」法。觀察上述仰山吟社詩人作品，發現「明喻」使用較多，「隱喻」較少，「略喻」、「借喻」更少。

〔註167〕《南方》133期（1941年07月01日），頁67。
〔註168〕《詩報》310號（1944年02月11日），頁10。
〔註169〕《詩報》275號（1942年07月10日），頁22。
〔註170〕《詩報》205號（1939年07月17日），頁7。
〔註171〕《詩報》206號（1939年08月01日），頁13。

其次，舉登瀛吟社吳祥輝（春麟）、莊鰲（芳池）、游象信（象新）、吳鴻福（蔭庭）、林才添（達庵）作品為例，加以討論：

〈招涼珠〉　　　　吳祥輝（春麟）

夏日炎威避有方，異珠從古說昭王。

擎來掌上團圓好，勝似西風滿畫堂。〔註172〕

第一首吳祥輝〈招涼珠〉，第四句「勝似西風滿畫堂」，「似」字使用「明喻」法。

〈贈香圃先生〉　　莊鰲（芳池）

文藝推君獨占先，隨身健筆大如椽。

書詩畫早稱三絕，一樣風流老鄭虔。〔註173〕

第二首莊鰲〈贈香圃先生〉，第二句「隨身健筆大如椽」，「如」字運用「明喻」法，第四句「一樣風流老鄭虔」，則是採用「略喻」法，省卻喻詞，鄭虔（691～759）係唐朝著名詩人、畫家、書法家。

〈獅頭山記遊〉　游象信（象新）

獅頭山上白雲菴，花木扶疏鎖翠嵐。

人世即今如火宅，皈依我願向瞿曇。〔註174〕

第三首游象信〈獅頭山記遊〉，第三句「人世即今如火宅」，則是使用「明喻」法。

〈海松〉　　　　　　　　吳鴻福（蔭庭）

錯節盤根老，長松大海東。湧來濤吼大，守盡雨聲中。

骨幹經霜雪，精神隱霧風。皺皮存古色，一望若仙翁。〔註175〕

第四首吳鴻福〈海松〉，第八句「一望若仙翁」，也是使用「明喻」法。

〈蟲聲〉　　林才添（達庵）

月沉星隱夜陰霾，如訴如吟處處皆。

誰弔半閒堂蟋蟀，哀音變徵總關懷。〔註176〕

第五首林才添〈蟲聲〉，第二句「如訴如吟處處皆」，是「明喻」法，同時使

〔註172〕《詩報》16號（1931年07月15日），頁6。
〔註173〕《詩報》310號（1944年02月11日），頁3。
〔註174〕《詩報》62號（1933年07月01日），頁4。
〔註175〕《詩報》203號（1939年06月20日），頁11。
〔註176〕《詩報》187號（1938年10月17日），頁10。

用「類字」法，「如」字兩出，造成音韻迴旋，增加藝術美感。登瀛吟社詩人對於「譬喻」法的使用，同樣以「明喻」為主，但有用到「略喻」法，也搭配使用「類字」法，故變化較多。

最後，探討東明吟社范良銘（文新）、楊長泉（靜淵）、游垂德、蔡奕彬（介圭）等人詩作，以〈思鄉〉、〈遊獅山雜詠〉、〈冰旗〉、〈鳥語〉為例：

〈思鄉〉　　　范良銘（文新）

客散如煙夜氣寒，瑤琴有調不堪彈。

縱然四海皆兄弟，欲覓知音事總難。〔註177〕

第一首范良銘〈思鄉〉，第一句「客散如煙夜氣寒」，將賓客比喻像煙一樣散去，採用「明喻」法。

〈遊獅山雜詠〉　　范良銘（文新）

獅頭洞裏若神京。十二勝中一品評。

俯瞰堂前堂外望。好山無處不知名。〔註178〕

第二首〈遊獅山雜詠〉，第一句「獅頭洞裏若神京」，用喻詞「若」字，所以是「明喻」法。

〈冰旗〉　　　楊長泉（靜淵）

隨風飄颭掛斜暉，遙認分明冰字微。

似報瓊漿能解渴，樓前屋角不停揮。〔註179〕

第三首楊長泉〈冰旗〉，第三句「似報瓊漿能解渴」，「似」字亦採用「明喻」法。

〈冰旗〉　　　　游垂德

飄颭錦幟掛簷幃，引客宣傳藉口揮。

止渴涼劑憑我有，一杯如露爽心機。〔註180〕

第四首游垂德〈冰旗〉，第四句「一杯如露爽心機」，把冰水比作玉露，同樣是「明喻」法。

〈鳥語〉　　　蔡奕彬（介圭）

花間宛轉恰吹笙，兩兩頻傳得意聲。

〔註177〕《詩報》44 號（1932 年 10 月 01 日），頁 12。
〔註178〕《詩報》152 號（1937 年 15 月 11 日），頁 1。
〔註179〕《詩報》88 號（1934 年 09 月 01 日），頁 15。
〔註180〕同上註。

　　　絕好春光明似畫，枝頭何處不聞鶯。〔註181〕

第五首蔡奕彬〈鳥語〉，第三句「絕好春光明似畫」，以畫喻景，也是「明喻」
法的運用。觀察上述東明吟社諸詩家作品，譬喻法的使用都以「明喻」爲主，
未使用其他譬喻法，較少句型語法變化。

　　綜上所述，譬喻法就是「以彼狀此」、「借彼喻此」，觀察所得，日治時期
蘭陽詩人已能掌握譬喻法的運用要訣，但使用技巧仍局限於「明喻」法，隱
喻、略喻、借喻較少使用，符合一般詩人使用慣例。

三、夸飾

　　夸飾，就是於詞句中誇張鋪飾，超越客觀事實。黃慶萱在《修辭學》中
指出夸飾的對象，有空間的、時間的、物象的、人情的種種〔註182〕。古清遠、
孫光萱在《詩歌修辭學》中認爲誇張可分爲直接誇張和間接誇張，直接誇張
常常借用數字來表現〔註183〕。劉勰《文心雕龍・夸飾》云：「故自天地以降，
豫入聲貌，文辭所被，夸飾恆存。」〔註184〕故知誇張修飾方法自古即已存在，
但不宜過度誇張，如同《文心雕龍・夸飾》所言「夸過其理，則名實兩乖。」
〔註185〕要避免給人說謊言的感覺。

　　茲舉仰山吟社陳金波（鏡秋）、蔡老柯（鰲峰）、李康寧（壽卿），登瀛吟
社劉枝昌（夢竹）、莊鰲（芳池）、黃見發（振芳），東明吟社楊長泉（靜淵）、
蔡奕彬（介圭）、林義德（黑石）等九人作品討論之。首先，淺論仰山吟社諸
家作品：

　　　〈鵬影〉　　　　　　陳金波（鏡秋）

　　　素抱圖南奮迅心，且隨雲路幾層臨。

　　　扶搖海面遮千里，只許晴空月下尋。〔註186〕

第一首陳金波〈鵬影〉，第三句「扶搖海面遮千里」，鵬影如何遮千里，顯然
是誇張說法，乃係一種「面積的夸飾」，屬於「空間夸飾」法。

〔註181〕《詩報》129 號（1936 年 05 月 15 日），頁 15。
〔註182〕黃慶萱，《修辭學》，頁 214。
〔註183〕古清遠、孫光萱，《詩歌修辭學》（臺北：五南圖書出版公司，1997 年），頁
　　　　 313～314。
〔註184〕羅立乾注譯，李振興校閱，《新譯文心雕龍》，頁 338。
〔註185〕同上註，頁 342。
〔註186〕《詩報》237 號（1940 年 12 月 01 日），頁 18。

〈春日漫興呈逸峰君〉　蔡老柯（鰲峰）

滿園桃李笑春天，觸眼驚知又一年。

處處高歌酣歲酒，風光摭拾入詩篇。〔註187〕

第二首蔡老柯〈春日漫興呈逸峰君〉，第一句「滿園桃李笑春天」和第三句「處處高歌酣歲酒」，「滿園」、「處處」都是使用「空間夸飾」法。

〈掃海艇〉　　　　　李康寧（壽卿）

澤國烽煙下戒嚴，此船無敵疾於颿。

水雷十萬休誇力，寸草難留一例芟。〔註188〕

第三首李康寧〈掃海艇〉，第二句「此船無敵疾於颿」、第三句「水雷十萬休誇力」、第四句「寸草難留一例芟」，皆是「物象夸飾」的運用。以上例句雖然誇張，但確實收到美化詩句的效果。

次舉登瀛吟社劉枝昌、莊鱉、黃見發作品〈夏日謁女媧宮〉、〈眼鏡〉、〈阿里山〉三首詩，析論如下：

〈夏日謁女媧宮〉　劉枝昌（夢竹）

尋涼人喜廟門開，十二萬年拜一回。

不是補天曾煉石，彼蒼安得冠三才。〔註189〕

第一首劉枝昌〈夏日謁女媧宮〉，第二句「十二萬年拜一回」，「十二萬年」係「時間夸飾」，極言其久。

〈眼鏡〉　　　　　莊鱉（芳池）

塵封應不到青螺，隔目能探鬼魅多。

漫詡換樽白居易，雙睛一轉活秋波。〔註190〕

第二首莊鱉〈眼鏡〉，第二句「隔目能探鬼魅多」，是「物象夸飾」，形容眼鏡辨物的妙用。

〈阿里山〉　　　　　黃見發（振芳）

祝山探勝景無涯，似笑櫻花夾路開。

借問參天千尺檜，爲誰預備棟梁材。〔註191〕

〔註187〕《風月報》84 期（1939 年 04 月 24 日），頁 31。
〔註188〕《詩報》205 號（1939 年 07 月 17 日），頁 9。
〔註189〕《詩報》109 號（1935 年 07 月 15 日），頁 10。
〔註190〕同上註。
〔註191〕《詩報》81 號，（1934 年 05 月 15 日），頁 3。

第三首黃見發〈阿里山〉，第三句「借問參天千尺檜」，為「設問」句法，「千尺檜」是「高度」的夸飾，屬於「空間夸飾」的一種，形容檜樹長得很高。以上幾例是說明登瀛吟社詩人對於夸飾法的運用情形，夸飾乃係儘量從久、多、高、深、大、遠、長等各方面加強形容。

　　最後，探討東明吟社楊長泉、蔡奕彬、林義德等三人作品，以〈山泉〉、〈江楓〉、〈筆談〉淺論如下：

　　　　〈山泉〉　　　　　楊長泉（靜淵）

　　　七星巖下韻淙淙，滾滾奇靈異九江。

　　　一窟清澄人共羨，炭酸不飲氣難降。〔註192〕

第一首楊長泉〈山泉〉，第二句「滾滾奇靈異九江」，「滾滾」疊字言其潺湲不絕，此處「九江」不是地名，而是作「眾水」解，屬於夸飾法的運用。

　　　　〈江楓〉　　　　　蔡奕彬（介圭）

　　　秋霞絢錦遍江皋，幾付霜風墜怒濤。

　　　野火無煙斜日照，清流飄落感蕭騷。〔註193〕

第二首蔡奕彬〈江楓〉，第一句「秋霞絢錦遍江皋」，說秋天的楓葉像天上彩霞又像絢爛織錦般遍佈江邊，「遍江皋」是使用「空間夸飾」法。

　　　　〈筆談〉　　　　　林義德（黑石）

　　　入墨翻時字字金，春秋褒貶自森森。

　　　謫仙詩句歐公賦，紙上憑君說到今。〔註194〕

第三首林義德〈筆談〉，第一句「入墨翻時字字金」，「字字」是使用「疊字法」，有加重語氣的作用，「字字金」形容字詞寶貴猶如黃金般，是夸飾手法。

　　由上述東明吟社詩人作品觀察，印證「夸飾法」慣用手段，一是使用數字，一是使用疊字。數字夸飾常用「一、三、五、九、百、千、萬、眾、滿、遍」等字表示眾多之意，例如前述作品中用詞「九江」、「遍江皋」。「疊字」有加強形容的作用，也是夸飾常用方法之一，例如上述作品中之「字字金」。

〔註192〕《風月報》82 期（1939 年 03 月 31 日），頁 35。

〔註193〕《風月報》75 期（1938 年 11 月 05 日），頁 32。

〔註194〕《詩報》144 號（1937 年 01 月 01 日），頁 18。

第三節　形式修辭

　　修辭手法繁多，路燈照、成九田在《古詩文修辭例話》一書〔註195〕，舉出修辭有比喻、借代……映襯、層遞等三十種手法〔註196〕。許清雲《近體詩創作理論・修辭技巧》舉隅指出，表意方面的修辭技巧有：譬喻、比擬、借代、夸飾、反語、婉曲、轉品、緊縮、設問、雙關、比興、點染、映襯、示現、摹繪、層遞、物候、通感、移情等十九種〔註197〕。形式方面的修辭技巧有：對偶、對比、互文、錯綜、頂眞、迭映、疊字、拼字、反復、倒裝藏詞等十一種〔註198〕。甚至有人認爲修辭手法多達六十三大類，七十八小類〔註199〕。黃永武則在《新增字句鍛鍊法》舉出〔註200〕，鍛句方法有示現、比擬……互文、省筆等三十五種方法，鍊字有運字法、代字法、增字法、減字法等四十九種方法，合計高達八十四種方法。實際寫作時，沒有人會同時用到那麼多種修辭方法，張簡坤明在《詩學理論與詮釋》中提到：「《詩經》所用到的修辭方法非常多，常見的有：疊字、疊句、呼告、頂眞、譬喻。」〔註201〕可見詩歌寫作慣用修辭方法不過數種而已，其餘大多爲聊備一格，偶爾用之。

　　形式方面修辭方法討論對偶、類疊，其餘較少使用者限於篇幅略而不論，分述如下：

〔註195〕路燈照、成九田，《古詩文修辭例話》（臺北：臺灣商務印書館，1987年）。

〔註196〕三十種修辭手法：比喻、通喻、喻證、諷喻、借代、擬人、移情、托物、示現、誇張、雙關、婉曲、變異、摹狀、鑲嵌、拆合、用典、省稱、聯珠、反復、錯綜、對偶、排比、避復、復說、映襯、層遞、點化、設喻、較喻。

〔註197〕許清雲，《近體詩創作理論》（臺北：洪葉文化事業，1997年），頁359～372。

〔註198〕同上註，頁373～381。

〔註199〕比喻〔分爲：明喻、暗喻、借喻、博喻（復喻）、倒喻（逆喻）、反喻、互喻（回喻）、較喻（強喻）、譬喻、飾喻、引喻〕；白描，比擬（比體），避復，變用，層遞，襯墊（襯跌），襯托（反襯、陪襯），倒文，倒裝，迭音，疊字復疊，頂眞（頂針、聯珠），對比，對仗（對偶、隊仗、排偶），翻新，反復，反問，反語，仿詞，仿化，飛白，分承（并提、合敘、合說）；復迭錯綜，復合偏義，共用，合說，呼告，互體，互文，換算，回環，回文，降用，借代，設問，歧謬，排比，拈連，摹繪〔分爲：摹形，摹聲，摹色〕，列錦，連及，夸張，警策，示現，雙關，重言，重疊，指代，用典，引用，移用，須眞（聯珠），諧音，歇后，象征，鑲嵌，析字，委婉〔分爲：迂回語、謙敬語、避諱語〕，婉曲，通感（移覺、移就），跳脫，轉文。詳見：〈修辭手法清單〉，《中華百科》，網址 http://wikiyou.tw/%e4%bf%ae%e8%be%ad/,2014/11/04,16:45PM。

〔註200〕黃永武，《新增字句鍛鍊法》（臺北：洪範書店，2002年）。

〔註201〕張簡坤明，《詩學理論與詮釋》（臺北：駱駝出版社，1995年），頁12。

一、對偶

對偶，又稱爲對仗，儀仗兩兩相對，所以將兩相對應的文句稱爲對仗。劉勰《文心雕龍‧麗辭》云：「造化賦形，支體必雙；神理爲用，事不孤立。夫心生文辭，運裁百慮，高下相須，自然成對。」〔註202〕古人講究陰陽道理，認爲世間萬物均有陰陽之分，自然界創造肢體必然成雙，劉勰認爲漢字依其性質產生陰陽區別，成雙成對自然形成對偶文辭。遠溯《詩經》中已有對仗出現，例如《詩經‧小雅‧采薇》有句云：「昔我往矣，楊柳依依；今我來思，雨雪霏霏。」〔註203〕寫法猶如後世學者所提出的「今昔對」，《詩經》之對仗都是因爲修辭需要而產生，形式簡單自然，不若近體詩的律詩對仗有嚴格規則。

對仗是詩歌修辭手法中最重要一環，尤其是律詩寫作優美與否，往往取決於頷聯及頸聯的對句。對仗種類繁多，劉勰最早在《文心雕龍‧麗辭》提出言對、事對、反對、正對四種對法：「故麗辭之體，凡有四對：言對爲易，事對爲難，反對爲優，正對爲劣。」〔註204〕日本金剛峰寺高僧遍照金剛（空海）（774～835）編撰《文鏡秘府論》，收錄唐代二十九種對仗方法〔註205〕。許清雲在《近體詩創作理論‧對仗》中舉出唐人所創而沿用至今的對仗方法，有正名對、同類對……假對、雙虛實對等三十種之多〔註206〕，另有後人新創七種對法：倒裝對、互文對、情景對、時空對、問答對、顏色對、數字對〔註207〕。唐人對仗方法雖多，其實均不脫劉勰《文心雕龍‧麗辭》所提言對、事對、正對、反對範疇。

啓功在《詩文聲律論稿‧漢語詩歌的構成及發展》中指出：「對偶也是漢

〔註202〕羅立乾註譯，李振興校閱，《新譯文心雕龍》，頁322。

〔註203〕滕志賢註譯，《新譯詩經讀本》（臺北：三民書局，2000年），頁463。

〔註204〕羅立乾註譯，李振興校閱，《新譯文心雕龍》，頁324。

〔註205〕黃慶萱，《修辭學》（臺北：三民書局，2000年），頁453～457。
《文鏡秘府論》二十九種對仗法：的名對、隔句對、雙擬對、聯綿對、互成對、異類對、賦體對、雙聲對、回文對、鄰近對、交絡對、當句對、含境對、背體對、疊韻對、切側對、偏對、意對、平對、奇對、同對、字對、聲對、側對、假對、雙虛實對、雙聲側對、疊韻側對、總不對。

〔註206〕唐人三十種對仗法：正名對、同類對、聯珠對、雙擬對、雙聲對、疊韻對、異類對、聯綿對、廻文對、隔句對、平對、奇對、同對、字對、聲對、側對、切側對、雙聲側對、疊韻側對、勢對、疏對、意對、鄰近對、交絡對、當句對、含境對、背體對、偏對、假對、雙虛實對。

〔註207〕許清雲，《近體詩創作理論》（臺北：洪葉文化事業，1997年），頁193～195。

語特有的修辭手法，漢語詩歌的一個重要特點就是對偶。」〔註208〕對偶乃漢字特有的藝術美，因爲漢字是單音節，其他文字則無此項藝術。茲就日治時期蘭陽詩人作品對偶使用情形，從正對、反對兩方面析論如下：

（一）正對

　　正對，又稱「平對」，上下兩句的文義並列，互相補充，就情、景、事、理之描繪、說明，出句和對句意思相同、相近或相補充、相映襯，用以突顯形象、鮮明景色和加強感動力量，藉資增進詩歌的藝術性。張夢機《古典詩的形式結構‧對偶的體與用》云：「正對之句，在古大家詩中，佔十之七八。」〔註209〕可以說一般律詩的對聯以正對爲多，反對較少，日治時期蘭陽詩人作品亦復如此。茲以日治時期蘭陽詩人的「正對」寫作情形，舉例說明如下：

　　首先，探討仰山吟社詩人的「正對」寫作，以吳蔭培〈試啼聲〉、林本泉〈諸葛廬〉、張振茂〈宜蘭溫泉〉爲例，此三首詩均以「正對」寫成，但仍有所區別。劉勰《文心雕龍‧麗辭》云：「言對爲易，事對爲難，反對爲優，正對爲劣。言對者，雙比空辭者也；事對者，並舉人驗者也。」〔註210〕言對不過是以白描法寫成對偶而已，事對則運用兩種以上的典故組成對偶，難度較高，典故可以是事典，也可以是言典（語典）。

　　〈試啼聲〉祝朱杏邨吟友弄璋　吳蔭培（竹人）

　　峥嶸頭角露靈根，岳降嵩生合比論。
　　跨竈早徵燕姞夢，充閭預兆晦翁門。
　　桑弧獻瑞延吟閣，湯餅流馨對酒樽。
　　莫笑弄麞書錯寫，試聲溫嶠已臨軒。〔註211〕

吳蔭培〈試啼聲〉一詩大量用典，第一至八句全部以典故堆砌而成，像是獺祭般。第一句「峥嶸頭角」，引用成語「頭角峥嶸」〔註212〕。第二句「岳降嵩生」，典出《詩經‧大雅‧嵩高》：「嵩高維岳，駿極於天。維岳降神，生甫及申。」〔註213〕用來比喻大人物的誕生。第二、三聯均以典故組成對聯，兩聯

〔註208〕啓功，《詩文聲律論稿》（北京：中華書局，2011 年），頁 166。
〔註209〕張夢機，《古典詩的形式結構》（臺北：駱駝出版社，1997 年），頁 156。
〔註210〕羅立乾註譯，李振興校閱，《新譯文心雕龍》，頁 324。
〔註211〕《詩報》286 號（1942 年 12 月 21 日），頁 13。
〔註212〕「峥嶸頭角」，典出韓愈《柳子厚墓誌銘》云：「嶄然露頭角」。
〔註213〕滕志賢注譯，《新譯詩經讀本》（臺北：三民書局，2000 年），頁 917。

共用了六個典故。第二聯「跨竈」〔註214〕對「充閭」〔註215〕和「燕姞」〔註216〕對「晦翁」〔註217〕，第三聯「桑弧」〔註218〕對「湯餅」〔註219〕。第七句化用唐朝李林甫「弄璋」錯寫成「弄麞」之典，第八句引用東晉溫嶠見襁褓中桓溫，試其啼聲後誇讚為英物的典故。

〈諸葛廬〉　　　　　　　　　　　　林本泉（淵源）

臥龍崗上處，一舍對斜曛。繞戶靈禽舞，環堦瑞草芬。

屋幽研地理，室雅究天文。漫道茅廬小，胸中獨出羣。〔註220〕

林本泉〈諸葛廬〉首句「臥龍崗」是諸葛亮躬耕南陽的故址，以此破題，也是事典的運用，頷聯與頸聯，只是言對而已，寫諸葛廬內外，一實一虛。

〈宜蘭溫泉〉　　　張振茂（松邨）

內外員山一望收，沼中暖溜不停流。

靈泉脉脉疑煎鼎，神鳥振振欲近樓。

清液堪除身上垢，溫濤足滌客中愁。

忘機閒伴雲霞去，洗盡塵懷意氣悠。〔註221〕

張振茂〈宜蘭溫泉〉二、三聯用的也是正對，頷聯運用道家用語，頸聯直敘溫泉功效。

其次，以劉枝昌（夢竹）、莊鰲（芳池）、林才添（達庵）作品〈元旦〉、〈祝東明吟社發會式〉、〈春山〉為例，討論登瀛吟社詩人的「正對」寫作。上述三首詩寫法不同，雖然同屬正對，但有搭配事對者，如莊鰲〈祝東明吟社發會式〉；有搭配言對者，如林才添〈春山〉、劉枝昌〈元旦〉。

〈元旦〉　　　　劉枝昌（夢竹）

〔註214〕「跨竈」語出《幼學瓊林・祖孫父子》「子過父曰跨竈。」見馬自毅注譯，《新譯幼學瓊林》（臺北：三民書局，2003年），頁85。
〔註215〕充閭，光大門楣。典出《晉書・賈充傳》。
〔註216〕「燕姞夢蘭」喻受寵或懷孕生子。《左傳・宣公三年》記載鄭文公妾燕姞夢天使與蘭而生穆公。
〔註217〕朱熹（1130～1200），南宋婺源人，字元晦，一字仲晦，號晦庵，晚稱晦翁。
〔註218〕「桑弧蓬矢」，典出《禮記・內則》。古代男子出生，射人用桑木弓、蓬草箭，射天地四方，表示有遠大志向。
〔註219〕湯餅會，亦稱三朝，舊俗小孩出生第三天舉行賀宴，因備有象徵長壽的湯麵，故名。
〔註220〕《詩報》65號（1933年08月15日），頁6。
〔註221〕《詩報》85號（1934年07月15日），頁14。

大地春回歲又更。方知龍駕出郊迎。

風吟滿面山河秀。日照全球草木榮。

處處桃符門上換。家家爆竹耳邊鳴。

愧無陳氏傳神手。合獻椒花頌太平。〔註222〕

劉枝昌〈元旦〉第二、三聯則是言對，使用白描法書寫，不過〈元旦〉詩中
第七、八句引用「椒花頌」典故〔註223〕。

　　〈祝東明吟社發會式〉　莊鱉（芳池）

築將壇坫覺勞心。文字千秋仰正音。

濁水溯源來滾滾。玉峰飄幟自欽欽。

風騷已足追蓮社。裙屐眞堪繼竹林。

我擬大平山上去。搜羅詩料助清唫。〔註224〕

莊鱉詩中頷聯「濁水」對「玉峰」爲正對，今之蘭陽溪舊稱濁水溪，清代陳
淑均《噶瑪蘭廳志》已有濁水溪的記載〔註225〕。玉峰應是宜蘭縣最高峰大同
鄉的南湖北山，冬季積雪如玉故通稱玉峰，否則在宜蘭無法望見玉山，或者
係借用。頸聯「蓮社」對「竹林」是正對，「蓮社」指淨土宗初祖東晉慧遠大
師所創立廬山白蓮社，「竹林」指竹林七賢，魏末晉初的阮籍、嵇康、山濤、
劉伶、阮咸、向秀、王戎等七位名士。

　　〈春山〉　　　　　　林才添（達庵）

登樓眺望遠山橫，嵐色浮青分外明。

嶺畔花香來戲蝶，峯巓柳密有啼鶯。

晴光射處形偏媚，淑氣催時景倍清。

草木蒼蒼看不厭，令人玩賞暢吟情。〔註226〕

林才添〈春山〉則是言對，使用白描法書寫，二、三聯分別寫遠景和近景，
實景和虛景，用以構成虛實相生。

　　再次，以蔡奕彬〈陶淵明〉、林金枝〈採蓮女〉、江紫元〈待榜〉爲例，
淺論東明吟社詩人如何書寫正對。

〔註222〕《詩報》3號（1931年01月01日），頁7。

〔註223〕「元日獻君以〈椒花頌〉，爲祝遐齡。」晉朝劉臻的妻子陳氏，曾在正月初一
　　　　獻〈椒花頌〉，後用爲春節之典故。見馬自毅注譯，《新譯幼學瓊林》，頁27。

〔註224〕《詩報》85號（1934年07月15日），頁5。

〔註225〕陳淑均，《噶瑪蘭廳志》（南投：臺灣省文獻委員會重刊，1993年），頁16。

〔註226〕《詩報》17號（1931年08月01日），頁7。

〈陶淵明〉　　　　蔡奕彬（介圭）

彭澤官許計不差，田園耕種樂生涯。

世間魏晉焉能覺，物外羲皇敢獨誇。

我讀我書仍會意，吾廬吾愛可爲家。

東林蓮與東籬菊，詩酒怡情歲月賒。〔註227〕

蔡奕彬〈陶淵明〉頷聯化用陶淵明自稱「羲皇上人」的典故，羲皇指上古伏羲氏，淵明謂自己像是上古時代的人逍遙自在，平日讀書娛樂。頸聯承頷聯之意，用聯珠對。第七句則用「慧遠創東林寺蓮社」和「陶潛採菊東籬下」兩個典故縮結前兩聯之意。

〈採蓮女〉　　　　林金枝（劍稜）

偶出金閨便泛舟，習家池上任優遊。

紅葉向臉雙邊放，綠蓋盈眸一望收。

珮響遙傳村外路，歌聲驚起水中鷗。

姊攀花朵妹搖槳，玉手如荑分外柔。〔註228〕

林金枝〈採蓮女〉中間兩聯正對，採用白描法言對。第二聯「紅葉」對「綠蓋」爲顏色對；「雙邊」對「一望」爲數字對，俱屬正對。第三聯「村外」對「水中」，爲方位對，第二句「習家池」用典〔註229〕。

〈待榜〉　　　　　　　江紫元（夢花）

一紙泥金信，空勞翠黛顰。逡巡延盼久，踧踖往來頻。

望斷龍門遠，名標雁塔新。臚傳初入耳，喜殺畫樓人。〔註230〕

江紫元〈待榜〉，第二聯正對寫待榜心情，頗爲傳神。第三聯上下句正對，以事對援用「鯉魚躍龍門」和「名標雁塔」兩個典故。

　　綜上所述，可知日治時期蘭陽詩人，對於正對之使用並不呆版，能夠搭配事對和言對，並混合使用其他對法，諸如聯珠對、顏色對、方位對、數字對等，產生不同變化以加強美感，藉增詩作之藝術性。

〔註227〕《風月報》77 期（1939 年 01 月 01 日），頁 34。

〔註228〕《詩報》133 號（1936 年 07 月 16 日），頁 3。

〔註229〕習家池位於湖北襄陽南郊，東漢初年襄陽侯習鬱的私家園林，歷時約兩千年，被推爲私家園林鼻祖。

〔註230〕《詩報》152 號（1937 年 05 月 11 日），頁 22。

（二）反對

　　反對，即出句和對句形成對比，上下兩句的意義相反或相對。張夢機《古典詩的形式結構・對偶的體與用》云：「反對的方法，理殊趣合。」〔註 231〕並舉出數種反對方法：剛柔、大小、有無、晦明、人我、遮表、高下、正反、抑揚、今昔諸對。反對係形式對偶而內容對比，兩者間之張力越大所呈現對立的美感越強。對仗寫作，是否靈活至關重要，須於「反對」中求之，茲以蘭陽三大吟社詩作進行探討。

　　首先，以仰山吟社李康寧（壽卿）、張天眷（迺西）、陳存（望遠）三人作品為例，析論如下：

　　　　〈祝第十回全島產業組合大會〉　李康寧（壽卿）

　　　　百千人士莊蘭城，物產繽紛付品評。

　　　　會啓十番歌盛事，聲聯全島宴瑤觥。

　　　　生機活潑由群策，嘉穀豐饒樂共榮。

　　　　組織告成民食力，瓣香禱祝當詩盟。〔註 232〕

第一首李康寧〈祝第十回全島產業組合大會〉，頷聯「會啓十番歌盛事，聲聯全島宴瑤觥。」以「十番」對「全島」，是「大小對」；以「盛事」對「瑤觥」，是「虛實對」。頸聯「生機活潑由群策，嘉穀豐饒樂共榮。」乃是「虛實對」，用虛的「生機」對實的「嘉穀」，「大小對」和「虛實對」均屬「反對」方法之一。

　　　　〈有感〉　　　　　張天眷（迺西）

　　　　一夜西風起白蘋，天高露冷雁來賓。

　　　　鳴機佐讀遑窺圃，擊鉢聯吟愧問津。

　　　　書劍無成猶故我，馬牛難禁任呼人。

　　　　劇憐歐駱文身地，章甫空資困宋民。〔註 233〕

第二首張天眷〈有感〉，頸聯「書劍無成猶故我，馬牛難禁任呼人。」乃是「人我對」，亦屬「反對」之一。

　　　　〈感懷〉　　　　　陳存（望遠）

　　　　依然壯志未曾灰，肯向金山赤手回。

〔註 231〕張夢機，《古典詩的形式結構》，頁 156。
〔註 232〕《詩報》73 號（1934 年 01 月 15 日），頁 15。
〔註 233〕《詩報》45 號（1932 年 10 月 25 日），頁 12。

鍛鍊已知觀火候，研淘方識別巖隈。

數年枉費勞心力，萬事奚如把酒杯。

聞道庸才多厚福，豈真厚福盡庸才。〔註234〕

第三首陳存〈感懷〉，頸聯「數年枉費勞心力，萬事奚如把酒杯。」以「數年」對「萬事」，是「大小對」；「心力」對「酒杯」，是「虛實對」，均屬「反對」。

其次，舉登瀛吟社盧纘祥（史雲）、鄭指薪（火傳）、莊鼇（芳池）三人詩作為例，討論如下：

〈祝東明吟社發會式〉　盧纘祥（史雲）

大羅韻事繼當年，同詠霓裳聚眾仙。

風景待尋秋水地，詩情最愛晚霞天。

西崑體艷雖難效，東社思深自可傳。

唱和從茲期勿斷，唫壇兩兩恰相連。〔註235〕

第一首盧纘祥〈祝東明吟社發會式〉，頷聯「風景待尋秋水地，詩情最愛晚霞天。」以「風景」對「詩情」，是「情景對」；「秋水地」對「晚霞天」，天地是「上下對」，俱屬「反對」法。此詩頸聯「西崑體艷雖難效，東社思深自可傳」，上下句形成「流水對」，以「西」對「東」是「方位對」，但「體艷」對「思深」出現問題。「體」是名詞，「思」若讀平聲，應作動詞解，詞性不合不能對；若作名詞用，應讀為仄聲，雖能對但產生孤平，犯詩家大忌。勉強對之，只好歸為「字對」，借字面作對，終究不夠工整。

〈秧針〉　　　鄭指薪（火傳）

寒芒自露不須磨，跡認慈親手上多。

千縷飛穿資弱柳，一畦分插賦嘉禾。

豐年補綴宜除莠，奇服縫紉擬采荷。

尺幅豳風如畫入，真成錦繡好山河。〔註236〕

第二首鄭指薪〈秧針〉，頷聯「千縷飛穿資弱柳，一畦分插賦嘉禾。」以「千縷」對「一畦」，是「大小對」，屬於「反對」法。

〈除夕〉　　　莊鼇（芳池）

萬慮初銷歲欲殘，何妨暢飲到更闌。

〔註234〕《詩報》244 號（1941 年 03 月 21 日），頁 12。
〔註235〕《詩報》86 號（1934 年 08 月 01 日），頁 5。
〔註236〕《詩報》300 號（1943 年 7 月 27 日），頁 21。

　　　鼕鼕鼓震驚人夢，點點花開帶雪看。

　　　臘盡祗愁增馬齒，春來準擬整騷壇。

　　　栽松插竹知多少，記取明朝著意觀。〔註237〕

第三首莊鼈〈除夕〉，頷聯「鼕鼕鼓震驚人夢，點點花開帶雪看。」以「鼕
鼕鼓震」對「點點花開」，是「事景對」。頸聯「臘盡祗愁增馬齒，春來準
擬整騷壇。」則是「今昔對」。上述「事景對」和「今昔對」，都屬於「反
對」法。

　　復次，以登瀛吟社林玉麟（夢鶴）、范良銘（文新）、楊長泉（靜淵）三
人作品為例，析論如下：

　　　〈老妓〉　　　　　林玉麟（夢鶴）

　　　平康墜落幾經年，對鏡粧驚白上巔。

　　　舊曲重翻聲愧澀，新人輩出色爭妍。

　　　雖完花債償前孽，奈遣風流幻暮煙。

　　　昔日情郎猶不少，伊誰再喜擲腰纏。〔註238〕

第一首林玉麟〈老妓〉，頷聯「舊曲重翻聲愧澀，新人輩出色爭妍。」以「舊
曲」對「新人」，是「今昔對」，屬於「反對」法。頸聯「雖完花債償前孽，
奈遣風流幻暮煙。」乃是「流水對」。

　　　〈迎春〉　　　　　范良銘（文新）

　　　花心柳眼綠齊抽，迓到文風樂唱酬。

　　　萬里經綸青帝在，一聲鶯燕酒朋遊。

　　　尋詩杜牧遲休怨，懸榻陳蕃禮備周。

　　　不盡翻新人意好，陽春有腳入神州。〔註239〕

第二首范良銘〈迎春〉，頷聯「萬里經綸青帝在，一聲鶯燕酒朋遊。」以「萬
里經綸」對「一聲鶯燕」，是「時空對」。

　　　〈千歲鶴〉　　　　楊長泉（靜淵）

　　　萬里飛來太液池，長生不老比靈龜。

　　　最欣有侶情堪適，莫笑無糧腹便飢。

　　　雞鶩何心同並立，仙禽多壽復奚疑。

〔註237〕《臺南新報》8215號（1924年12月31日），頁4。

〔註238〕《風月報》61期（1938年04月01日），頁30。

〔註239〕《詩報》198號（1939年04月01日），頁12。

精神爽健乾坤大，應似齊高競賦詩。〔註240〕

第三首楊長泉〈千歲鶴〉，頷聯「最欣有侶情堪適，莫笑無糧腹便飢。」則是「有無對」，以「有侶」對「無糧」。

綜上所述，「反對」優點在於相反相成，加強出句和對句間對立的張力，增進藝術性。日治時期蘭陽詩人基本上能夠掌握其運用要訣，上述九例均能夠善加使用「大小對」、「虛實對」、「人我對」、「情景對」、「上下對」、「事景對」、「今昔對」、「時空對」、「有無對」等方法，呈現一定的寫作水準。

二、類疊

同一字、詞或語句一再反覆使用，稱為「類疊」。日治時期蘭陽詩人只使用字或詞類疊，以疊字和類字為大宗，並無語句類疊情形。類疊有加乘作用，強化字詞份量，加重語氣，同一字詞在一句中至少出現兩次以上，可以緊緊連接在一起，謂之「疊字」，可以間隔出現，謂之「類字」。唐詩人中以李商隱的無題詩最擅於發揮類疊功效，日治時期蘭陽詩人也有師法李商隱擅於使用類疊技法者，現就「疊字」、「類字」分敘如下：

（一）疊字

疊字是相同字、詞緊緊連結，強化事物和狀態的形容。洪嘉惠在《臺灣千家詩》中說道：「疊字是《修辭學》中『類疊』的一種，其主要作用：一、突出思想感情；二、增添文辭美感。」〔註241〕疊字的作用係為凸顯感情和增加美感，是重要詩歌修辭方法之一，歷來詩人普遍採用，在《詩經》中已經大量使用此法，例如《詩經‧秦風‧蒹葭》「蒹葭蒼蒼，白露為霜。……蒹葭淒淒，白露未晞。……蒹葭采采，白露未已。」〔註242〕

按疊字所在位置可分為句首疊字、句中疊字、句尾疊字，反覆迴還的字詞加深詩句節奏感和韻律美。茲以仰山、登瀛、東明三大吟社詩人作品，各舉例析論之：

1. 句首疊字

句首疊字之使用情形，分就仰山吟社、登瀛吟社、東明吟社各舉一例討論：

〔註240〕《詩報》216 號（1940 年 01 月 23 日），頁 12。

〔註241〕洪嘉惠編，《臺灣千家詩》（臺北：萬卷樓圖書公司，2012 年），頁 14。

〔註242〕滕志賢注譯，《新譯詩經讀本》（臺北：三民書局，2000 年），頁 342～344。

〈蒲扇〉　　　　　　　陳存（望遠）

拜竹吞花葉葉香。裁成秋月近端陽。

若教舉手輕揮動。藹藹仁風拂面涼。〔註243〕

第一首仰山吟社陳存〈蒲扇〉，第一句「拜竹吞花葉葉香」，除「拜竹吞花」採用句中對外，還有「葉葉」句中疊字。第四句「藹藹仁風拂面涼」，「藹藹」才是句首疊字。詩中兩度使用疊字，造成詩歌跌宕廻環。

〈謹步獻三芸兄歸來原玉〉　鄭指薪（火傳）

鼎鼎垂臻不惑年。幽懷肯爲俗情牽。

冥鴻冀遂雲天跡。可少泥痕雪爪緣。〔註244〕

第二首登瀛吟社鄭指薪〈謹步獻三芸兄歸來原玉〉，第一句「鼎鼎垂臻不惑年」的「鼎鼎」係句首疊字，鼎鼎爲盛大之義，疊字有加重語氣的作用。

〈回鄉感作〉　　　　范良銘（文新）

天涯作客老歸裝。無改鄉音兩鬢霜。

歲歲不知滄海換。許多舊事斷心腸。〔註245〕

第三首東明吟社范良銘〈回鄉感作〉，第三句「歲歲不知滄海換」爲句首疊字，「歲歲」是一年又一年之意，有加乘作用。由上述作品觀察發現，通常句首疊字含有特地加重語氣的效果存在。

2. 句中疊字

分就仰山吟社、登瀛吟社、東明吟社各舉一例，討論句中疊字之使用情形：

〈遊大陂即事〉　　林玉麟（夢鶴）

曳杖邀朋到大陂。山光水色競春嬉。

賞心處處皆詩料。貯滿吟囊晚更宜。〔註246〕

第一首仰山吟社林玉麟〈遊大陂即事〉，詩寫春遊即事，第三句「賞心處處皆詩料」爲句中疊字，「處處」產生夸飾效果。

〈春筍〉　　　　　　劉克忠

渭川千畝帶煙濃。牘角森森幾處逢。

〔註243〕《詩報》85 號（1934 年 07 月 15 日），頁 13。

〔註244〕《詩報》270 號（1942 年 04 月 20 日），頁 6。

〔註245〕《詩報》62 號（1933 年 07 月 01 日），頁 4。

〔註246〕《詩報》23 號（1931 年 11 月 01 日），頁 5。

芽爲雷驚抽尚嫩。料應難化葛陂龍。〔註247〕

第二首登瀛吟社劉克忠〈春筍〉，是一首詠物詩，第四句用典，「葛陂龍」指東漢費長房從壺公學道，壺公給他一根竹杖騎回家，到家後投入葛陂，杖化爲龍，故以「龍竹」喻得道成仙，或指竹杖。第二句「犢角森森幾處逢」，句中「森森」爲疊字。

> 〈合卺酒〉　　　　　　蔡奕彬
>
> 洞房花灼徹宵明。伉儷雙雙共舉觥。
>
> 醉後同床還有意。筵前對酌最關情。
>
> 興豪細語猶催我。臉暈紅潮應愛卿。
>
> 人頌百年偕老句。箇中滋味兩心傾。〔註248〕

第三首東明吟社蔡奕彬〈合卺酒〉，描述新婚之夜情景，第二句「伉儷雙雙共舉觥」，「雙雙」乃是句中疊字，有畫龍點睛妙用。從上述三例看，句中疊字有美化詩句，突出作家思想的效用。

3. 句尾疊字

句尾疊字之使用，就仰山吟社、登瀛吟社、東明吟社各舉一例討論：

> 〈脫鉤魚〉　　　　　陳存（望遠）
>
> 何須下餌釣溪南，游泳銀鱗食不貪。
>
> 從此化龍滄海去，枉教漁父視耽耽。〔註249〕

第一首〈脫鉤魚〉是仰山吟社陳存作品，寫銀鱗不貪食，枉費漁父苦心，「耽耽」兩字說盡漁父覬覦之心，整首詩活潑有趣。

> 〈陌上花詞〉　　　鄭指薪（火傳）
>
> 春來本易惹相思，況值陌頭花放時。
>
> 爭怪教伊歸緩緩，最無聊賴是生離。〔註250〕

第二首〈陌上花詞〉是登瀛吟社鄭指薪作品，寫伊人看見陌頭花放，引起春愁，「緩緩」歸家，心中無限閨怨，緩緩寫出彳亍行徑。

> 〈春晴〉　　　　　楊長泉（靜淵）
>
> 馬蹄芳草路三三，十里風光得意探。

〔註247〕《詩報》58號（1933年05月01日），頁8。
〔註248〕《詩報》222號（1940年04月20日），頁16。
〔註249〕《詩報》264號（1942年01月20日），頁13。
〔註250〕《詩報》108號（1935年07月01日），頁5。

　　鳩鳥盡情花裡喚，王孫那不駐征驂。〔註251〕

第三首〈春晴〉是東明吟社楊長泉作品，爲參加基隆大同吟社擊鉢吟掄元之作，整首詩節奏輕快，反映春光明媚。綜觀上述作品，發現句尾疊字起了舒緩作用，讓詩歌節奏緊湊而不緊張。

　　范況在《中國詩學通論》中指出：「詩中疊字最難下，唯杜甫用之獨工。」〔註252〕疊字有用於句首、句中、句尾，所產生效果不盡相同，要貼切使用並不容易，由上述諸例觀察，日治時期蘭陽詩人雖無杜甫之才學，但普遍能夠掌握疊字要訣。

（二）類字

　　相同的字或詞重複出現，但彼此隔離而不連在一起的修辭格，稱作「類字」。使用類字需掌握下列三原則：或有「移山倒海」的氣勢，或有「春蠶吐絲」的纏綿，或有「驚鴻一瞥」的空靈。試以仰山吟社、登瀛吟社、東明吟社三社詩人作品舉例析論如下：

　　　　〈昭和九年甲戌元旦書懷〉　莊贊勳（仁閣）

　　　吠雪唁聲報歲新。宜春宜雅又宜人。

　　　樽中栢酒須當醉。海外烽煙惹愴神。

　　　幾陣和風入蓬島。一天瑞氣落蘭津。

　　　滄桑變換呈何管。隨處逍遙樂性眞。〔註253〕

第一首仰山吟社莊贊勳〈昭和九年甲戌元旦書懷〉，寫於 1934 年元旦，詩中第一句「吠雪」對「唁聲」爲「句中對」；第二聯「樽中」對「海外」，爲「方位對」；第三聯「幾陣」對「一天」，爲「數字對」。詩中使用多種不同對偶方法，富有變化，增添藝術性。第二句「宜春宜雅又宜人」，則採用「類字」修辭法，一句中連用三個「宜」字，屬於「聯珠句」，句型爲二二一二句，一字三見連綿不斷，像海浪一波波捲過來，有「移山倒海」氣勢。

　　　　〈政潮〉　　　　　黃見發（夢熊）

　　　寰球今日政爭頻。策戰端因革治新。

　　　借問誰人牛耳執。爲家爲國爲斯民。〔註254〕

〔註251〕《詩報》12 號（1931 年 05 月 15 日），頁 6。
〔註252〕范況，《中國詩學通論》（臺北：臺灣商務印書館，1995 年），頁 277。
〔註253〕《詩報》74 號（1934 年 01 月 29 日），頁 4。
〔註254〕《詩報》1 號（1930 年 10 月 30 日），頁 4。

第二首登瀛吟社黃見發〈政潮〉，和前述仰山吟社莊贊勳作品比較不遑多讓，第四句「為家為國為斯民」也是連用三個「為」字，氣勢磅礴，有憂國憂民之慨。

　　　〈山泉〉　　　　　　劉枝昌（夢竹）

　　　遠繞前峰近繞窗。澄清一水響淙淙。

　　　憑誰詩思誇如湧。潤到枯腸筆似杠。〔註255〕

第三首登瀛吟社劉枝昌〈山泉〉，第一句「遠繞前峰近繞窗」，使用蒙太奇手法，讓讀者湧現不同視點景象，既有遠景又有近景。「繞」字兩出，是「類字」修辭，「遠繞」又「近繞」，若「春蠶吐絲」纏綿不絕。

　　　〈山泉〉　　　　　　楊長泉（靜淵）

　　　山中湧出異奔瀧。甘似瓊漿飲莫慳。

　　　此水端教在幽谷。非溫非冷自無雙。〔註256〕

第四首東明吟社楊長泉〈山泉〉，第四句「非溫非冷自無雙」，也是採用「類字」修辭，寫山泉「非溫非冷」特性，自有一股空靈秀氣，實乃得力於「類字」之使用功效。

　　　綜上所述，「類字」修辭法變幻多端，極具藝術性，有助於詩歌美化，自《詩經》以來即普受詩人喜愛，日治時期蘭陽詩人喜愛而且能夠善加運用，裨益詩作藝術美感。

〔註255〕《詩報》196 號（1939 年 03 月 05 日），頁 7。
〔註256〕《風月報》82 期（1939 年 03 月 31 日），頁 35。

第四章　日治時期蘭陽詩社對在地文化之意義

　　蘭陽地區的詩社，據清代陳淑均《噶瑪蘭廳志·學校》記載，僅在「仰山書院」下附設「仰山社。」〔註1〕王文顏《臺灣詩社之研究》〔註2〕和廖一瑾《臺灣詩史》〔註3〕認為，日治時期蘭陽地區已有仰山吟社、登瀛吟社、東明吟社、蘭社、敏求吟社、光文社、羅東吟社等七社。

　　黃美娥在《古典臺灣：文學史·詩社·作家論》一書的序論中，有關「詩社」，寫道：

　　　　文學社群是文化的載體，其與社會組織、社會結構、社會演變有著密不可分的關係，當文學的研究由個案研究跨向社群的集體研究時，也意在能開展出更為宏觀的文學／文化考察……。在臺灣的文學社群研究中，詩社研究是最為人所關注者，由於臺灣文學史上活動的頻繁，尤其是日治時代依個人目前初步統計便有高達三百七十個以上的詩社，其文學／文化／社會意涵，自是愈加耐人玩味。

　　　〔註4〕

由上述引文可知「詩社」在日治時期的臺灣文學活動中，佔有極重要的地位，

〔註1〕 陳淑均，《噶瑪蘭廳志》（南投：臺灣省文獻委員會，1993年），頁152。
〔註2〕 王文顏，《臺灣詩社之研究》，政治大學中國文學研究所碩士論文，1979年，頁47～48。
〔註3〕 廖一瑾（雪蘭），《臺灣詩史》（臺北：文史哲出版社，1999年），頁37～61。
〔註4〕 黃美娥，《古典臺灣：文學史·詩社·作家論》（臺北：國立編譯館，2007年），序論IV－V。

是最受到大家關注的文化項目。同理，蘭陽地區的詩社，諸如仰山吟社、登瀛吟社、東明吟社及其他一些規模較小的詩社群，例如敏求吟社、蘭社、光文社、……等，其詩社活動對蘭陽地區文化意義甚深，值得後人加以重視。茲就民族意識的發揚、漢學的持續推廣、鄉紳文士的雅集、政治操控的工具等四個面向，加以闡述蘭陽詩社對在地文化的意義。

第一節　民族意識的發揚

　　日本殖民政府對臺灣的統治政策，從施政方針改變看，可分為三個時期：一、綏撫時期（1895～1918）。二、同化時期（1919～1937）倡「內地延長主義」。三、皇民化時期（1937～1945）〔註5〕。

　　綏撫時期，日本初據臺灣，遭遇臺灣人民頑強抵抗，因此派任武官擔任臺灣總督，共七位，目的在鎮壓島內各地區的武裝抵抗，無暇進行同化政策。

　　李筱峰在《臺灣史100件大事》指出：「大正四年（1915）噍吧哖事件〔註6〕為日治時期最慘烈的抗日運動，起義規模最大，犧牲人數最多，也是臺灣漢人最後一次大規模武裝抗日。」〔註7〕此後轉為非武裝的文化、社會運動，進入同化時期，派任九位文人總督，大正九年（1920）十月，實施「地方自治」，拔擢各級協議會員，大正十一年（1922）公布「臺灣教育令」，揭櫫「日臺共學」〔註8〕。

　　皇民化政策時期，有三位軍人總督。始於昭和十一年（1936）九月，小林躋造（1877～1962）總督發表統治臺灣三原則：「皇民化、工業化、南進基地化」，推行日語，限制漢語的使用，推動所謂「國語家庭」，改姓日本姓氏，拜日本神社，一連串措施企圖滅絕漢文化，消除漢族意識，同化臺灣，幸賴詩社努力發揚民族意識，使得漢人民族意識一息尚存，在高壓統治下沒有被全部消滅。

　　根據王曉波（1943年～）在《臺灣意識的歷史考察・日據下臺灣的民族精神》中指出：「日帝既言『同化』，臺灣同胞亦有鑑於武裝抗暴成功條件的

〔註5〕李筱峰，《臺灣史101問》（臺北：玉山社，2013年），頁188～189。

〔註6〕噍吧哖事件又稱西來庵事件、余清芳事件、玉井事件。

〔註7〕李筱峰，《臺灣史100件大事》（臺北：玉山社，1999年），頁122。

〔註8〕臺灣總督府1895年普設公學校與小學校，公學校為臺籍學童所設，小學校限日籍學童。1919年及1922年頒布臺灣教育令，強調臺籍學生如具國語能力者，不受入學資格限制，並適用於初等教育，中等教育甚至高等教育。

不足，屢戰屢敗，因之，便與日帝拉開了文化戰線，在政治上和文化上與之
周旋。」〔註9〕由此可知，臺灣人民體認到，武鬥無法和擁有強大兵力的日本
政府抗爭，轉而進行文鬥，而文鬥有兩條路線，一是政治，一是文化。政治
路線有宜蘭先賢蔣渭水（1891～1931），於大正十年（1921）十月十七日，在
臺北市大稻埕靜修女子學校（今靜修女中）成立臺灣文化協會。後因協會發
生左右路線之爭，另組「臺灣民眾黨」，昭和二年（1927）七月十日成立於臺
中，但政治運動也招致迫害，廖振富的〈反抗詩學〉《臺灣古典文學的時代刻
痕：從晚清到二二八》寫道：

> 爲期五十年的日治時期，先後也有不少臺灣精英因抗日運動而被捕
> 入獄，其中以 1923 年 12 月 16 日爆發的「治警事件」〔註10〕最受矚
> 目，在當時發生的影響作用也最大。尤其難得的是：「治警事件」的
> 主要領導者中，包括蔣渭水……等人都有相關的作品傳世。這些作
> 品不但是抗日運動史的一頁鮮明紀錄，更深具文學價值，可說是臺
> 灣文學史的寶貴資產。〔註11〕

上述引文可以看出政治運動仍然受到日本當局的壓制，不若文化路線隱晦，
藉由書房和詩社的掩護，保存民族意識，但昭和十六年（1941）書房遭到禁
止設立。由於某些詩人肯配合宣導殖民政策，故詩社仍有利用價值，日人予
以留下，直到昭和二十年（1945）二戰終止，日人戰敗撤出臺灣前詩社始終
不曾消失，只是詩社活動轉趨低調，詩人聯吟雖照常進行，但盡量不碰觸政
治忌諱，在日本殖民政府默許下延續詩學，惟後期戰事吃緊，一般人生活不
餘裕，較無心思從事文學活動，於是詩社活動漸漸停止，《詩報》發行到昭和
十九年（1944）九月五日第三一九號不得不停刊。蘭陽地區詩社活動最遲到
昭和十九年（1944）一月十九日，《詩報》第三〇九號登載仰山吟社擊缽錄〈慈
姑〉（壽蘆洲君令慈古稀）截止〔註12〕。之前，東明吟社活動紀錄到昭和十四
年〈1939〉八月一日，《詩報》第二〇六號刊載詩鐘〈冬日〉（鶴頂格）止〔註

〔註 9〕 王曉波，《臺灣意識的歷史考察》（臺北：海峽學術出版社，2001 年），頁 36。
〔註 10〕 治警事件是一起政治運動事件，史稱治安警察法違反檢舉事件，或稱治警事
　　　　 件或治警法違反事件。蔣渭水等 13 人被判有罪，許多入獄者在獄中所作詩文
　　　　 被《臺灣民報》刊登。
〔註 11〕 廖振富，《臺灣古典文學的時代刻痕：從晚清到二二八》（臺北：國立編譯館，
　　　　 2007 年），頁 93～94。
〔註 12〕 《詩報》309 號（1944 年 1 月 19 日），頁 16。
〔註 13〕 《詩報》206 號（1939 年 8 月 1 日），頁 13。

13〕。登瀛吟社則在昭和十八年（1943）十二月八日，《詩報》第三○七號登出
歡迎擊缽錄〈龜山夕照〉後即無活動紀錄〔註 14〕。

　　廖一瑾在《臺灣詩史》中指出「考日據時期詩社紛紛成立之主要原因，
乃是爲了民族文化之延續。」〔註 15〕蘭陽地區詩社之成立，亦不脫此範疇。
臺北州宜蘭郡頭圍庄（今宜蘭縣頭城鎮）首富盧纘祥（其故居見圖八），邀
集陳書（1871～1932）、林才添（1903～1989）、黃振芳（1901～1970）……
等人組成登瀛吟社，聘請葉文樞（1876～1944）爲盧家西席，並擔任詩社
指導老師，研習漢詩藉以發揚民族意識。事見昭和六年（1931）三月十六
日《詩報》第八號〈雜件〉記載：「葉文樞先生舊臘底歸泉州，去八日再由
泉安抵宜蘭本報副會長盧纘祥氏家，將主盧家西席兼編本報。」〔註 16〕葉
文樞爲前清秀才，名際唐，號文樞，以字行，祖籍福建泉州，生於新竹北
門，擅詩文，尤長於擊缽吟，嘗編《精選詳註閩中擊缽吟》授課生徒，盧
纘祥乃其高足〔註 17〕。

　　廖一瑾在《臺灣古典詩選、詩集、詩社與詩人・詩社篇》中指出「詩刊
是詩社的靈魂，也是詩人的家園，不論是『興、觀、群、怨』，或是切磋詩藝、
以文會友，詩刊爲詩人傳遞訊息，保留詩跡，是詩人最重要的精神交流中心。」
〔註 18〕詩刊不僅可作爲詩人交流的平臺，如果沒有詩刊紀錄詩社活動和詩人
作品，則寶貴資料將遺失，逐漸湮沒於時間洪流中，隨著年歲日趨久遠而消
逝，或許不會留下蹤跡。登瀛吟社的盧纘祥鑒於有詩社而無發表詩作的園地，
不利於發揚詩學、推廣漢文化，乃邀集同好周石輝、魏清德（1887～1964）、
邱筱園（1878～1942）等人出資籌組報社發行《詩報》由桃園郡桃園街的周
石輝擔任發行人，於昭和五年（1930）十月三十日發行創刊號。在創刊號〈本
報趣意〉中寫道：

　　　　本島詩社林立，熱心漢詩文者不少。顧各詩社課題吟會之詩選，以
　　　　及個人所發洩之詩文，除發表各報外，泯失者甚多，嘔盡滿腔熱血，

〔註 14〕《詩報》307 號（1943 年 12 月 8 日），頁 1。

〔註 15〕廖一瑾，《臺灣詩史》，頁 29。

〔註 16〕《詩報》8 號（1931 年 3 月 16 日），頁 16。

〔註 17〕武麗芳，《日治時期塹城詩社淺探》，（臺北：萬卷樓圖書公司，2010 年），頁
　　　　137～144。

〔註 18〕廖一瑾，《臺灣古典詩選、詩集、詩社與詩人》（臺北：文津出版社，2013 年），
　　　　頁 138。

不見於世，誠可惜也。茲本報即欲集諸稿，合刊紙上，名爲詩報，
以揚風雅。於風化上或有所採歟。一、求名儒碩學惠稿，爲指導南
針俾後學不至迷於歧路。二、求各吟社將擊缽吟課題諸詩選惠下合
刊，互通聲氣交換見識。三、揭載中學新學者所爲詩文，引起研讀
漢文興趣。四、學校已廢漢文，書房不容易設，鼓舞讀漢文，惟此
詩社詩會可以自由，故不可無發表機關。〔註19〕

上文說明該報取名《詩報》之緣由，以及發行趣意在於指導後學、互通聲氣、
引起研讀漢文興趣，並明白指出「學校已廢漢文，書房不容易設，鼓舞讀漢
文，惟此詩社詩會可以自由」。這是一段珍貴的史料，點出「學校已廢漢文，
惟此詩社詩會可以自由」，足以讓漠視詩社者深思。每一種文學都有其時代背
景和存在意義，設使沒有詩社努力維繫漢文，以及日本政府因統治需要而縱
容漢詩，在漢語新文學不見容於日本當局的情況下，如何奢談保存漢文化，
並民族意識亦不存矣，詩社及《詩報》功績厥偉。

　　《詩報》每月發行二回，爲半月報，創刊時由盧纘祥和杜香國（1893～
1947）同任副會長，而會長一職懸缺，由副會長主其事，昭和六年（1931）
三月聘請葉文樞擔任編輯〔註20〕。《詩報》至第三十三號，改由盧纘祥擔任社
長，直到第四十六號才換許梓桑（1874～1945）擔任社長，由於盧纘祥的影
響力，創刊號至第四十六號，登瀛吟社作品刊載較其他詩社豐富。

　　《詩報》顧問邱筱園在創刊號〈詩報發刊詞〉中寫道：

蟹行文字之曼衍於瀛壖也，漢學危微，欲墜未墜之秋，撐持其間者
詩社也。……臺澎改隸後，到處騷壇聳立，壁壘一新。……刻燭吟
哦，興酣落筆，有凌滄洲搖五嶽之慨，總之詩關學力，欲極其至，
則又不得不多讀書矣。岌岌乎漢文學之將墜地，而不墜者，是非賴
諸識時君子，拉出無數讀書人，相與長歌短嘯於其間，將不枯寂萎
靡，簸蕩漸滅於歐風美雨者殆希。噫！詩學之於今日，其功用亦大
矣哉。〔註21〕

引文中提及「臺澎改隸後，到處騷壇聳立。」雖異族打壓以致漢學危急，幸
賴詩社撐持，詩學既可抗拒歐風美雨西洋化，自然也能抵抗日本東洋化，只

〔註19〕《詩報》創刊號（1930 年 10 月 30 日），頁 3。
〔註20〕《詩報》8 號（1931 年 3 月 16 日），頁 16。
〔註21〕《詩報》創刊號（1931 年 3 月 16 日），頁 4。

是限於政治環境不能直言，暗中保存民族意識，藉詩歌寫作發表維繫漢學不墜。

　　日治時期蘭陽詩社對於民族意識如何發揚，可從詩社舉辦詩會情形進行觀察，仰山吟社經常在宜蘭市碧霞宮（見圖三）或追遠堂（林氏家廟）（見圖四）集會，其他詩社例如蘭社亦然。昭和十年（1935）二月二十七日《臺灣日日新報》夕刊第四版報導：「二月二十三日，仰山吟社月例會舉行臨時大會，……月例會開會期日，決定每月第一星期日，場所碧霞宮。」。仰山吟社臨時大會為何決議月例會在碧霞宮舉開，其間含有深意，雖不明言但意在言外，為何要在碧霞宮開例會，實係暗藏「還我河山」之意，借碧霞宮集會掩人耳目，暗中表達不忘故國的心思。在追遠堂（林氏家廟）集會則有不忘根本，「慎終追遠」永懷故國之意涵存在，家廟、宗祠是漢人的信仰中心，藉此凝聚宗族向心力，以示不忘祖先，對皇民化作出無言的抗議。

　　碧霞宮，又名岳武穆王廟，是蘭陽居民因不滿異族統治，矢志還我河山而籌建，「宜蘭碧霞宮管理委員會」印製的《宜蘭碧霞宮簡介》指出：

> 西元1895年日本治臺之初，……陳祖酬等十七人發起下，於明治二十九年（1896）三月八日在坎興街創立「坎興鸞堂」以敬祀岳武穆王，作為忠孝節義之範本。同時，「勸善局」莊贊勳等十人，有意與「坎興鸞堂」共建廟堂，以宣講四維八德，進而喚起民族精神，薦由蘭地首位進士楊士芳倡議號召建廟事宜，……至明治三十二年光緒二十五年（1899）正殿落成，……並取「碧血丹心望曉霞之意」而定名為碧霞宮，盼早日復建光明，還我河山之意，同時將「勸善局」併附於宮內。〔註22〕

由上述引文可知，碧霞宮之興建，自始即有蘭陽地區人民企盼「還我河山」的民族意識存在，故主祀岳武穆王，而日治時期蘭陽詩社在此集會，其用意昭然若揭，就是要發揚民族意識。

　　經查昭和八年（1933）到昭和十五年（1940）間，仰山吟社在碧霞宮集會十八次：一、昭和八年（1933）三月二十五日，舉開月例會〔註23〕。二、昭和八年（1933）八月二十七日，舉開七夕擊缽吟會〔註24〕。三、昭和九年（1934）

〔註22〕宜蘭碧霞宮管理委員會，《宜蘭碧霞宮簡介》（宜蘭：欣美彩色印刷廠，2012年），頁6。

〔註23〕《臺灣日日新報》，1933年3月29日，夕刊4版。

〔註24〕〈翰墨因緣〉，《臺灣日日新報》，1933年9月4日，日刊8版。

一月二日，舉開新年吟會〔註25〕。四、昭和九年（1934）一月二十一日舉開臨時總會，順開月例會〔註26〕。五、昭和九年（1934）三月三日，舉開新春擊鉢吟會〔註27〕。六、昭和九年（1934）三月二十四日，舉開春季總會〔註28〕。七、昭和九年（1934）五月十二日，舉開定期擊鉢例會〔註29〕。八、昭和九年（1934）六月十九日，舉開慰勞擊鉢吟會〔註30〕。九、昭和九年（1934）七月八日，舉開擊鉢吟會〔註31〕。十、昭和九年（1934）十月二十二日，舉開擊鉢月例會〔註32〕。十一、昭和十年（1935）一月二十日，舉開月例擊鉢吟會〔註33〕。十二、昭和十年（1935）三月三日，舉開第一回月例擊鉢吟會〔註34〕。十三、昭和十年（1935）十一月十二日，舉開月例吟會〔註35〕。十四、昭和十一年（1936）一月四日，舉開月例擊鉢會〔註36〕。十五、昭和十一年（1936）五月十日，舉開月會〔註37〕。十六、昭和十一年（1936）十月十七日，舉開第九回月例擊鉢會〔註38〕。十七、昭和十二年（1937）一月二十八日，舉開送別擊鉢吟會〔註39〕。十八、昭和十五年（1940）三月二十日，舉開月例會〔註40〕。

　　蘭社於大正十三年（1924）至昭和六年（1931）間，除在碧霞宮開班授課外，並集會六次以上：一、大正十三年（1924）一月七日，新竹鄭家珍孝廉來訪，舉開臨時擊鉢會〔註41〕。二、大正十三年（1924）九月十四日，舉開「蘭社觀月會」〔註42〕。三、大正十四年（1925）十月二日，舉開「蘭社

〔註25〕〈翰墨因緣〉，《臺灣日日新報》，1934年1月12日，夕刊4版。
〔註26〕《臺灣日日新報》，1934年1月26日，夕刊4版。
〔註27〕《臺灣日日新報》，1934年3月3日，夕刊4版。
〔註28〕〈翰墨因緣〉，《臺灣日日新報》，1934年3月31日，夕刊4版。
〔註29〕《臺灣日日新報》，1934年5月16日，夕刊4版。
〔註30〕《臺灣日日新報》，1934年6月22日，夕刊4版。
〔註31〕《臺灣日日新報》，1934年7月11日，日刊12版。
〔註32〕〈翰墨因緣〉，《臺灣日日新報》，1934年10月25日，夕刊4版。
〔註33〕〈仰山月會〉，《臺灣日日新報》，1935年1月22日，日刊8版。
〔註34〕〈翰墨因緣〉，《臺灣日日新報》，1935年3月8日，夕刊4版。
〔註35〕〈仰山月會〉，《臺灣日日新報》，1935年11月12日，日刊8版。
〔註36〕〈仰山月會〉，《臺灣日日新報》，1936年1月7日，日刊12版。
〔註37〕〈仰山月會〉，《臺灣日日新報》，1936年5月7日，日刊8版。
〔註38〕〈仰山月會〉，《臺灣日日新報》，1936年10月17日，夕刊4版。
〔註39〕〈會事〉，《臺灣日日新報》，1937年1月28日，夕刊4版。
〔註40〕《詩報》220號（1940年03月20日），頁18。
〔註41〕〈宜蘭特訊〉，《臺灣日日新報》，1924年1月15日，日刊6版。
〔註42〕連橫編，《臺灣詩薈（上）》，第9號，（南投：臺灣省文獻委員會，1992年重刊），頁615。

觀月會」〔註43〕。四、大正十四年（1925）十二月十一日，舉開「蘭社觀月會」〔註44〕。五、昭和二年（1927）六月四日，舉開端午節擊缽吟例會〔註45〕。六、昭和三年（1928）十一月十八日，主催「御大典奉祝詩會」〔註46〕。另外，昭和六年（1931）二月二十八日，蘭社莊贊勳在碧霞宮左側開設「敏求齋」，教授古文〔註47〕。

　　仰山吟社在追遠堂（林氏家廟）集會則有五次：一、昭和六年（1931）六月十四日，舉開「宜蘭仰山吟社五十週年紀念會」〔註48〕。二、昭和七年（1932）三月二十七日，舉開月例會，並爲日前出席全島詩會李、吳、莊、林、簡、張諸氏洗塵〔註49〕。三、昭和八年（1933）二月二十五日，舉開春季大會〔註50〕。四、昭和八年（1933）十月十五日，舉開年度總會，並開擊缽吟會〔註51〕。五、昭和十年（1935）五月二十六日，主催蘭陽三郡聯吟大會〔註52〕。

　　綜上所述，日治時期蘭陽詩社，藉由多次在奉祀高舉「還我河山」岳武穆王的碧霞宮集會，彰顯意欲發揚民族意識的心意。又在追遠堂集會，則欲告訴世人慎終追遠，不可忘本被異族同化。登瀛吟社盧纘祥參與《詩報》發行，目的在提供詩人發表作品的園地，互通聲氣，藉資相勉維護民族意識於不墜。

第二節　漢學的持續推廣

　　大正八年（1919）一月四日，第七任臺灣總督明石元二郎（1864～1919），制定「臺灣教育令」〔註53〕，建立各級教育機關系統。大正十一年（1922）

〔註43〕〈翰墨因緣〉，《臺灣日日新報》，1925 年 10 月 2 日，夕刊 4 版。
〔註44〕〈翰墨因緣〉，《臺灣日日新報》，1925 年 12 月 15 日，夕刊 4 版。
〔註45〕〈翰墨因緣〉，《臺灣日日新報》，1927 年 6 月 7 日，日刊 4 版。
〔註46〕〈慶祝詩會〉，《臺灣日日新報》，1928 年 11 月 18 日，日刊 4 版。
〔註47〕〈設漢書塾〉，《臺灣日日新報》，1931 年 2 月 28 日，夕刊 4 版。
〔註48〕〈宜蘭仰山吟社五十週年紀念會〉，《臺灣日日新報》，1931 年 6 月 19 日，夕刊 4 版。
〔註49〕〈仰山吟社例會〉，《臺灣日日新報》，1932 年 3 月 27 日，日刊 8 版。
〔註50〕〈會事〉，《臺灣日日新報》，1933 年 2 月 25 日，夕刊 4 版。
〔註51〕〈翰墨因緣〉，《臺灣日日新報》，1933 年 10 月 16 日，日刊 4 版。
〔註52〕〈蘭陽三郡聯吟大會〉，《臺灣日日新報》，1935 年 5 月 29 日，夕刊 4 版。
〔註53〕「臺灣教育令」（大正 8 年勅令第 1 號），見李筱峰，《臺灣史 100 件大事》，頁 125。

二月六日，配合「內地延長主義」，在第八任總督田健治郎（1855～1930）的「同化政策」下發布第二次《臺灣教育令》〔註54〕，實施「內（日）臺共學」制度。昭和十六年（1941）發布第三次《臺灣教育令》〔註55〕，實施國民學校教育。該年四月十九日在臺灣發起皇民化運動，要使臺灣人徹底皇民化。昭和十八年（1943）實施六年制義務教育，同時強制廢除書房。

王文顏在〈光復前臺灣詩社的時代價值〉一文中指出：

> 在教育方面，日本政府限制漢文的傳授，學校裏雖然設有漢文課程，但並不受重視。……漢文面臨廢絕的危機，為了延續漢文在臺灣的生存，富有民族意識的先進，大費周章，而詩社在日據時代是一種合法組織，因此有心人士就以此為掩護，在詩社的活動中保全漢文的傳播。……等到日本政府在臺灣的行政上軌道之後，就明令取締私塾，漢文因而失去傳授場所，詩社的地位也就顯得更加重要。
>
> 〔註56〕

日治時期蘭陽地區原本存在一些私設書房（私塾），由塾師教授漢文，例如：頭城的書房，有「喚醒堂」於 1920 年成立的「就正軒」，延請吳祥輝、杜仰山為教師，附設「登瀛吟社」，當時活躍於蘭陽詩壇，盛極一時；鄭騰輝的「鄭秀才書房」；下埔富豪林茂盛家的「林家書房」；蘇生設於武營土地廟邊自宅的「蘇生書房」；林新枝、林合興父子設於金盈里的「林新枝、林合興書房」；黃登茂父子設於中崙里的「黃登茂書房」；竹安里長莊連興家宅和「鎮安宮」附設的「莊炳南、莊麗書房」；吳房在各里宮廟內設立的「吳房書房」；「慶元宮」旁的「康源貴書房」；「慶元宮」前的「康鳳書房」等〔註57〕。此外，還有莊德性設於下寮的「元利軒」；王晴村位在大坑罟的「守拙堂」；林瓊瑤設於大福的「師竹齋」；林有章位處北門後街的「受益軒」等〔註58〕。

又如，宜蘭街「蘭社」的莊贊勳，在宜蘭西門碧霞宮左側開設「敏求齋」書塾，教授古文、尺牘等〔註59〕。再如，仰山吟社吳蔭培在追遠堂（林氏家

〔註54〕第二次《臺灣教育令》（大正 11 年勒令第 20 號）。

〔註55〕第三次《臺灣教育令》（昭和 16 年勒令第 148 號）。

〔註56〕王文顏，〈光復前臺灣詩社的時代價值〉，《文訊》，18 期（1985 年 6 月），頁 48～49。

〔註57〕莊英章、吳文星，《頭城鎮志》（宜蘭：頭城鎮公所，1985 年），頁 208～209。

〔註58〕林正芳，《續修頭城鎮志》（宜蘭：頭城鎮公所，2002 年），頁 270。

〔註59〕《臺灣日日新報》，1931 年 2 月 28 日，夕刊 4 版。

廟）義塾教漢文〔註60〕；光文社張振茂創設庄立、壯二、育英書房〔註61〕；
張鏡光的省心齋〔註62〕；張恆如、林星樞在天后宮的振文社等〔註63〕。宜蘭
街另有求可齋、當明軒、補拙軒、靜修軒、師竹軒、受益軒、義和軒、綠柯
軒、明善齋、樓上軒、若谷軒、明倫齋、凌雲齋、問心齋、致用齋、會文齋、
守眞軒、養心齋、聚星堂、歸眞齋、登瀛堂、覺善齋等書房〔註64〕。礁溪則
有林元三、林阿火、張娘春、林際昌、林家、曹錕鐘、張倉連、林紹洲、游
火木、乞食仔、黃阿秧、莊麗等書塾〔註65〕。

　　書房教育終究難敵新式學校教育，更無力反抗日本殖民政府的打壓和禁
止。日本人越打壓漢文化，越激起臺籍文人的危機感，蘭陽地區文人同感危
機，更努力圖謀保存漢文化，於是漢文教育由書房轉進詩社繼續傳承，蘭陽
詩人替代塾師繼續推廣漢學。

　　同化時期（1919～1937），田健治郎總督提倡「內地延長主義」，施行同
化政策，加緊對臺灣人民同化，有識之士尋求對應作法力圖保存漢文化，全
臺各地詩社大量興起，蘭陽地區同步進行。此一時期較重要蘭陽詩社，有頭
圍登瀛吟社和宜蘭蘭社、光文社的成立，其他詩社，例如蘭谿吟社、蘭東吟
社、港澳吟社、紫雲吟社、三星吟社、員山吟社、歸眞文社等社，也都活躍
於這個時期，共同致力保存漢學，提倡民族意識，維繫傳統文化於不墜。

　　黃美娥在〈日治時代臺灣詩社林立的社會考察〉一文中指出：

> 日治時期臺灣詩社的創設，多少孕有保存我國固有的漢文化之
> 旨。……表面上雖是切磋詩學，事實上是要保持我們的固有文化，
> 並且借以文會友的機會，來宣傳灌注抗日思想。……不忘日日讀我
> 漢書也……附設於私塾之詩社，亦泰半隱含傳播漢文化之功能。……
> 省籍人士，未忍漢學未墜，提倡詩學，以宣揚國粹，於是，一呼百
> 應，詩社繼立，而擊缽之風，遂風靡全島矣。〔註66〕

〔註60〕《臺灣日日新報》，1933年2月9日，日刊8版。
〔註61〕張振茂，《茗園集・謹記張老師振茂先生略歷》（宜蘭：張振茂，未著撰年），
　　　　頁6。
〔註62〕《臺灣日日新報》，1927年3月9日，日刊4版。
〔註63〕《臺灣日日新報》，1922年5月9日，日刊6版。
〔註64〕林正芳，《宜蘭市志・教育篇》（宜蘭：宜蘭市公所，2005年），頁17。
〔註65〕礁溪鄉誌編纂委員會，《礁溪鄉志》（宜蘭：礁溪鄉公所，1994年），頁392～
　　　　394。
〔註66〕黃美娥，〈日治時代臺灣詩社林立的社會考察〉，《臺灣風物》第47卷第3期
　　　　（1997年3月），頁76～77。

從上述引文可知，蘭陽地區詩社的創立亦具有保存漢文化的動機，藉由詩社各項活動，學習漢詩、研讀漢書、傳播漢學、書寫漢字以維持漢學不墜。借以文會友的機會，消極抵抗日本同化政策，積極保存固有文化。大正十年（1921）登瀛吟社成立，社規第二條明訂：「本社以研究漢詩振興漢學及助長地方文化爲宗旨。」〔註67〕彰顯登瀛吟社成立目的，就是持續推廣和振興漢學，其實也就是蘭陽地區各詩社共同目的。

　　昭和九年（1934）六月十日東明吟社在羅東正式成立，邀請羅東郡守和地方士紳，友社來賓等，舉行發會式：

> 〈蘭東東明吟社發會式詳報〉既報，去十日午前九時，蘭東東明吟社，假羅東公會堂，舉行發會式。……舉胡慶森氏爲東明吟社社長，陳純精、藍淥淮兩氏爲名譽顧問。次來賓鈴木羅東郡守，桃社鄭永南氏，仰山吟社顧問莊贊勳氏，演說詩學主旨。……然後舉行大成至聖先師孔夫子奉告祭。〔註68〕

會中特地安排來賓羅東郡守鈴木演說詩學主旨，此一史實證明日本官僚對漢詩有相當造詣，能夠受邀上場演說詩學，也證明日本地方政府當局很重視詩社，郡守親自出席詩社成立大會。會後祭孔，有宣示繼承傳統儒學，發揚和維繫漢學不墜的意義。東明吟社成立後和仰山吟社、登瀛吟社三足鼎立，雄峙蘭陽三郡，共同爲推廣及維繫漢學努力不懈，於日治時期肩負在蘭陽地區延續漢文化的重任。

　　日治時期蘭陽詩社，究竟有哪些事跡可以證明其持續推廣漢學有成，試從兩個途徑加以分析：

　　一是以量化進行研究，從詩作數量檢視其成果，依據中正大學臺灣文學研究所建置「臺灣漢詩數位典藏資料庫」蒐尋結果，蘭陽地區三大詩社發表在《詩報》、《風月報》、《南方》等報章上詩作，仰山吟社有 1,583 首，登瀛吟社 1,525 首，東明吟社 843 首〔註69〕，合計 3,951 首，成果豐碩，此數字尚不包括其它規模較小詩社作品，例如吟香社 11 首，蘭社 32 首，仰山吟社外圍組織仰山讀書會 46 首。

〔註67〕莊英章、吳文星，《頭城鎮志》，頁 497。

〔註68〕《臺灣日日新報》，1934 年 6 月 15 日，夕刊 4 版。

〔註69〕中正大學臺灣文學研究所，「臺灣漢詩數位典藏資料庫」，網址：http://140.125.168.74/literaturetaiwan/poetry/home.asp,2014/06/10,06:07PM。

　　另一途徑是從詩題性質進行研究，茲以仰山吟社、登瀛吟社、東明吟社詩作題目為例，加以探討：

一、仰山吟社的詩題

　　自昭和六年（1931）十月十六日到昭和十九年（1944）一月十九日止，前後十三年間，《詩報》刊載仰山吟社詩作（含詩鐘）計有九十九題：〈勾踐〉、〈探菊〉、……〈鳩杖〉、〈烟幕〉、〈慈姑〉等，詳見表 3－1：仰山吟社課題、徵詩、擊缽吟彙總表（1931～1944）。

　　詩題部分為應酬詩，譬如〈初冬小集〉、〈新樓雅集〉、〈進士第雅集〉、〈送吳蔭培先生之羅東〉、〈元日小集〉、〈蘭齋話舊〉。詠新事物，如〈宜蘭測候所〉、〈建築圖〉、〈掃海艇〉、〈移民村〉等。時事，例如〈臺灣震災〉、〈弔遊龜山島遭難者〉。地景，如〈蘭城聽雨〉、〈宜蘭溫泉〉等。有關政事，如〈日章旗〉、〈大和魂〉、〈增產〉等。其餘多為傳統文人經常吟詠的題目，盡量避免政治敏感話題，大多為老生常談，雖嫌創意不足卻能避禍，也得以盡到保存傳統文化之責。

二、登瀛吟社的詩題

　　自昭和五年（1930）十月三十日到昭和十八年（1943）十二月八日止，前後十三年間，《詩報》刊載登瀛吟社詩作（含詩鐘）有一〇五題：〈政潮〉、〈望龜山〉、……〈歸燕〉、〈喜鵲〉、〈龜山夕照〉等，詳見表 3－2：登瀛吟社課題、徵詩、擊缽吟彙總表（1930～1943）。

　　觀察上列詩題有涉及時局、政事，如〈政潮〉、〈戰雲〉、〈國防〉、〈征帆〉等，顯示詩人對家園的關心。寫地景、風光的，有〈望龜山〉、〈龜山朝日〉、〈大里漁燈〉、〈湯圍溫泉〉、〈冷泉〉、〈北關海潮〉、〈崑嶺夕煙〉、〈蘇澳蜃市〉、〈圓山晚眺〉、〈龜山夕照〉等。部分為詠史、懷古詩，譬如〈吳沙〉、〈樺山公遺跡碑〉、〈諸葛武侯出師表〉、〈陶潛宅〉等，其餘一些詩題所包含的新舊事物皆有，例如舊課題常見的〈聽琴〉、〈折柳〉等，新的事物〈撞球〉、〈海水浴美人〉等，堪稱面向廣泛，尤其特別的是幾乎沒有為人詬病的應酬詩《○○雅集》之類，對於批評詩社擊缽只流於應酬的說法，像是一種無言的抗議。該社詩題包羅萬象，對於新生事物的認識，以及傳統漢學的推廣，均有助益。

三、東明吟社的詩題

　　自昭和九年〈1934〉七月十五日起，到昭和十四年〈1939〉八月一日止，五年間發表在《詩報》上的詩作（含詩鍾）爲例，共計四十六題：〈蘭東曉望〉、〈貯木池〉、〈氷旗〉、……〈詩鐘：迎寒〉、〈冰山〉、〈詩鐘：多日〉等，詳見表3－3：東明吟社課題、徵詩、擊缽吟彙總表。

　　觀察東明吟社詩作，發現該社詩題較爲傳統，著重文化傳承，缺乏對新事物的吟詠，也不注重反映時事和社會現象，但比其他兩社喜歡作詩鐘，共有十四次，約占發表作品總數三分之一，七言詩鐘有：〈羅東〉（鶴頂格）、〈月白煙青〉（雙鉤）、〈竹風蘭雨〉（雙鉤）、〈山水〉（蜂腰格）、〈花夢〉（龍尾格）、〈水仙〉（魁斗格）、〈菊鐘聲〉（分咏格）、〈寒溪櫻信〉（雙鉤）、〈新柳〉（鶴頂格）、〈水鏡〉（冠首）、〈梅雨〉（鶴頂格）、〈秋夜〉（鶴頂格）、〈迎寒〉（鶴頂格）、〈多日〉（鶴頂格）。其中鶴頂格六次，鶴頂格和鳳頂格作法相同，只是名稱不同而已，雙鉤格三次，冠首格、蜂腰格、龍尾格、魁斗格、分咏格各一次，可見該社的詩鐘寫作較重視一唱，鶴頂格、冠首格合計七次，佔據總次數十四次的一半。

　　詩鐘源起福建，每作一題，以鐘鳴爲限，故稱詩鐘〔註70〕。清同治年間已傳至臺灣，光緒年間，由臺南的「裴亭吟會」正式引進，甚得文人喜愛，廣爲流傳，東明吟社能衍續詩鐘於蘭陽地區，堪稱漢學的持續推廣者。

　　日治時期蘭陽詩社對於漢文化的保存與推廣，除上述表現於漢詩寫作外，其它一些相關活動亦含有深意。中國文人慣例尊崇至聖先師孔子和文昌帝君，一儒一道，緣孔子傳授儒學禮教，而道教信徒認爲文昌帝君主管士子功名。斯文界向來有「南文昌北孔子」的說法，孔子爲山東人，因爲地緣關係，故大陸北方讀書人較尊崇孔子，南方文人比較熱衷求取功名，故偏重文昌帝君。清代仰山書院和仰山社均設置於文昌宮東側，正是凸顯對文昌帝君的尊崇。宜蘭文昌宮管理委員會〈宜蘭文昌宮沿革簡介〉寫道：「嘉慶廿三年（1824）通判高大鏞，有鑑孺子之精神所託倡建宮廷，奉祀主神文昌帝君。……清朝時代開科取士，秀才考試，試場設在文昌宮仰山書院。」〔註71〕迨日治

〔註70〕陳丹馨，《臺灣光復前重要詩社作家作品研究》，東吳大學中文系碩士論文，1991年，頁257。

〔註71〕宜蘭文昌宮管理委員會，〈宜蘭文昌宮沿革簡介〉（宜蘭：宜蘭文昌宮，1993年）。

時期 1914 年，前清廩生林拱辰，特意選在文昌宮畔的仰山書院和仰山社故址成立仰山吟社，明顯具有傳承和持續推廣漢文化的意義，昭告世人不畏異族統治，意欲延續儒家香火於不輟。

上述是析論仰山吟社與文昌帝君信仰的關係，以下則是崇祀孔子的淺敘。依據《宜蘭市志・教育篇》記載：「日治之後，原清代應有的官方祀典，概由仰山社出面承應，成為傳統文人寄情的最重要場合，而日人官員為了籠絡臺籍文人，也多願參與其事。」〔註72〕清代依例每年由蘭陽地方官府祭孔，日本政府基於統治關係，崇祀日本神道教的神社，不便由官方主辦祭孔，但日本人仍然是尊敬孔子的，而且日本官員為了籠絡臺籍文人，故將祭典交由民間組織的仰山吟社承辦，日人也多願意參與其事。

宜蘭孔廟原先位處縣治巽門，創建於清同治八年（1869）十一月，至光緒四年（1878）落成，民國四十五年（1956）十二月二日遷至宜蘭市新興路現址〔註73〕，見圖六、宜蘭孔子廟。日治時期宜蘭孔廟的祭孔大典由仰山吟社承辦，陳長城〈宜蘭仰山吟社沿革〉指稱：「日據時代仰山吟社的經費雖困難，但成員工作卻很多，他們負責每年八月上丁日祭孔、文武廟祀典、祭大魁夫子、聖蹟亭（在西門）收集字紙火化等。」〔註74〕仰山吟社社員要負責每年一度的祭孔大典、文武廟祀典、祭大魁夫子，還要辦理聖蹟亭敬惜字紙收集火化的工作，然而這些都是傳統漢文化的象徵，也就是說仰山吟社肩負持續推廣漢學的重責大任。

大正十年（1921）三月十七日的《臺灣日日新報》有一則〈恭送聖蹟〉報導：「以外仰山吟社各社員等，俱為與祭，行三獻禮，禮畢，恭送聖蹟，詩意藝閣音樂六百餘隊，沿途觀者，人山人海，壅塞不開，自領臺後，恭送聖蹟，如此繁鬧，當以此番為嚆矢。」〔註75〕這是一則恭送聖蹟大典的寫實報導，文中稱讚此番為日人領臺後恭送聖蹟盛典之嚆矢，仰山吟社對於漢文化的護持確實盡到心力。

以上是蘭陽溪北地區詩社維持與推廣漢學的情形，溪南地區詩社情況又是如何，前已述及東明吟社在昭和九年（1934）六月十日上午九時，假羅東

〔註72〕林正芳，《宜蘭市志・教育篇》（宜蘭：宜蘭市公所，2005 年），頁 53。
〔註73〕同上註，頁 53～55。
〔註74〕陳長城，〈宜蘭仰山吟社沿革〉，《臺北文獻直字》，109 期（1994 年 9 月），頁 143。
〔註75〕〈恭送聖蹟〉，《臺灣日日新報》，1921 年 3 月 17 日，第六版「蘭陽特訊」。

公會堂舉行創社發會式，隨即舉行大成至聖先師孔夫子奉告祭〔註 76〕，稟報孔子東明吟社加入儒教、漢學薪傳行列，從此以後和溪北地區的仰山吟社、登瀛吟社三雄鼎立，共同宣傳詩學，傳承儒學，闡揚禮教。羅東孔子廟由文宗社於明治三十三年（1900）集資興建於義和里，敦請前清秀才黃熾駐廟教授漢學，民國五十五年（1966）遷建北成街十八號現址，翌年六月十日落成〔註 77〕，見圖七：羅東孔子廟（文宗社）。陳長城〈宜蘭仰山吟社沿革〉稱：「羅東秀才賴義楨、三星秀才黃熾（玉屛）、三星秀才林維新也於羅東文宗社（今羅東孔子廟）成立東興吟社。」〔註 78〕經查「臺灣詩社資料庫」，發現桃園有一東興吟社〔註 79〕，但羅東東興吟社不見於其它文獻，陳長城亦未註明資料來源，孤本難以取證，羅東是否確有東興吟社姑且存疑，尚待蒐集更多史料才能正確判斷，但溪南地區羅東、三星文人也努力保存漢文化，是可以肯定的。

　　綜上所述，由所列諸項事實觀察可以發現，日治時期蘭陽詩社和傳統儒家的糾葛千絲萬縷，最終目的無非就是要延續漢文化，抵抗日本殖民統治的皇民化，戮力賡續漢學。

第三節　鄉紳文士的雅集

　　清領初期詩社數量較少，加以交通不便，詩社活動大多爲單一詩社社內吟詠，偶有詩友來訪則盡興觴詠，少有社際詩會聯吟，多以課題詩、閒詠爲主，迨光緒十五年（1889）唐景崧任臺澎兵備道，於臺南官署成立「裴亭吟會」，引進閩地擊缽吟，公餘邀僚屬及當地文士雅集吟詠，喜作詩鐘，光緒十七年（1891）唐贊袞將諸人作品輯爲《詩畸》一書，廖一瑾《臺灣古典詩選、詩集、詩社與詩人》認爲「裴亭鐘聲，爲臺灣擊缽吟之嚆矢。」〔註 80〕

〔註 76〕《臺灣日日新報》，1934 年 6 月 15 日，第四版。
〔註 77〕中華綜合發展研究院應用史學研究所總編纂，《羅東鎮志》（宜蘭：羅東鎮公所，2002 年），頁 467。
〔註 78〕陳長城，〈宜蘭仰山吟社沿革〉，《臺北文獻直字》，第 109 期（1994 年 9 月），頁 143。
〔註 79〕「臺灣詩社資料庫」，網址：http://xdcm.nmtl.gov.tw/twp/c/c01.htm,2015/02/15, 00:30AM。
〔註 80〕廖一瑾，《臺灣古典詩選、詩集、詩社與詩人》（臺北：文津出版社，2013 年），頁 76。

其後流行全臺，日治時期更爲蓬勃，蘭陽地區亦興起鄉紳文士雅集之風。

　　《孟子・梁惠王下》曰：「獨樂樂，與人樂樂，孰樂？」，曰：「不若與人。」曰：「少樂樂，與眾樂樂，孰樂？」，曰：「不若與眾。」〔註81〕千百年來，「獨樂樂不如眾樂樂」的說法，被文人奉爲圭臬，也成爲詩人結社的原因之一。晉有王羲之「蘭亭集」，唐有李白「春夜宴從弟桃花園」，古風相沿成習，以文會友進行雅集，無疑是蘭陽詩社成立的重要原因之一。

　　蘭陽詩社提供在地文人雅集平臺，文人經由詩社集會結交本地詩友，甚至外地詩友，擴大交遊層面，互通聲息，增進文人間的聯誼。由單一詩社擴及整個蘭陽地區宜蘭、羅東、蘇澳三郡，例如宜蘭街仰山吟社、頭圍庄登瀛吟社、羅東郡東明吟社、蘇澳郡詩人間的聯吟。再擴大至臺北州，涵蓋臺北、基隆、宜蘭地區，例如臺北州下臺北市、七星郡、淡水郡、基隆郡、宜蘭郡、羅東郡、蘇澳郡、文山郡、海山郡、新莊郡等地詩社的「北州聯吟」、「北部同聲聯吟會」。還有擴大至整個臺灣東部，例如基隆郡、宜蘭郡、羅東郡、蘇澳郡、花蓮港廳、臺東廳的「東臺灣詩社聯合會」。更擴大至五州三廳全島聯吟，例如臺北州、新竹州、臺中州、臺南州、高雄州、花蓮港廳、臺東廳的「全島詩人大會」。

　　日治時期蘭陽詩社的活動方式，不出臺灣詩社間傳統模式，分別爲擊鉢吟、課題詩、徵詩、詩鐘、閒詠等項。詩社往往爲節省時間和金錢花費，只辦理「徵詩」不開吟會。「課題詩」有的搭配擊鉢吟詩會，也有純粹例課不集會。擊鉢吟則屬於雅集形式，雅集可以是創社雅集、社內例會、數社聯吟、隨興雅集、特別性聚會，方式不一，普受詩人喜愛。特別性聚會，例如歡迎會、慰勞會、洗塵會、追悼會、新居落成、朋友來訪……等等，名目繁多，只要興致來了就可以邀集詩朋雅集吟詠。

　　依據謝崇耀《日治時期臺北州漢詩文化空間之發展與研究》整理彙集結果，將日治時期宜蘭街漢詩活動按照目的分爲下列五種：聯吟例會、祝賀紀念、送往迎來、即興雅集、課題徵詩〔註82〕。例如《臺灣日日新報》報導即興雅集十二次：一、一九一五年十一月六日，〈祝聖夜會〉。二、一九一六年二月二十六日〈元宵詩會〉，以〈春雨〉、〈春宵〉爲題。三、一九

〔註81〕謝冰瑩等編譯，《新譯四書讀本》（臺北：三民書局，2003年），頁335。
〔註82〕謝崇耀，《日治時期臺北州漢詩文化空間之發展與研究》，中正大學中文系博士論文，2010年，頁197。

一七年一月十二日〈宜蘭詩會〉，小松吉久廳長以新年爲課題，限十分鐘各成七律一首。四、一九一八年十月十九日，〈登高雅會〉。五、一九一九年一月十二日〈文人雅會〉，〈春曉〉爲題。六、一九一九年三月十二日，於枕頭山上開〈擊缽吟會〉。七、一九二一年三月十七日〈恭送聖蹟〉後開詩會，首題〈尋梅〉、次題〈春寒〉。八、一九二四年一月八日〈文人雅興〉，黃再壽氏博學多才，素好漢詩，因鑑邇來文運不振，故擬於近日間邀集蘭陽詩人，假宜蘭信用組合樓上開擊缽吟會。九、一九二四年七月，宜蘭文社陳金波氏以六月十八日柬邀蘭社、吟香社、登瀛社、光文社等社友，泛舟西川之河以開吟會，題爲「水中天」。十、一九二四年十月，蘭社（宜蘭）以九月十四日，假碧霞宮開觀月會。首唱「關壯繆」，次唱「秋興」。十一、一九二五年十月二日，〈蘭社觀月會〉中秋夜對月高吟。十二、一九二七年三月三十一日，蘭社張振茂折柬邀請詞友春宴。以上資料來自謝崇耀〈日治時期宜蘭街漢詩活動大事記〉〔註83〕。

　　雅集形式不拘，但一定得推舉詩壇前輩或能詩高手擔任詞宗評定甲乙。視集會人數多寡決定詞宗推選方式，通常有兩位評審，分任左、右詞宗，較年長者爲左詞宗，較年輕者爲右詞宗，名次排定方式有二，左右分選或左右合點計算。大型詩會則有三位詞宗，分別爲天詞宗、地詞宗、人詞宗，依年齡高低排序，年紀最長者爲天詞宗，次爲地詞宗，再次爲人詞宗，評選結果名次排比，則採用三位詞宗評選結果合點計算。茲舉例說明，譬如《詩報》創刊號登載：

　　　登瀛吟社　　第四回擊缽吟錄

　　　〈政潮〉　　張一泓、張鶴年、莊贊勳合選

　　　一　　　盧纘祥

　　　美雨歐風日日新，政潮到處浪成銀；

　　　欲將宦海波瀾挽，誰是中流砥柱人。〔註84〕

從上述報導引文可知下列事項：一、這是一首登瀛吟社第四次舉辦擊缽吟選出的詩。二、詩體：七言絕句。通常擊缽吟多爲七言絕句，偶有五言律詩或七言律詩，五言絕句甚少，幾近沒有。三、詩韻：押上平聲十一眞韻。四、

〔註83〕謝崇耀，《日治時期臺北州漢詩文化空間之發展與研究》，頁197～202。

〔註84〕〈登瀛吟社第四回擊缽吟錄〉，《詩報》創刊號（1930年10月30日），頁4。

詩題：〈政潮〉。五、詞宗：張一泓、張鶴年、莊贊勳等三人。按照詩會慣例依序為天詞宗、地詞宗、人詞宗，故知張一泓年歲最長為天詞宗，張鶴年次之為地詞宗，莊贊勳則年紀最輕為人詞宗。六、第一名：盧纘祥。三位詞宗評選結果合點計算成績，由盧纘祥得到第一名，也就是擊缽吟通稱的狀元，所以這場詩會是由盧纘祥掄元。上述是合點計算的例子，再舉一左右分選的例子如下，譬如《詩報》第二號登載：

> 登瀛吟社擊缽吟錄
>
> 〈柳眼〉　　詞宗陳子經、莊方池選
>
> 左一　　夢梅
> 記取三眠後，空留冷淡衷；畫眉京兆異，獻媚美人同。
> 意托煙波外，青垂指顧中；憐香真有癖，一笑醉春風。
>
> 右一左十　　夢竹
> 最好春初柳，腰纖到處同；眉因風乍展，眼為雨才融。
> 轉瞬青垂地，凝眸綠映空；苑南千萬樹，曾繞漢皇宮。〔註85〕

從上述報導引文可知下列事實：一、這是兩首登瀛吟社主辦擊缽吟選出的詩。二、詩體：五言律詩。三、詩韻：押上平聲一東韻。四、詩題：〈柳眼〉。五、詞宗：陳子經（1871～1932）、莊方池（1894～1970）兩位，陳子經較年長為左詞宗，莊方池較年輕為右詞宗。六、第一名：因為左右詞宗分選，所以有兩個第一名，通常稱為左元（狀元）、右元，左詞宗年長於右詞宗，所以左元排名在右元之前。同理，一場詩會裏有兩位第二名、第三名，分稱左眼（榜眼）、右眼，左花（探花）、右花，第四名以後同樣各有左右兩位。在這個例子中，夢梅得到左一，所以是左元，為何沒有右詞宗評選名次，通常有可能是落選，但此例不是，因為夢梅是莊方池的號，右詞宗依例迴避，不能自我評選以示公正。夢竹得到右一左十，所以是右元，但左詞宗只評為第十名。七、詩人喜歡使用字號代替本名。夢梅是莊方池的號，夢竹則是劉枝昌（1904～1945）的號。

　　從上述舉例，可以知道詩人雅集的模式和遊戲規則。被推舉為詞宗者，儼然才高一等，足以擔任文字遊戲的裁判，眾人服膺其才學。詞宗必須迴避，確實做到公正性、公平性。詩作入選者，第一、二、三名，比照科舉制度，

〔註85〕〈登瀛吟社擊缽吟錄〉，《詩報》2號（1930年11月27日），頁8。

通稱狀元、榜眼、探花，彷彿回到昔日科場，令文人滿足榮耀感，故樂此不疲，經常藉機舉辦大小詩會雅集。

另有兩種雅集，則是唱和或聯句，不設詞宗評選詩作，純粹聯誼。例如：

〈昭和十七年三月六日宴請高肇藩先生於凌雲閣席上聯句〉

以齒為序

詩仙何幸到蘭來（古莊），訪舊論文亦快哉（肇藩）。

魯殿靈光人共仰（樹木），燕臺駿骨眾推才（迺西）。

文星朗朗中心悅（璇衡），花絮飛飛笑口開（肇藩）。

吩咐東明諸墨客（仁閣），溪山藻繪漫相催（子敬）。

倒疊

賓朋相見把詩催（古莊），鄰舍櫻花映日開（肇藩）。

柳絮亦知迎貴客（迺西），車聲似解送賢才（仁閣）。

插秧雨足春深也（樹木），伐蔗風微畫永哉（子敬）。

吾醉欲眠君莫笑（璇衡），夕陽曳杖賦歸來（肇藩）。〔註86〕

這是兩首聯句律詩，押十灰韻，參與聯吟詩友有古莊、高肇藩、張天眷（迺西）、莊贊勳（仁閣）、樹木、子敬、璇衡等人，高肇藩來訪東明吟社，張天眷等人於凌雲閣接待，觴詠聯句，仿古人柏梁聯句之興。第二首倒疊前首韻腳，描繪春景，柳絮迎賓，興致淋漓，落日西斜始賦歸。再如〈夢鶴菴雅集〉七言古詩：

〈夢鶴菴雅集〉　　　夢鶴、杏洲、荷生、仁閣

幸喜詩人聯袂來（夢鶴），煩君盡夜綺筵開（杏洲）。

一生愧乏青蓮志（荷生），滿腹牢騷托酒杯（仁閣）。

攜節信步到員山（仁閣），藉酒消愁俗慮刪（杏洲）。

但願騷人長駐蹕（夢鶴），叨厚意感千般（荷生）。

飛觴醉後繼詩敲（杏洲），老我庸庸學未拋（仁閣）。

好語瀛東諸墨客（荷生），痴聾裝假任調嘲（夢鶴）。〔註87〕

莊贊勳（仁閣）、杏洲、荷生三人相偕到林玉麟府邸「夢鶴菴」作客，盡夜綺筵開，濁酒消俗慮，聯句賦詩，作七言古體，四句一轉韻，先押上平聲十灰

〔註86〕《詩報》270號（1942年04月20日），頁11。

〔註87〕《風月報》55期（1938年01月01日），頁32。

韻，繼轉十五刪韻，再轉下平聲三肴韻。飛觴醉敲詩，得滕王閣之雅趣。又
如仰山吟社唱和錄〈席上贈鰲峰社兄〉諸詩：

〈席上贈鰲峰社兄〉　林玉麟（夢鶴）

纏綿綺恨奈何之，天遣香巢偶遇時。

一語與君須寄取，傷心無藥療相思。

次韻　　　　　　　林本泉（淵源）

相逢孽債奈何之，底事傷心憶昔時。

願汝鍾情同杜牧，莫教辜負美人思。

○　　　　　　　　　李抱罕

久謝歡場任所之，重逢偏在月明時。

夢魂馳遠無消息，今夕奚堪話舊思。

○　　　　　　　　　吳英林（松籟）

旗亭邂逅意何之，舊恨重重共訴時。

願子花旛來早護，免教碧玉夢猶思。

〈席上答諸社兄〉　蔡老柯（鰲峰）

風雅人非杜牧之，綠陰滿地立多時。

重逢莫說傷心事，且把瓊漿寄所思。〔註88〕

以上是仰山吟社詩友唱和情形，林玉麟（夢鶴）、林本泉（淵源）、吳英林（松
籟）、蔡老柯（鰲峰）、李抱罕等人旗亭酬唱，紅裙侑酒，鰲峰重逢舊愛，詩友
贈詩「願汝鍾情同杜牧，莫教辜負美人思。」，鰲峰答贈「風雅人非杜牧之，
重逢莫說傷心事。」詩人並各贈詩女校書春子、鳳嬌、愛子：夢鶴〈贈春子〉，
淵源、抱罕、英林次韻，鰲峰〈次贈春子韻轉贈愛子〉；夢鶴〈贈鳳嬌〉，淵源、
抱罕、英林、鰲峰次韻；夢鶴〈贈愛子〉，抱罕、英林、鰲峰次韻，頗有唐人
攜伎雅集之風，也承襲日本人酒國藝妓文化。當中鰲峰兩贈愛子，引人遐思。

　　早期創立詩社，緣於懼怕日人消滅漢文化的危機感，雅集著重發揚民族
意識，振興漢學，推廣漢文化，雖然詩的品質和古人不能比，至少還注意民
族氣節，但是由於日本政府籠絡臺灣文人手段成功，文人漸失戒慎恐懼之心，
詩社活動變質，雅集逐漸走向通俗化、娛樂化、競技化、交際化，文人只重
交誼，爭取虛名，雖然如此，還是在文字遊戲中把漢文化傳承下來。

〔註88〕《詩報》209 號（1939 年 9 月 17 日），頁 15。

第四節　側身政治的附庸

　　彭懷眞（1958～）在〈產官學信任格局、皇權的限制、郭臺銘的機會〉
一文中寫道：

> 費孝通在《鄉土社會》裡提醒：總是有四種力量的運作在主導我們
> 生活的世界。……這四種權是：皇權（代表政府）、紳權（地方領袖
> 與民意代表）、幫權（黑道勢力或結社）、民權（人民的組織或民眾
> 的力量）。四者之間有相互較勁，以各種方式結盟或對抗，每一股力
> 量從內圈向外擴散，由親而疏、由近而遠、由濃到淡、由交情深到
> 泛泛之交，呈現清楚的差序。〔註89〕

由此段引述可以驗證日治時期的臺灣，當時的鄉土社會上也同時存在著四種
力量：皇權、紳權、幫權、民權。此一時期的皇權就是代表日本天皇的臺灣
總督府，為了控制廣大的人民（民權），於是和紳權（獲有清朝功名者及社會
菁英）結盟，也就是利用前朝遺老，組織詩社（幫權），頒發紳章和舉辦揚文
會以籠絡文人，不時和臺籍詩人酬唱，舉辦全島詩會聯吟時總督往往親臨。

　　蘭陽地區的皇權代表，就是指在地的廳長、郡守等官僚，以及校長、日
籍教師等。紳權則是楊士芳（1826～1903）、李望洋（1829～1903）、陳書、……
林拱辰（1865～1935）等一班前清進士、舉人、秀才等獲有功名者，幫權則
有仰山吟社、登瀛吟社、……東明吟社等詩社及其社員，也就是說日本殖民
政府當局藉由這些詩社和文人的影響力，進行操控民間社會，達到穩定統治
之目的。例如第四任宜蘭廳長小松吉久，曾作〈蘭陽客舍題壁〉一詩：

> 此地居官記昔時，重來題壁感淋漓。
>
> 白頭父老應相識，認取孤松醉後詩。〔註90〕

首句說自己曾在宜蘭供職、居住過，拉近與「白頭父老」的距離，末句「認
取孤松醉後詩」說他酒醉賦詩，按照經驗法則應該是與父老聯歡酒醉，不會
是自己一個人喝醉。印證其居官時即與蘭陽文士交往，拜曾任仰山吟社社長
的林拱辰為師學習漢詩〔註91〕，至於交往目的，除個人喜愛漢詩附庸風雅外，

〔註89〕彭懷眞，〈產官學信任格局、皇權的限制、郭臺銘的機會〉，《聯合報》，2014
　　　　年4月18日，A18版。

〔註90〕張振茂，《茗園集》（宜蘭：張振茂，未著撰年），宜蘭縣史館藏影本，頁83。
　　　　又見《臺灣時報》，1925年5月1日。

〔註91〕陳麗蓮，《蘭陽地區傳統文學研究（1800～1945）》，頁324。

實緣於公務上需要，藉機親近和操控地方菁英，減少施行政務阻力，遂行統治目的。

　　日治時期蘭陽地區文人喜好詩而偏廢詞、賦、散文，和當時臺灣古典文學氛圍相同。根據臺灣文學史長編 8《一線斯文：臺灣日治時期古典文學》一書調查指出，日治時期臺灣詩社和文社、詞社比數是 273：3：2〔註92〕，由社數懸殊比例，可以看出詩社重要性，該書對此事作如下敘述：「日本人以『漢詩』題材籠絡文人，……對於統治者而言，『詩社』更是聯繫臺灣文人與在臺日人的橋樑，也因此促使詩社大興，在某種程度上具有政治運作色彩。」〔註93〕蘭陽地區除詩社以外，並無詞社存在，重要文人聚集在詩社中，當然日本人更需操控詩社，作為蘭陽地區文人與在臺日人間橋樑，並藉由詩社間接控制地方事務，牢牢掌控政局。

　　蘭陽地區詩社如何被日本當局掌控，試舉一例，「蘭社」的成立即是操控在日人手中，據大正十二年（1923）十一月二十三日《臺灣日日新報》刊載〈蘭社發會式〉新聞：「蘭陽三郡下諸吟社，自數年前屢經提唱聯合，因事未能實現。者番承內田督憲東巡之機，光文社及仰山社諸幹部，出為奔走，得各社之贊襄，遂見蘭社之成立。於去十八日午後一時，假宜蘭公會堂，舉發會式。」由上文觀察，足見詩社能否成立，完全取決於日本當局，在獲得內田總督同意下，蘭社才得以排除萬難順利創社。前述報導稱「蘭陽三郡下諸吟社，自數年前屢經提唱聯合。」依文義判斷，蘭社應該具有蘭陽地區詩社聯合社的性質，蘭社發會式「選舉役員，共推呂子香為社長。」〔註94〕社長呂子香，據鷹田取一郎所編《臺灣列紳傳》記載：「呂桂芬，字子香，號丹義，職貢生呂用賓第四子。……前朝准補府學廩膳生。明治二十九年（1886）三月推舉勸善局長。……三十年（1887）四月授佩紳章。三十一年（1888）囑託 150 宜蘭支部幹事，同年十二月舉為賑濟局主事。三十二年（1889）五月，任命宜蘭公學校教師。」〔註95〕由上述引文可知，呂桂芬（子香）與日本當局關係良好，甘為所用，出任蘭陽地區詩社聯合社社長，總綰蘭陽詩界，日人正好利用他操控全局。

〔註92〕文社：崇文社、臺灣文社、高山文社。詞社：巧社、小題吟會。見顧敏耀、薛建蓉、許惠玟，《一線斯文：臺灣日治時期古典文學》（臺南：國立臺灣文學館，2012 年），頁 267、235～237、242。

〔註93〕同上註，頁 240。

〔註94〕《臺灣日日新報》，1923 年 11 月 23 日，日刊 6 版。

〔註95〕鷹田取一郎編，《臺灣列紳傳》（臺北：臺灣總督府，1916 年），頁 65。

　　蘭陽地區的日本官員，爲掌控地方菁英，特意參與詩人活動，和文士鄉紳時相酬唱以建立交情，宜蘭廳長小松吉久便是一例。譬如《臺灣日日新報》有二則相關報導：

一、大正三年（1914）九月七日報導：「〈詩人歡迎太守〉：宜蘭廳下諸士子，以去二十九日，在南門外公共埤圳樓上，肆筵設席，歡迎小松吉久廳憲討蕃成功。是日午後六時開席，衣冠楚楚、薈集一堂，來賓自小松吉久廳憲、宮本宇敷兩課長，以下十餘名，主人總代莊仁閣，起述開會之旨，次提出詩題爲〈祝小松太守討番成功〉，得七言絕律五六十首。」〔註96〕這則報導，敘明以莊仁閣爲首的詩人設宴款待小松吉久，爲其慶功並開吟會，充分表露雙方的好交情，小松吉久可能已擄獲詩人的心，也可能只是詩人表面上的政治表態而已。

二、大正六年（1917）一月十二日報導：「〈宜蘭詩會〉：六日午後五時，宜蘭埤圳樓上有仰山吟社主開詩會，自小松吉久廳憲及各官衙團體長，亦多與席。廳長以新年爲課題，限十分鐘，各成七律一首，一時吟聲如湧，而廳參事莊贊勳、民壯圍區長林吳庚兩氏，各以流暢國語，在席上敘禮，小松吉久廳憲亦爲一場演說，至散會已九時許。」〔註97〕這則報導爲小松吉久等官員應邀出席仰山吟社詩會，值得注意的是，「各以流暢國語，在席上敘禮，小松吉久廳憲亦爲一場演說。」可見日本人對臺籍文人的同化已獲致相當成果，詩人能聽能說國（日）語，操控文人顯已獲得一定成效。

　　日本當局對詩社並非放任不管，而是基於統治目的，給予控制下有限度的自由，不可牴觸其殖民政策，曾今可〈臺灣的詩社〉寫道：「《櫟社第二集》因內容有懷念祖國，不滿日人壓迫之意，當時即被臺灣總督府全部沒收。」〔註98〕日本殖民政府爲操控菁英階層，第二任總督桂太郎（1848～1913）提出「紳章制度」，第三任總督乃木希典（1849～1912）繼任後，於明治二十九年（1896）十月二十三日以府令第五十號頒布「臺灣紳章條規」〔註99〕，規定臺灣人民

<hr>

〔註96〕《臺灣日日新報》，1914 年 9 月 7 日，日刊第 4 版。
〔註97〕《臺灣日日新報》，1917 年 1 月 12 日，日刊 6 版。
〔註98〕曾今可，〈臺灣的詩社〉，《中國一週》，945 期（1968 年 6 月），頁 23。
〔註99〕「臺灣紳章條規」主要三條規定如下：
　　1. 所有臺灣人民中有學識或有資望者照本條規給予紳章服佩。
　　2. 其紳章只准本人使用。
　　3. 領紳章者嗣後遇有劣跡不合之事則追回該章。

中，有學識、資望者，給與紳章。總督府慎重其事，直到明治三十年（1897）五月才頒發紳章，藉紳章制度收買士紳。配授紳章的標準有三項：學經歷、資產、威望，通過審核後頒發，按照頒發標準看，顯然是針對上層菁英份子和清朝遺老，一般百姓難以獲得。

臺灣總督府民政長官下村宏（1875～1957），於《臺灣列紳傳》序文中指出：

> 紳章條規優卹前朝遺賢，並勸獎鄉黨模楷，……今算所授紳章，自條規設定之始，以迄今日，鄉賢莊者、鴻儒碩德、俊彥忠良、豪俠義烈等，凡一千有餘名〔註100〕。

《臺灣列紳傳》用士紳姓氏和出生地做分類以利查詢，除詳述授佩紳章士紳之生平、事蹟及住址外，更加以詳述對日本當局的貢獻、協助，宣揚意味十分濃厚。宜蘭廳授佩紳章之士紳共八十二人，黃友璋、李膺元、吳如洋三人犯錯追回紳章，剩下七十九人，多為獲有清朝功名者，或日治時期擔任區長、保正、庄長等公職者。其中和詩社有關者計九人，仰山吟社三人：莊贊勳、林拱辰、莊及鋒；登瀛吟社二人：陳書、鄭騰輝；東明吟社一人：陳純精；吟香社一人：張鏡光；蘭社一人：呂桂芬；夙馳名騷壇一人：林維新。詳見表4-1：日治時期蘭陽詩人授佩紳章名冊。

《臺灣列紳傳》編者鷹田取一郎在該書凡例寫道：

> 我朝紳章之制，惟是以優卹遺賢，慰撫逸民，兼獎德化，維持風教也。凡士大夫居鄉而曾經官職科第者，竝文學德行，民族富豪，孰咸享斯特典。苟佩紳章者，閭境仰為模楷，上下靡不敬信。〔註101〕

該凡例毫不掩飾紳章制度目的，明白揭示懷柔手段，用「紳章」籠絡士紳，配合舉辦「揚文會」，確實達到預期效果。蘭陽地區雖然有部分文人懷有反日意識，如蔣渭水之輩，先成立「臺灣文化協會」，再成立「臺灣民眾黨」與日人抗爭，但也有部分文人以詩社作為終南捷徑，藉著酬唱機會接近日本人，曲意奉承日本官僚，謀取自身利益。像登瀛吟社首任社長陳書就與日本人維持良好關係，陳麗蓮在《畏勉齋詩文集・編輯序言》指出：「陳書詩作中有許多和日人酬贈的作品，如西鄉廳長、隱歧署長、鈴木香石、川久保才二、鳥取宗次郎等人」〔註102〕。由此可知詩社成立對在地文化的意義很複雜，並非

〔註100〕鷹田取一郎編，《臺灣列紳傳》（臺北：臺灣總督府，1916年），序。
〔註101〕同上註，頁1。
〔註102〕陳書著，陳麗蓮編，《畏勉齋詩文集》（宜蘭：頭城，2010年），頁46。

只有延續漢學、發揚民族意識那樣單純。陳書於明治三十年（1897）四月授佩紳章，三十三年（1900）拜命頭圍公學校教師〔註103〕。

仰山吟社林玉麟不認同紳章，他寫了一首詩〈有感〉嘲笑獲頒紳章者：

> 婢膝奴顏最可嗤，送迎發起善奔馳。
>
> 紳章鎮日胸前繫，空博虛名嚇小兒。〔註104〕

一樣是蘭陽地區詩人，卻有兩種不同風骨，林玉麟嘲弄吳書之流，「紳章鎮日胸前繫，空博虛名嚇小兒。」胸前掛紳章只合嚇唬小孩，不值識者一笑。

陳書《畏勉齋詩文集》中有〈新制頌〉兩首七言律詩，對日本殖民政府極盡歌功頌德之能事：

> 久沾皇化遍南濱，又遇田公布至仁。
>
> 共學實施無畛域，合群自治見天真。
>
> 恩加海國陽春月，頌起民間擊壤人。
>
> 市郡州廳齊奏績，臺灣同化得平均。
>
> 改隸於今二六年，文官總督永稱田。
>
> 五州政治開同化，三市猷爲喜共詮。
>
> 民智啓斬宜團結，官聲整肅慶班聯。
>
> 臺疆制度公而溥，仰答皇仁一視然。〔註105〕

第一首詩中第二句「又遇田公布至仁」，以及第二首詩中第二句「文官總督永稱田」，該「田公」、「田」均指第八任總督田健治郎。歌頌其頒布「新臺灣教育令」，第一首詩中第三句「共學實施無畛域」，讚揚其實施「日臺共學」。田健治郎的「同化政策」，也在第二首詩中第三句「五州政治開同化」得到讚美。第一首詩中第一句「久沾皇化」，第二首詩中第八句「仰答皇仁」則爲向天皇輸誠，不知是政治表態還是誠心效忠，或許礙於政治環境不得不如此，這兩首詩充斥對殖民政府的景仰，和當初創立詩社宗旨背道而馳。

陳書又在〈祝滿廿年始政紀念日〉一文中寫道：

> 爆竹之聲，又喧熱於都市，僉曰：「此吾臺最大幸福之日也，舉欣欣
>
> 然有喜色而相告焉。」……六月十七日，又新政開始之日也。……
>
> 反歡悅於此日。苟非政教之美。實超越前代，樂利之遺。廣飫黎庶，

〔註103〕鷹田取一郎編，《臺灣列紳傳》，頁70。

〔註104〕《詩報》16號（1931年7月15日），頁15。

〔註105〕陳書著，陳麗蓮編，《畏勉齋詩文集》，頁224～225。

烏能致此。……況臺灣三百餘萬生靈，胥於此日沐我皇化，焉可不
紀念，而書曰而於始政。……固不獨爲世界植（殖）民之模範。……
吾臺之民，何可不念而紀之於心。……大變前清之統治，足以令人
驚嘆而感慕。〔註106〕

文中充滿對日本殖民政府的感激，一再歌頌日本當局，對「皇民化」不但不
排斥反而沾沾自喜。亦即詩社成爲日本當局操控工具，歷經高壓統治和懷柔
政策交互運用，文人產生馴化現象，此一情形，江寶釵在《臺灣古典詩面面
觀》已有論及〔註107〕。一些文人不再擁有當初的反日意識，逐漸修正立場，
進而偏向日本當局，黃美娥在《古典臺灣：文學史・詩社・作家論》中提出：
「某些詩社中人的『遺民意識形態』不再固守漢土，而與詩社原有的民族意
識形態疏離了。」〔註108〕文人產生兩種截然不同的思維，一是對血緣文化祖
國的認同，一是對政治殖民母國的效忠，這種矛盾不僅存在於詩社中，透過
菁英階層也影響到社會大眾，甚至留傳到後代。

　　日治時期部分文人懷有媚日親日思想，經由家庭教育影響下一代，甚至
是更下一代。時至今日，某些宜蘭人仍存有媚日親日思想，這種現象，不知
是否受到日治時期部分詩社成員遺留思想所影響，沒有學者研究調查數據可
供佐證，未敢妄下結論，留待有心人士進一步研究。不過，李筱峰在《臺灣
史101問》中引述學者林呈蓉看法：「部分皇奉運動下的社會價值觀，即使在
戰後仍以不同的語言、型態繼續被傳承下去，並逐漸內化成臺灣社會精神內
涵之一環。」〔註109〕這種說法和本文論述有相似之處，亦即「皇民化」確實
影響到當時臺灣社會，這股「日本精神」留傳到今日，「成爲美國《時代》雜
誌所形容的臺日兩國關係是『沉默的夥伴』下，一項重要的交流平臺。」〔註
110〕連美國人都觀察到日治時期遺留下來的影響力，足證其影響之深遠。

　　綜上所述，日治時期蘭陽詩社對在地文化之意義，經由資料探討分析，
得到下列結論：蘭陽地區詩社的確有盡到發揚民族意識、持續推廣漢學的作
用，也成爲蘭陽鄉紳文士雅集處所。無可諱言，蘭陽詩社創立後，逐漸變質，

〔註106〕陳書著，陳麗蓮編，《畏勉齋詩文集》，頁348。
〔註107〕江寶釵，《臺灣古典詩面面觀》（臺北：巨流圖書公司，1999年），頁77～79。
〔註108〕黃美娥，《古典臺灣：文學史・詩社・作家論》（臺北：國立編譯館，2007年），
　　　　頁197。
〔註109〕李筱峰，《臺灣史101問》，頁235。
〔註110〕同上註。

由最初具有神聖使命感，淪爲擊缽吟文字遊戲、交友聯誼平臺，最後更成爲日本當局政治操控的工具。但有一點可以確認的事實，就是在日本同化政策與皇民化教育雷厲風行下，漢文化藉由詩社創立和發展得以保存，此事在蘭陽地區傳統詩社得到驗證。

第五章　結　論

　　回顧公元 1895 年至 1945 年日本殖民統治臺灣五十年間，蘭陽地區傳統詩社得以異常興盛，有其特殊背景和時代意義存在。臺灣海嶠孤懸，遠離中原僻處一隅，近體詩竟然如此蓬勃發展，幾乎是唐宋以來僅見，詩社興盛情形遠勝過唐宋。唐代詩社方興，數量有限，宋代詩社雖較為興盛，惟大陸學者歐陽光《宋元詩社研究叢稿》一書，依據歷史文獻調查結果，宋代有據可考詩社數目也不過六七十社而已〔註1〕，然而日治時期臺灣詩社大興，黃美娥稱有三百七十餘社〔註2〕，保守估計至少有一七八社以上〔註3〕，凌駕同時期的中國大陸和日本，堪稱異數。縱觀日治時期臺灣大環境氛圍，臺籍菁英處於異族統治中憂時傷國，在日本當局一邊默許一邊監控下，藉由詩社活動進行漢文學習，傳承儒家薪火不輟。蘭陽地區僻處臺灣東北角，蘭陽詩社也能扛起重擔，分攤責任，在全島保衛漢文化的大纛下略盡棉薄之力，實屬難能可貴。

　　本論文對日治時期蘭陽詩社進行探討，一方面追溯蘭陽詩社創立原因、源起及其活動和存續發展，一方面析論當時詩人作品，探究蘭陽詩社存在的意義，既是地方文學研究，也是地方文學史研究。研究結果有甚麼收穫，又有甚麼展望，分述如下。

〔註1〕歐陽光，《宋元詩社叢稿》（廣州：廣東高等教育出版社，2011 年），頁 32。
〔註2〕黃美娥，《古典臺灣：文學史・詩社・作家論》（臺北：國立編譯館，2007 年），序論 V。
〔註3〕詳見本論文第二章日治時期蘭陽詩社創立原因與發展。

一、研究成果綜述

本論文除於前述章節演繹日治時期蘭陽詩社研究，獲致預期研究結果，並對其作全面析論和檢討。

（一）釐清日治時期蘭陽詩社應有的地位

日本文化改革源於中國唐朝貞觀時期，孝德天皇於大化二年（646）元旦頒布《改新之詔》，推行大化革新，模仿漢文化，而臺灣文化直接傳承自中國大陸，為漢文化的一部分，日本欲改造臺灣文化，除了明治維新後抄襲自西洋的新文明外，在傳統文化上同受儒家思想影響，終有其困難之處，更由於政治上殖民統治的需要，故日治初期對於詩社並未有太多干涉，准其發展。

同化時期（1919～1937）倡行「內地延長主義」，對臺灣人民加強實施同化政策。蘭陽地區文人憂心傳統文化斷絕，企圖保存漢文化，在此一時期大量籌組詩社，較重要者有登瀛吟社、蘭社、光文社的成立。其他，例如蘭谿吟社、蘭東吟社、港澳吟社、紫雲吟社、三星吟社、員山吟社、歸真文社等詩社，也都活躍於這個時期，各社攜手保存漢學，提倡民族意識，致力維繫傳統漢文化於不墜。

皇民化時期（1937～1945），書房已被禁止，報章雜誌也限制漢文刊載，只剩下詩社得以延續漢學，刊載漢詩的《詩報》可以繼續用漢文發行，故日治時期蘭陽詩社的地位應予重視，重新審視其存在價值。

（二）正視擊缽吟和詩鐘的價值

詩社慣常的活動，以擊缽吟和課題詩佔大宗，尤其擊缽吟是詩社活動的重頭戲，社際聯誼，詩人間聯絡情感，宣揚道統，教化匡俗，歌功頌德，政治工具，節慶廟會、婚喪喜慶、交際應酬等等，無論正反面活動都少不了其身影，論者對其評價兩極化，或謂文字遊戲，一無是處，如張我軍一派人士看法，張我軍於民國十三年（1924）起，以〈糟糕的臺灣文學界〉〔註4〕和〈絕無僅有的擊缽吟的意義〉〔註5〕等一系列文章，批評擊缽吟毫無可取內容，多為應酬、風花雪月之作。或謂有助於文化傳承，例如連雅棠雖曾批評擊缽吟，但也在〈臺灣詩薈發刊序〉中認為臺灣文運之延有賴於詩學〔註6〕，看法不一。

〔註4〕 張光正編，《張我軍全集》（北京：臺海出版社，2012年），頁5～7。
〔註5〕 同上註，頁17～19。
〔註6〕 連雅棠〈臺灣詩薈發刊序〉云：「臺灣詩學於今為盛，文運之延賴此一綫。」
見連雅棠，《臺灣詩薈》，（南投：臺灣省文獻委員會，1992年重刊），頁1。

持平而論，擊缽吟對推廣和延續詩學有功有過，利大於弊，有薪傳漢學、儒教之功，不宜一味抹殺，亦不可過度吹捧。

學界對擊缽吟的看法功過兩極，歷來擊缽吟所為人詬病者，乃因限制過嚴，扼殺創作性靈。一般都認為閒詠優於擊缽，有人批評「擊缽無好詩」，其實詩只分好壞，何來擊缽與閒詠之別，端在作者如何用字遣詞。若抱持文字遊戲心態，閒詠未必寫出好詩，反之，有神韻有性靈的擊缽詩亦屬好詩。試觀古人作品，曹子建（192～232）七步成詩千古留名，溫庭筠（812～870）八叉八韻，創作時間雖短促，詩作卻屬佳構。擊缽吟嚴守限時、限題、限體，同題各詠，乃為建立競賽之公平性、公正性，若學子考試可以限時、限題、限體，為何詩人競賽就不可以，值得商榷。對於限韻則不是嚴格要求，日治時期有些詩社活動可任選平聲韻，但畢竟是少數，近期臺灣詩壇大小詩會率多開放選韻，一則給予詩人更大的創作空間，一則避免繼續遭受批評。

擊缽吟活動，賦予詩人「以文會友」的平臺，而且詞宗評選詩作訂有品位，依名次給獎，刺激詩人相互競爭，產生作詩的原動力，不能僅以文字遊戲爭名奪利視之，若無擊缽吟，還剩幾個人願意提筆創作不無疑問。擊缽吟基本上是一種作詩比賽，若將擊缽吟看成當今之文學獎性質，則擊缽吟值得提倡，畢竟在日治時期替漢文化傳承延續儒家香火立下大功，此是不能抹滅的事實，無可爭議。自從日治時期以來，有識之士對於擊缽吟不斷提出批評和呼籲改革，迄今未歇止，但擊缽吟一向是詩社最傳統也是最常見的活動方式之一，更是維持詩社存續的原動力，只能漸進改善，不宜一刀斷絕，否則詩學傳承將失去著力點。

其次，詩鐘原本流行於閩南地區，隨著官宦漸次引進臺灣，自從唐景崧於臺南創立「斐亭吟會」後，詩鐘普受三臺詩人喜愛，詩社以之作為訓練新手學習作詩之用，並可供詩人爭奇鬥艷逞才學之能。甚至基隆張一泓邀集臺北州下蔡清揚等十數人，於昭和四年（1929）創設詩鐘會，名曰「鐘亭」，推行課題及小集，從事詩鐘寫作。詩鐘雖然小巧但含有大學問，其寫作困難度不亞於詩〔註7〕，實有過之而無不及，不可因為詩鐘短小而輕視之，自有其功能存在。

蘭陽地區東明吟社較喜歡詩鐘寫作，其他詩社則不甚偏好。時至今日，

〔註7〕 沈宗畸《詩鐘鳴盛集·跋》云：「雕蟲篆刻，壯夫不為，文字有詩鐘，亦蟲篆類耳，何足學？顧詩鐘雖小道，苟非腹笥淵博必不能，因難見巧，組織工麗，因其小而易視之，非知個中甘苦者也。」見張作梅，《詩鐘集粹六種》（臺北：龍文出版社，2011年），頁285。

詩鐘仍有其存在價值，會寫詩鐘自然會寫對聯，對於律詩之寫作大有幫助，因為五言律詩或七言律詩的頷聯及頸聯，必須是上下對聯，故詩鐘仍值得提倡，除可作為新手鍛鍊之用，也讓老手精益求精。

（三）彰顯蘭陽風貌特色

　　蘭陽地區位處臺灣東北角，入冬遭逢東北季風強力侵襲，迎風面降下濛濛細雨，有時連綿數日不間斷，難見天日，雖是惱人卻有詩意，恍似江南煙雨濛濛，又似古人所說「催詩雨」，和「新竹風」齊名，素有「竹風蘭雨」之稱。東北季風所帶來的蘭雨，是蘭陽地區氣象特色，迴別於其他縣市，日治時期的蘭陽詩人，眼中如何看待，筆下又是如何描述，在第三章裡賞析其詩作，探究當時詩人對蘭雨的意象，有讚美，例如「我愛催詩並留客，何妨日日落傾盆。」〔註8〕有憂心，例如「蘭陽連夜雨」和「宮廎碧霞傾」〔註9〕，又如「傷稼最關情」〔註10〕。

　　其次，頭城外海的龜山島孤懸太平洋，遙望恍若蓬萊仙山，最具地理特色，是宜蘭的地標，也是宜蘭人二百年來的精神象徵，自古以來詩人歌之詠之，如醉如癡。噶瑪蘭廳通判烏竹芳將「龜山朝日」列為蘭陽八景之首，日治時期的蘭陽詩人又是怎麼看待龜山島，其詩中意象如何，原來是有喜，例如「孤嶼如龜鎮海門，朝朝最喜弄晴暾」〔註11〕；有悲，例如「太息空存龜嶼浮」〔註12〕。

　　蘭陽地區山明水秀，好景無數，烏竹芳擇其最佳者譽為蘭陽八景，公諸

〔註8〕盧史雲〈蘭雨〉：
　　　　行人恍惚杏花村，不遇清明亦斷魂。名共仁風揚竹塹，物沾甘雨說桃源。
　　　　迷離蜃市傳蘇澳，紉佩騷經續屈原。我愛催詩並留客，何妨日日落傾盆。
〔註9〕葉文樞〈蘭城聽雨〉：
　　　　蘭陽連夜雨，入耳一聲聲。漂麥流增急，喧荷響倍明。
　　　　庭愁紅日杳，宮廎碧霞傾。莫向員山去，泥深未可行。
〔註10〕陳鏡秋〈蘭城聽雨〉：
　　　　雲霧迷龜嶼，沛然雨滿城。西堤侵葉响，東海吼濤聲。
　　　　霖澍環三結，新愁繫九荊。半規田水派，傷稼最關情。
〔註11〕莊芳池〈龜山朝日〉：
　　　　孤嶼如龜鎮海門，朝朝最喜弄晴暾。青鱗甲上金烏映，碧玉峰前白馬奔。
　　　　日漾波光浮卵島，天開曙色露螺痕。分明一角晨曦景，無數硫磺吐又吞。
〔註12〕江夢花〈弔遊龜山島遭難者〉：
　　　　乘風破浪賦輕舟，詎意終生魚腹休。滄海翻成遊子墓，驛亭竟作望夫樓。
　　　　可憐縹渺龍宮去，太息空存龜嶼浮。剪紙招魂何處是，心隨潮水共悠悠。

於世後，普受世人喜愛，登瀛吟社以此為題公開徵詩，向全島詩人推介蘭陽美景，彰顯蘭陽風貌特色。

（四）辨正前人著作之疑點

前人對蘭陽古典文學，包含詩社的研究，多有新發現，論證精闢，但之前的方志、論文仍有一些疑點待釐清，例如，仰山吟社的創立時間有兩說：一、大正三年（1914）林拱辰創立說。二、昭和八年（1933）吟香社和光文社合併成立仰山吟社說。本論文經由文獻分析比對，確認第一說為正確，《宜蘭縣志》記載存疑。

又如，登瀛吟社的創立時間有四說：一、大正八年（1919）說。二、大正十年（1921）說。三、大正十五年（1926）說。四、昭和二年（1927）說。本論文亦經由文獻分析比對，確認第二說為正確。

再如，潮音吟社是否為濤聲吟社，濤聲吟社是否確實成立於日治時期，疑點尚待釐清，經由原典《詩報》、《臺灣日日新報》等資料比對結果，認為《宜蘭縣志》記載成立於民國三十七年（1948）的說法較接近史實，但仍需蒐尋更多證據支持此說，留待後續研究者更進一步闡述。

復如，《頭城鎮志》所記載之〈登瀛吟社社規〉，和陳麗蓮《蘭陽地區傳統文學研究（1800～1945）》所附〈登瀛吟社社規〉內容有些許差異，第五條和第九條略異，陳本第五條多一「？」號，意義不明。第九條多一句「以上役員之會議稱為役員會。」和該條文內容格格不入，但無善本可供校對，爰提出疑點供後續研究者進一步探討。

二、研究展望

鑑古知今，日治時期蘭陽詩社研究結果，可作為今日蘭陽詩社發展的借鏡，茲就傳統詩社之改進與振興，「蘭陽學」之建立兩項，做一探討。

（一）傳統詩社之改進與振興

當今蘭陽地區傳統詩社面臨的困境，也正是臺灣古典詩壇面對的問題，亟待解決者約有以下數端：

1. 社員老化，後繼無人

詩社成員年紀偏大，多在五、六十歲以上，甚至七、八十歲以上，五十歲以下社員較少，吸收新進社員困難，老成凋零，年青人對傳統詩沒興趣，

且缺乏人生閱歷，若要其作詩難免「爲賦新詞強說愁」。再者，一般人國學程度較以往低落，既不能欣賞更不能創作，視傳統詩爲畏途，遑論加入詩社，故難以招募社員，不利於補充新血，長此以往恐將產生滅社危機，社員亟待年輕化。

2. 缺乏學習誘因

在新制教育體系下，重視西式教育，傳統漢學式微，導致今人國學基礎薄弱，作詩困難。再者傳統詩園地狹小，除專業期刊如《中華詩壇》外，一般報章雜誌普遍不刊載，且公辦文學獎以現代詩爲主，故缺乏學習傳統詩的誘因。

重要傳統詩刊，四〇年代有《臺灣詩學》和《臺灣詩報》，五〇年代有《臺灣詩壇》、《詩文之友》、《中華藝（詩）苑》和《鯤南詩苑》〔註13〕。迄民國一〇二年（2013）仍在發行有關傳統詩的期刊，僅剩《中華詩壇》、《中華詩學》、《古典詩刊》、《乾坤詩刊》四種，除《乾坤詩刊》偶在書肆販售外，其餘三種未在市面上普遍流通，僅是詩人間小眾刊物，而《乾坤詩刊》以新詩爲主，傳統詩算是附麗。其他詩社內部刊物，例如《彰化縣國學研究會月刊》及《南投縣國學研究會雙月刊》等，僅限於內部流通。

至於報紙方面，戰後刊載傳統詩的報紙有：《東臺日報》、《全民日報》、《大華晚報》、《自立晚報》、《民族晚報》、《中華日報》、《正氣中華報》、《大眾日報》、《臺灣新生報》、《更生日報》等，而今獨留臺灣東部花東地方報《更生日報》，於每月十日、廿日刊出《更生詩苑》專欄，內容爲花蓮縣洄瀾詩社每月課題詩作，對整個臺灣詩壇影響有限，和戰後初期百家爭鳴盛況不能相比，詳見表1–3：戰後臺灣傳統詩期刊、報紙一覽表。

3. 詩作應酬化

傳統詩社作品流於應酬化，是特色也是弊病，擊缽吟陷入窠臼無力推陳出新，是日治時期沿襲至今的沉疴。緣於詩社本身經費有限，而詩會擊缽聯吟依慣例不收費用，或社員收會費而來賓免費，但與會人數眾多，大詩會數百人，小詩會數十人，除供應中、晚餐吟宴、茶水、紙、筆外，還發放獎品、

〔註13〕施懿琳，〈五〇年代臺灣古典詩隊伍的重組與詩刊內容的變異──以《詩文之友》爲主〉，《戰後初期臺灣文學與思潮論文集》（臺北：文津出版社，2005年），頁29～61。

紀念品，優勝前幾名頒給純金製作金牌獎，依詩會規模大小，或前三名，或前五名，或前十名，或前廿名、卅名頒給金牌，所費不貲，故舉辦詩會除自行籌款外，仍須仰賴寺廟宗教團體、機關行號挹注經費，往往遷就補助、捐助單位擬定詩題，或者詩社慶祝週年慶，彼此間相互吹捧，歌功頌德，因此流於應酬詩，缺乏性靈之作，降低文學性、藝術性。近來有些詩社鑒於金價昂貴，倡行改革，以禮券代替金牌，中餐改吃便當，甚至不發文具，不供晚餐吟宴，撙節開銷，但經費仍然拮据，還是需要捐助、補助，不免受制於人，難脫詩作應酬化的困境。

　　姚蔓嬪 2012 年博士論文《戰後臺灣古典詩發展考述》，認為戰後臺灣傳統詩社，包含已停社者，約有三百零五社〔註 14〕，但同年桃園德林詩學會會長（蘆社社長）楊東慶在《東慶詩文選・三論臺灣古典詩之前途》中估計，目前存在詩社大約七十二社〔註 15〕，和本論文實際調查所得數據相符，廖一瑾 2013 年出版的《臺灣古典詩選、詩集、詩社與詩人》也認為目前民間詩社至少有七十二社〔註 16〕，應可確認當今臺灣傳統詩社有七十二社，姚蔓嬪所述詩社數目應係包含大量停社數據，詳見表 1-4：現存臺灣傳統詩社。實際上日常有運作的詩社則小於此數，楊維仁〈2013 年臺灣古典文學創作概述〉指稱：2013 年大約有五十個民間詩社仍在運作〔註 17〕。有些詩社本身甚少舉辦活動，現今仰山吟社即是如此，只是社員參與全國性大型詩會，區域性聯吟中型詩會如東北六縣市聯吟，或與它社聯吟如鼎社聯吟而已，詩社本身例會、課題詩、擊缽吟幾已停頓。仰山吟社最近一次舉辦詩會，是民國一〇二年（2013）十一月二十四日，假宜蘭市中山國民小學舉辦東北六縣市詩人聯吟大會，首唱〈會吟蘭邑入陽春〉，次唱〈蘭陽多景〉，之後未再舉辦任何詩會，呈現半休眠狀態。

　　現今臺灣藝文界，普遍不重視傳統詩社，而傳統詩人亦日漸凋零，依臺灣傳統詩社聯合社「中華民國傳統詩學會」第十三屆會員名冊，會員總數四

〔註14〕姚蔓嬪，《戰後臺灣古典詩發展考述》，臺灣師範大學國文學系博士論文，2012年，頁 277。

〔註15〕楊東慶，《東慶詩文選》（桃園：楊東慶，2012 年），頁 147。

〔註16〕廖一瑾，《臺灣古典詩選、詩集、詩社與詩人》（臺北：文津出版社，2013 年），頁 131。

〔註17〕李瑞騰編，《2013 年臺灣文學年鑑》（臺南：國立臺灣文學館，2014 年），頁 29。

五九人〔註 18〕，若加上一些未入會詩人，當前臺灣傳統詩人應不逾一千人。
仰山吟社列冊會員六十九人〔註 19〕，有許多人頭會員，目前實際參與詩會活
動較活躍者不出十人。

　　針對蘭陽地區傳統詩社，也是臺灣傳統詩社發展的局限，要如何突破困
境，提出幾點建議：

1. 傳統詩社與學術界結合

　　今日臺灣詩壇之運作，向來有兩大支柱，即民間傳統詩社和大學院校詩
社，但兩者間交流不足，除少數詩人橫跨兩大陣營，譬如花蓮縣洄瀾詩社前
社長徐泉聲是東華大學教授，成功大學中國文學系助理教授吳榮富也是臺南
市傳統詩社一員，其餘多數是各行其道，鮮少交集。臺灣詩壇寫作素有擊缽
體和閒詠體之分，詩體有別，傳統詩社多為擊缽體，學院詩社則偏向閒詠體。
公辦文學獎以閒詠體為主，由學者評選作品。私辦文學獎則兼顧傳統詩社與
學術界結合，詩會或徵詩大多推舉詞宗三人，兩名學院派教授搭配一名鄉土
派詩壇大老，或兩名詩壇大老搭配一名教授，也有少數全由教授擔任詞宗者。

　　傳統詩不敵現代詩，淪為小眾文學，不復日治時期的風光，在此努力傳
承漢詩的關鍵時刻，允宜同心協力提倡固有文化。無可諱言，傳統詩的香火
得以延續，和民間詩社不斷地舉辦擊缽詩會有很重要的關聯，如何提升傳統
詩社素質，則有賴於結合學術界，注入新思維。

　　關於傳統詩社與學術界結合這項工作，有心人士已傾全力進行，例如臺
北市天籟吟社、網路古典詩詞雅集、淡江大學驚聲古典詩社聯合舉辦「古典
詩學講座」，每月第三個星期日，上午十點至十二點假臺北市民權西路三千教
育中心，定期舉辦講座演講，吸引社會人士、年輕學子從事古典詩創作與賞
析，對古典詩有興趣者均可免費參加。例如一〇三年七月二十日由淡江大學
中國文學學系普義南助理教授主講：「『無理而妙』和『反常合道』──論古
典詩歌的詩趣」，一〇三年十月十九日由臺灣大學臺灣文學研究所黃美娥教授
主講：「從詩人到小說家：發現『魏清德』的意義」，一〇三年十二月二十一
日由長庚大學徐慧鈺助理教授主講：「高吟與潛居──談林占梅的潛園生

〔註18〕 中華民國傳統詩學，《中華民國傳統詩學會第十三屆第三次會員大會手冊》（新
　　　　北：中華民國傳統詩學會），頁 20～65。

〔註19〕 宜蘭縣仰山吟社，《宜蘭縣仰山吟社第二屆第一次會員大會手冊》（宜蘭：宜
　　　　蘭縣仰山吟社，2001 年 11 月 18 日），頁 12～16。

活」，一〇四年一月十八日由彰化師範大學國文學系周益忠教授主講：「談古律與今律」。

仰山吟社跨過日治時期的輝煌年代，而今社務衰頹，如欲振興，除積極招募社員，革新社務之外，如何和學術界結合，尋求協助提升素質，是一項重大而嚴肅的課題，端賴仰山吟社主事者積極作為。

2. 詩作與時代結合

日治時期詩人為求避禍，或是仰人鼻息奉承殖民政府，或是閉鎖在自我世界裡，逃避現實和時代脫鉤，不夠體恤民瘼是為人詬病之處，但有其時代背景，不得不如此。當今之傳統詩社若欲重新振作，應該一反日治時期作法，不可過度重視聯誼性質淪為交際平臺，只是歌功頌德、吟風弄月，必須將詩作和時代結合，盡量反映當代社會現象，要克盡詩人憂民憂國的天職，對時局提出建言，對執政者有所針砭，對社會亂象撥亂反正，正風易俗。

邇來詩社活動，日漸注重詩題的適當性，例如中華民國傳統詩學會在民國一〇三年（2014）於《中華詩壇》雙月刊舉辦六次全國徵詩，詩題分別為：第九十五次徵詩〈惜詩緣〉、第九十六次徵詩〈行己有恥〉、第九十七次徵詩〈詠朱熹〉、第九十八次徵詩〈學運風潮〉、第九十九次徵詩〈捷運殺人案省思〉、第一百次徵詩〈颱災空難〉。詩題一半以上在反映當下時事，與社會脈動結合，舊瓶裝新酒，替傳統詩體賦予新生命，若有人繼續嘲諷傳統詩社與社會脫節，可能是不了解詩社運作情形所致，或是囿於既有歧視心態，認為舊不如新。不見《大學·釋新民》云：「湯之盤銘曰：苟日新，日日新，又日新。」〔註20〕再者《詩經·大雅·文王》有言：「周雖舊邦，其命維新。」〔註21〕傳統詩壇已經奮起革新，不復因循舊思維。再舉證，中華民國傳統詩學會一〇三年辦理兩次全國性詩會，第一次五月三十一日詩人節大會，首唱〈詩人天職〉，次唱〈善業勵人心〉。第二次同年十二月七日年度會員大會，首唱〈商德〉，次唱〈減碳詩鄉〉。避免應酬詩，並針對當今臺灣一連串食安風暴提出建言「為商應有商德」，如此反應民瘼，上效先賢，下惕來者，又能與環境保護結合，自當予以鼓勵百尺竿頭更進一步。

〔註20〕謝冰瑩等六人，《新譯四書讀本》（臺北：三民書局，2003年），頁7。
〔註21〕滕志賢注譯，《新譯詩經讀本》（臺北：三民書局，2000年），頁762。

3. 積極培養傳統詩人口

如何培養傳統詩人口，不外縱向的往下紮根，橫向的社區推廣兩途。傳統詩的發展，可以結合國民中、小學鄉土教學課程，一般學童難以寫詩，當從吟詩教起，培養興趣，日後有機會成為傳統詩人口。這項工作，新北市雙溪區的貂山吟社和當地國民中、小學合作成功，由連嚴素月、楊鄭素玉指導的學童，在新北市詩詞吟唱比賽數度得獎，而雙溪詩風甚熾，可供仰山吟社做為借鏡。蘭陽地區也有一些詩人投入該項工作，例如羅東康濟時、頭城陳孝宗曾到中、小學指導詩詞吟唱。雙溪以「貂山調」聞名，宜蘭則以「酒令調」素享盛名，但宜蘭縣政府不若新北市政府積極，未設置傳統詩吟唱獎項，不利宜蘭縣內傳統詩的推廣。

橫向的社區推廣，可透過社區大學、樂齡大學、義學、社區活動中心、寺廟等進行成人、銀髮族教學。例如仰山吟社教席方坤邑曾在宜蘭孔廟、碧霞宮教授作詩；社長程滄波曾在宜蘭孔廟教導寫詩；總幹事龔必強曾到佛光山蘭陽仁愛之家與銀髮族分享吟唱，並在宜蘭社區大學、宜蘭社會學苑（後改稱樂活學苑）教習傳統詩寫作和吟唱，這項工作仍需更多人長期投入，才能展現成果。

（二）「蘭陽學」之建立

臺灣文學涵蓋古典文學和現代文學兩大領域，蘭陽文學亦復如此。蘭陽現代文學作家群，例如：羅東鎮藍蔭鼎（1903～1989），李潼（1953～2004），邱阿塗（1932～），黃春明（1935～）；頭城鎮李榮春（1914～1994）；冬山鄉簡媜（1961～）；宜蘭市吳淡如（1964～）；礁溪鄉林煥彰（1939～）；壯圍鄉吳敏顯（1944～）。上述諸位文學家，大多耳熟能詳，已有人進行研究。

蘭陽古典文學則包含清領時期和日治時期，清領時期古典文人，例如噶瑪蘭廳通判：楊廷理（1747～1813），著作《東瀛紀事》。柯培元，著《噶瑪蘭志略》。烏竹芳，作〈蘭陽八景〉。仰山書院山長：陳淑均，著《噶瑪蘭廳志》、《噶瑪蘭志略》。陳維英（1811～1869），著《太古巢聯集》。李望洋（1829～1901），著《西行吟草》。其他獲有功名者，如李逢時（1829～1876）著《泰階詩稿》。其他文人：蕭竹，作〈陽景三絕〉。李祺生，續修《噶瑪蘭廳志》。以上諸人，研究蘭陽歷史或清代蘭陽古典文學者大多熟悉，陳進傳、高志彬、林正芳、游建興、林麗鳳、楊欽年等人有所研究。

　　蘭陽文學可分三期，除上述現代文學和清領時期古典文學外，日治時期
古典文學以漢詩爲代表。迄目前爲止，研究日治時期蘭陽古典文學、文學史
者，除陳麗蓮大力投入外，林正芳、高志彬、陳進傳、陳長城等人亦著墨甚
深，亟待建構完整的蘭陽文學網。

　　陳麗蓮受頭城鎮長陳秀暖委任，主編「頭圍藝文作品系列」，自民國九十
七年（2008）起，有系統的一年出版一本頭城登瀛吟社先賢詩作，至目前（2015
年初）爲止完成七冊：游象信著《立雪齋詩文集》、莊鱉著《莊芳池吟草》、
陳書著《畏勉齋詩文集》、劉枝昌著《劉夢竹吟草》、黃見發著《黃振芳吟草》、
康灩泉著《康灩泉吟草》、盧纘祥著《盧史雲詩文集》等，預期 2015 年底以
前再集結登瀛吟社其他詩人作品於一冊，以完成整個系列。

　　另由龍文出版社收集前賢作品出版詩集，有宜蘭仰山吟社：陳金波著《鏡
秋詩集》、林拱辰著《林拱辰先生詩文集》、李康寧著《千年檜》。羅東東明吟
社：陳進東著《南湖吟草》、林義德著《黑石集》等。還有詩人或其家屬出版
之詩集：張娘眷著《省心齋詩文集》、張振茂著《茗園集》、林萬榮著《玉屏
山樓詩草》等，詳見表 5－1：蘭陽地區傳統詩先賢作品集。

　　宜蘭縣史館已建立「宜蘭人文知識數位資料庫」，內含「宜蘭文獻雜誌」、
「宜蘭文獻叢刊」、「宜蘭縣史系列」三個單元。《宜蘭文獻雜誌》民國八十二
年（1993）元月創刊，初爲雙月刊，自六十七期起改爲季刊，持續出版至今，
曾於八十三年、八十六年、八十七年三度榮獲行政院新聞局公辦雜誌類金鼎
獎，九十一年（2002）再獲得九〇年度行政院首屆政府優良出版品——連續
性出版品類獎項。並和宜蘭縣政府文化局共同舉辦「宜蘭研究」國際學術研
討會，每兩年一次，自民國八十三年（1994）舉辦迄今共十餘屆，有助於蘭
陽文學的研究。

　　綜上所述，期待本論文能夠拋磚引玉，吸引更多有志或有興趣者，進一
步研究蘭陽古典文學，建構完整的蘭陽文學體系，以此爲礎石，提供後續研
究者共同建立「蘭陽學」。

引用書目

壹、古籍（依時代先後排序）

1. 〔東漢〕趙曄著，張覺譯注，《吳越春秋》（臺北：臺灣古籍出版社，1996年）。

2. 〔南朝宋〕范曄撰，《後漢書》（臺北：臺灣商務印書館，1981年），宋紹興刊本。

3. 〔南朝梁〕沈約撰，《宋書》（臺北：臺灣商務印書館，1981年），宋蜀大字本。

4. 〔南朝梁〕蕭統編，《昭明文選》（鄭州：中州古籍出版社，1990年），據1935年國學整理社影印本影印。

5. 〔唐〕歐陽詢等撰，于大成編，《藝文類聚》（臺北：文光出版社，1974年）。

6. 〔唐〕李延壽撰，《南史》（臺北：臺灣商務印書館，1981年），元大德刊本。

7. 〔唐〕李商隱著，〔清〕馮浩箋注，《玉谿生詩集箋註》（臺北：里仁書局，1981年）。

8. 〔唐〕杜甫著，〔清〕楊倫箋注，《杜詩鏡銓》（臺北：天工書局，1994年）。

9. 〔唐〕劉知己撰，〔清〕浦起龍釋，《史通通釋》（臺北：里仁書局，1980年）。

10. 〔宋〕李昉等編，《太平廣記》（上海：上海古籍出版社，1995年）。

11. 〔宋〕陸游撰，《老學庵筆記》（臺北：廣文書局，1972年）。

12. 〔清〕袁枚，《小倉山房詩集》（臺北：廣文書局，1971年）。

13. 〔清〕袁枚，《隨園詩話》（臺北：宏業書局，1983年）。

14. 〔清〕吳重憙輯，《九金人集》（臺北：成文出版社，1967 年），影印山東海豐吳氏石蓮盦彙刻本。

貳、詩文集（依姓氏筆畫排序）

1. 宜蘭縣政府，《宜蘭縣設縣卅週年全國詩人大會專輯》（宜蘭：宜蘭縣政府，1981 年）。
2. 洪嘉惠編，《臺灣千家詩》（臺北：萬卷樓圖書公司，2012 年）。
3. 張振茂，《茗園集》（宜蘭：張振茂，未著撰年）。
4. 陳書，《畏勉齋詩文集》（宜蘭：頭城鎮公所，2010 年）。
5. 程滄波編，《祝三聖宮壹百週年慶東北詩人聯吟大會詩文集》（宜蘭：宜蘭縣仰山吟社，2008 年）。
6. 楊東慶，《東慶詩文選》（桃園：楊東慶，2012 年）。
7. 蔡汝修編，《臺海擊鉢吟集》（臺北：龍文出版社，2006 年）。
8. 賴子清，《臺海詩珠》（苗栗：苗栗縣國學會，未著撰年）。
9. 盧纘祥，《盧史雲詩文集》（宜蘭：頭城鎮公所，2014 年）。
10. 鍾星選註，吟溪今譯，《元好問詩文選註》（臺北：建宏出版社，1996 年）。
11. 龔顯宗選注，《沈光文集》（臺南：國立臺灣文學館，2012 年）。

參、方志（依姓氏筆畫排序）

1. 中華綜合發展研究院應用史學研究所總編纂，《羅東鎮志》（宜蘭：羅東鎮公所，2002 年）。
2. 李信成，《宜蘭市志・政事篇》（宜蘭：宜蘭市公所，2004 年）。
3. 林正芳，《宜蘭市志・教育篇》（宜蘭：宜蘭市公所，2005 年）。
4. 林正芳，《續修頭城鎮志》（宜蘭：頭城鎮公所，2002 年）。
5. 高淑媛，《宜蘭縣史大事記》（宜蘭：宜蘭縣政府，2004 年）。
6. 莊英章、吳文星，《頭城鎮志》（宜蘭：頭城鎮公所，1985 年）。
7. 陳淑均，《噶瑪蘭廳志》（南投：臺灣省文獻委員會重刊，1993 年）。
8. 彭瑞金，《蘇澳鎮志》（宜蘭：蘇澳鎮公所，2013 年）。
9. 盧世標，《宜蘭縣志》（宜蘭：宜蘭縣文獻委員會重刊，1970 年）。
10. 礁溪鄉誌編纂委員會，《礁溪鄉志》（宜蘭：礁溪鄉公所，1994 年）。

肆、專著（依姓氏筆畫排序）

1. 王曉波，《臺灣意識的歷史考察》（臺北：海峽學術出版社，2001 年）。

2. 古清遠、孫光萱,《詩歌修辭學》(臺北:五南圖書出版公司,1997 年)。

3. 白靈,《一首詩的誕生》(臺北:九歌出版社,2006 年)。

4. 江寶釵,《臺灣古典詩面面觀》(臺北:巨流圖書公司,1999 年)。

5. 李筱峰,《臺灣史 100 件大事》(臺北:玉山社,1999 年)。

6. 李筱峰,《臺灣史 101 問》(臺北:玉山社,2013 年)。

7. 李瑞騰編,《2013 年臺灣文學年鑑》(臺南:國立臺灣文學館,2014 年)。

8. 余照春亭著,周基校訂,朱明祥編,《增廣詩韻集成》(高雄:復文圖書出版社,2000 年)。

9. 林正三,《詩學概要》(臺北:廣文書局,1998 年)。

10. 邱燮友、劉正浩注譯,《新譯千家詩》(臺北:三民書局,1991 年)。

11. 邱燮友注譯,《新譯唐詩三百首》(臺北:三民書局,2000 年)。

12. 武麗芳,《日治時期塹城詩社淺探》(臺北:萬卷樓圖書公司,2010 年)。

13. 宜蘭文昌宮管理委員會,《宜蘭文昌宮沿革簡介》(宜蘭:宜蘭文昌宮,1993 年)。

14. 宜蘭碧霞宮管理委員會,《宜蘭碧霞宮簡介》(宜蘭:欣美彩色印刷廠,2012 年)。

15. 范況,《中國詩學通論》(臺北:臺灣商務印書館,1995 年)。

16. 〔俄〕C.M.愛森斯坦著,富瀾譯,《蒙太奇論》(北京:中國電影出版社,2011 年)。

17. 馬自毅注譯,《新譯幼學瓊林》(臺北:三民書局,2003 年)。

18. 夏敬觀、趙熙原著,曾克耑纂集,《梅宛陵詩評注》(臺北:臺灣商務印書館,1983 年)。

19. 夏傳才,《詩詞入門》(臺北:知書房出版社,2004 年)。

20. 郭建勳、黃俊郎注譯,《新譯易經讀本》(臺北:三民書局,2001 年)。

21. 張仁青,《麗詞探頤》(臺北:文史哲出版社,1985 年)。

22. 張正體,《學詩門徑》(臺北:臺灣學生書店,1998 年)。

23. 張光正編,《張我軍全集》(北京:臺海出版社,2012 年)。

24. 張西廂,《閒話詩鐘》(臺北:龍文出版社,20011 年)。

25. 張作梅《詩鐘集粹六種》(臺北:龍文出版社,2011 年)。

26. 張夢機,《古典詩的形式結構》(臺北:駱駝出版社,1997 年)。

27. 張簡坤明,《詩學理論與詮釋》(臺北:駱駝出版社,1995 年)。

28. 許清雲,《近體詩創作理論》(臺北:洪葉文化事業有限公司,1997 年)。

29. 許美智主編,《宜蘭第一》(宜蘭:宜蘭縣史館,2010 年)。

30. 啟功，《詩文聲律論稿》（北京：中華書局，2011 年）。

31. 陳引馳、林曉光注譯，《新譯維摩詰經》（臺北：三民書局）。

32. 陳克炯，《左傳譯注》（臺北：建安出版社，2002 年）。

33. 陳懷澄，《吉光集》（臺北：龍文出版社，2011 年）。

34. 陳廣忠注譯，《淮南子譯注》（臺北：建宏出版社，1996 年）。

35. 陳麗蓮，《蘭陽地區傳統文學研究（1800～1945）》（新北：花木蘭文化出版社，2013 年）。

36. 黃永武，《中國詩學·設計篇》（臺北：巨流圖書公司，1976 年）。

37. 黃永武，《新增字句鍛鍊法》（臺北：洪範書店，2002 年）。

38. 黃侃，《文心雕龍札記》（北京：典文出版社，1959 年）。

39. 黃美娥，《古典臺灣：文學史·詩社·作家論》（臺北：國立編譯館，2007 年）。

40. 黃美娥，《重層現代性鏡像：日治時代臺灣傳統文人的文化視域與文學想像》（臺北：麥田出版社，2004 年）。

41. 黃雯娟撰述，施添福總編纂，《臺灣地名辭書·卷一·宜蘭縣》（南投：臺灣省文獻委員會，2000 年）。

42. 黃慶萱，《修辭學》（臺北：三民書局，2000 年）。

43. 傅錫壬注譯，《新譯楚辭讀本》（臺北：三民書局，1993 年）。

44. 溫洪隆注譯，《新譯陶淵明集》（臺北：三民書局，2002 年）。

45. 楊欽年撰文，周家安圖說，《詩說噶瑪蘭》（宜蘭：宜蘭縣文化局，2000 年）。

46. 路燈照，成九田，《古詩文修辭例話》（臺北：臺灣商務印書館，1987 年）。

47. 廖一瑾（雪蘭），《臺灣詩史》（臺北：文史哲出版社，1999 年）。

48. 廖一瑾，《臺灣古典詩選、詩集、詩社與詩人》（臺北：文津出版社，2013 年）。

49. 廖振富，《臺灣古典文學的時代刻痕：從晚清到二二八》（臺北：國立編譯館，2007 年）。

50. 滕志賢注譯，《新譯詩經讀本》（臺北：三民書局，2000 年）。

51. 歐陽光，《宋元詩社叢稿》（廣州：廣東高等教育出版社，2011 年）。

52. 歐麗娟，《杜詩意象論》（臺北：里仁書局，1997 年）。

53. 謝冰瑩等六人，《新譯四書讀本》（臺北：三民書局，2003 年）。

54. 羅立乾注譯，李振興校閱，《新譯文心雕龍》（臺北：三民書局，2011 年）。

55. 顧敏耀、薛建蓉、許惠玟，《一線斯文：臺灣日治時期古典文學》（臺南：國立臺灣文學館，2012 年）。

56. 鷹田取一郎編,《臺灣列紳傳》(臺北:臺灣總督府,1916 年)。

伍、論文集論文 (依發表時間先後排序)

1. 陳偉智,〈「龜」去來分!——龜山島與宜蘭文化史初探〉,《「宜蘭研究」第四屆學術研討會論文集》(宜蘭:宜蘭縣文化局,2002 年),頁 247～291。

2. 施懿琳,〈五〇年代臺灣古典詩隊伍的重組與詩刊內容的變異〉,《戰後初期臺灣文學與思潮論文集》(臺北:文津出版社,2005 年),頁 29～61。

3. 陳培豐,〈日治時期的漢詩文、國民性與皇民文學:在流通與切斷過程中走向純正歸一〉,《跨領域的臺灣文學研究學術研討會論文集》(臺南:國家臺灣文學館,2006 年),頁 457～498。

4. 林鴻忠,〈太平山林業與區域發展〉,《「宜蘭研究」第七屆學術研討會論文集》(宜蘭:宜蘭縣史館,2008 年),頁 133～166。

陸、期刊論文 (依發表時間先後排序)

1. 林小眉,〈詩鐘——東海鐘聲〉,《臺灣詩薈》,第 1 號(1924 年 2 月),頁 57～62。

2. 曾今可,〈臺灣的詩人〉,《臺灣省通志館館刊》,1 卷 2 期(1948 年 11 月),頁 27～28。

3. 賴子清,〈古今臺灣詩文社(一)〉,《臺灣文獻》,10 卷 1 期(1959 年 9 月),頁 79～110。

4. 賴子清,〈古今臺灣詩文社(二)〉,《臺灣文獻》,11 卷 3 期(1960 年 9 月),頁 74～100。

5. 曾今可,〈臺灣的詩社〉,《中國一週》,945 期(1968 年 6 月),頁 23。

6. 王文顏,〈光復前臺灣詩社的時代價值〉,《文訊》,18 期(1985 年 6 月),頁 43～49。

7. 陳燦榕,〈蘭陽文壇傳統詩的回顧與薪傳〉,《蘭陽》,58 期(臺北:蘭陽雜誌社,1991 年 5 月),頁 69～71。

8. 陳長城,〈宜蘭仰山吟社沿革〉,《臺北文獻直字》,109 期(1994 年 9 月),頁 141～144。

9. 黃美娥,〈日治時代臺灣詩社林立的社會考察〉,《臺灣風物》,47 卷 3 期(1997 年 9 月),頁 43～88。

10. 陳麗蓮,〈頭圍登瀛吟社之經營與詩作史料整理〉,《臺灣文學研究學報》,1 期(2005 年 10 月),頁 23～78。

11. 楊維仁，〈2013 年臺灣古典文學創作概述〉，《2013 年臺灣文學年鑑》（臺南：國立臺灣文學館，2014 年），頁 29～41。

柒、學位論文（依發表時間先後排序）

一、博士論文

1. 陳麗蓮，《蘭陽地區傳統文學研究（1800～1945）》，佛光大學文學系博士論文，2008 年。

2. 謝崇耀，《日治時期臺北州漢詩文化空間之發展與研究》，中正大學中國文學系博士論文，2010 年。

3. 姚蔓嬪，《戰後臺灣古典詩發展考述》，臺灣師範大學國文學系博士論文，2012 年。

二、碩士論文

1. 王文顏，《臺灣詩社之研究》，政治大學中國文學系碩士論文，1979 年。

2. 陳丹馨，《臺灣光復前重要詩社作家作品研究》，東吳大學中國文學系碩士論文，1991 年。

3. 黃宏介，《南投地區民間現存傳統詩社研究》，中興大學中國文學系碩士在職專班論文，2008 年。

捌、日治時期報章雜誌（依筆畫排序）

1. 《風月》，第 1 冊（1 至 44 期），（臺北：南天書局，2001 年）。

2. 《風月報》，第 2～6 冊（45 至 132 期），（臺北：南天書局，2001 年）。

3. 《南方》，第 7～10 冊（133 至 188 期），（臺北：南天書局，2001 年）。

4. 《南方詩集》，第 11 冊（189 至 190 期），（臺北：南天書局，2001 年）。

5. 《詩報》第 1～27 冊（1 至 319 號），（臺北：龍文出版社，2007 年）。

6. 《臺灣詩薈》，上下冊（1 至 22 期），（南投：臺灣省文獻委員會，1992 年重刊）。

玖、電子資訊（依筆畫排序）

1. 中正大學「臺灣漢詩數位典藏資料庫」，網址：http://140.125.168.94/literaturetaiwan/poetry/04/04_02/04_02_01.htm

2. 國立臺灣文學館「全臺詩・智慧型全臺詩資料庫」，網址：http://xdcm.nmtl.gov.tw/twp/index.asp

3. 漢珍知識網報紙篇,《臺灣日日新報》,網址:http://192.168.160.161.
libautorpa.fgu.edu.tw:81/cgi-bin2/Libo.cgi?

4. 臺灣報紙列表,網址:http://zh.wikipedia.org/wiki/%E5%8F%B0%E7%
81%A3%E5%A0%B1%E7%B4%99%E5%88%97%E8%A1%A8#.E5.AE.9
7.E6.95.99.E5.A0.B1.E7.A4.BE

附　錄：日治時期蘭陽詩社大事記
（1913～1944）

前　言：			
西元	清	大　　事　　記	資料來源
1812	嘉慶十七年	清嘉慶十五年（1810）臺灣知府楊廷理奉命開辦噶瑪蘭廳，於嘉慶十七年（1812）設立仰山書院，仰山書院生員相邀結成詩社附於仰山書院，於每歲四季仲月聚首賦詩吟詠，名曰「仰山社」，可視爲仰山吟社的前身。	〔清〕陳淑均，《噶瑪蘭廳志》（南投：臺灣省文獻委員會重刊，1993 年），頁 152。
1823	道光三年	仰山吟社在提供給《詩報》的〈各社社友錄〉資料中，自稱「道光三年（1823）八月十五日開社」（應係指「仰山社」開社）。	《詩報》87 號（1934 年 08 月 15 日），頁 16。
1881	光緒七年	《臺灣日日新報》報導，一九三一年六月十四日，宜蘭仰山吟社五十週年紀念會，開於宜蘭街林氏家廟。依此時間點倒推，仰山吟社成立於 1881 年。	《臺灣日日新報》，1931 年 6 月 19 日，夕刊 4 版。

日治時期大事記：				
西元	民國	日本年	大　　事　　記	資料來源
1913	2	大正 2	水返腳（今新北市汐止區）詩人高重熙（峻極）來訪宜蘭，作〈壬子葭月留別蘭陽仰山吟社詞友〉，莊贊勳（仁閣）、林吳庚（嚼梅）各作〈次高重熙君留別瑤韻〉和之。	《臺灣日日新報》，1913 年 2 月 28 日，日刊 6 版。

西元	民國	日本年	大　　　事　　　記	資料來源
			日治時期大事記：	
1914	3	大正3	林拱辰在宜蘭市「仰山書院」暨「仰山社」故址成立仰山吟社。	程滄波編輯，《祝三聖宮壹百週年慶東北詩人聯吟大會詩文集・宜蘭縣仰山吟社沿革》（宜蘭：宜蘭縣仰山吟社，2008年），頁43～45。
			吟香社成立，主持人張鏡光。	盧世標，《宜蘭縣志・人民志・禮俗篇》，頁41。
			〈文昌祭典〉，宜蘭文昌祠，例年以舊曆二月三日，為祝文昌壽誕，本屆仰山社諸士子，衣冠楚楚，虔備豚羊牲醴，仍行三獻禮，以廩生呂桂芬為主祭，與祭約有三十餘人。	《臺灣日日新報》，1914年3月8日，日刊6版。
			八月二十九日，「詩人歡迎太守」，宜蘭廳下諸士子在南門外公共埤圳樓上肆筵設席，歡迎小松吉久廳憲討蕃成功。是日午後六時開席，來賓自小松吉久廳憲、宮本宇敷兩課長，以下十餘名，主人總代莊仁閣，起述開會之旨，次提出詩題為〈祝小松太守討番成功〉，得七言絕律五六十首。	《臺灣日日新報》，1914年9月7日，日刊4版。
1915	4	大正4	宜蘭文昌廟、武帝廟、五子祠，例年每屆春秋二仲舉行祭典，並恭送聖蹟。日前經由仰山社董事柬邀蘭地舊時文武舉貢生員等，舊曆二月三日致祭文昌帝君，主祭恩貢生呂桂芬。四日致祭武帝廟，主祭職貢生莊仁閣。五日致祭五夫子祠，主祭附貢生林以時。陪祭武舉人陳朝儀、胡一村、黃品三。	《臺灣日日新報》，1915年3月19日，日刊6版。
			十月三日，〈祭聖詳報〉午前八時，宜蘭孔聖廟舉行秋季祭典，文武官員、內地紳商代表、本島參事區長保正，並文武舉貢生員等，衣冠整肅齊到東西廳。主祭官小松太守，陪祭官長谷	《臺灣日日新報》，1915年10月8日，日刊6版。

日治時期大事記：				
西元	民國	日本年	大　　事　　記	資料來源
1915	4	大正4	部守備隊長，序次行拈香禮，致祭崇聖殿，次行三獻禮，主祭呂桂芬。次致祭大成殿，主祭李紹宗。	
			十月三十一日「祝聖夜會」，逢天長節祝日，宜蘭參事莊贊勳，召集蘭市諸紳商及騷人墨士十數名，假北門西后街蔡振芳別墅爲會場，肆筵設席並諸文人吟賦詠祝佳辰，是夜臨席者，原判官森醫院長、金子警視、重栖埤圳理事，林拱辰、林人和、林澤蔡、張恆如、石進德、蔣振生、林青雲等數十餘人，興會淋漓，迨鐘鳴十時。	《臺灣日日新報》，1915年11月6日，日刊6版。
1916	5	大正5	二月十八夜，莊贊勳邀該地騷人在青雲軒，開擊缽吟會，以〈春雨〉、〈春宵〉爲題，各七律一首。	《臺灣日日新報》，1916年2月26日，日刊6版。
1917	6	大正6	一月六日午後五時，仰山吟社在宜蘭埤圳樓上主開詩會，自小松吉久廳憲及各官衙團體長，亦多與席，廳長以新年爲課題，限十分鐘各成七律一首。小松吉久廳憲亦爲一場演說，至散會已九時許。	《臺灣日日新報》，1917年1月12日，日刊6版。
1918	7	大正7	〈宜蘭特訊文人樂事〉：宜蘭市十六坎街柯錫疇氏，字子範，溫文爾雅，好吟，善書畫。於客歲秋間，其宅後別築一軒書齋【臥雲山房】。每逢星期祭日，邀集市上文人，擬題拈韻，即景吟詩。	《臺灣日日新報》，1918年10月8日，日刊6版。
			十月十三日，〈宜蘭特訊登高雅會〉，值夏曆重陽節。蘭之人士三五成群，攜朋結伴，相屬于途。如市內文人蘇玨人、林星樞、柯子範、林嚼梅、林舜臣、莊仁閣、蔡振芳別組一登高會，集宴於西峰山館前，舉杯喝酒，拈韻敲詩，景物戀人，流連忘返，迨夕陽西下，半月東升，始駕車而歸去。	《臺灣日日新報》，1918年10月19日，日刊6版。

日治時期大事記：

西元	民國	日本年	大　　事　　記	資料來源
1918	7	大正 7	十二月十五日，柯錫疇，開蘭進士楊士芳高足，字子範，號臥雲。十五日假臥雲山房開擊缽吟會，首唱〈冬晴〉庚韻七律，次唱〈爐煙撲鼻〉陽韻七絕。	《臺灣日日新報》，1918 年 12 月 22 日，日刊 6 版。
1919	8	大正 8	宜蘭仰山吟社幹事柯錫疇，假湯圍溫泉爲會場，招請騷人墨客，大開擊缽吟會，詩題〈春曉〉七律限眞韻。	《臺灣日日新報》，1919 年 1 月 12 日，日刊 6 版。
			一月十五日，上元佳節，宜蘭仰山吟社幹事林以時廣文，假未信齋別墅大開春宴，柬邀文士六十餘名，題爲〈春宵〉眞韻七律，推林星樞、柯子範爲詞宗。	《臺灣日日新報》，1919 年 1 月 24 日，日刊 6 版。
			〈宜蘭短訊・擊缽吟會〉宜蘭仰山吟社幹事莊贊勳，乘恭送聖蹟文人集會時機，假番鵠軒樓上開擊缽吟會，詩題〈十八學士登瀛州〉尤韻七律，是日列會百二十六名，左詞宗張鏡光，右詞宗林以時。	《臺灣日日新報》，1919 年 3 月 12 日，日刊 6 版。
			〈宜蘭短訊・莊氏宴客〉日前參事莊贊勳，假蘭西審鵠軒樓上，招宴宜蘭仰山吟社詩人及其他實業界鉅子。	《臺灣日日新報》，1919 年 7 月 28 日，日刊 4 版。
			九月九日，新曆重陽，仰山吟社幹事林青雲，假宜蘭製酒公司四樓開擊缽吟會，首唱《新重陽》七律眞韻，次唱《新秋》七絕尤韻，得詩五十餘首。	《臺灣日日新報》，1919 年 9 月 28 日，日刊 6 版。
1920	9	大正 9	一月二十四日，〈新任宜蘭參事〉，仰山吟社林拱辰任命宜蘭廳參事。詩友及林姓族親，治酒設宴以祝新任。	《臺灣日日新報》，1920 年 1 月 29 日，日刊 6 版。
1921	10	大正 10	頭圍登瀛吟社成立，主持人吳祥輝。	林正芳，《續修頭城鎮志》（宜蘭：頭城鎮公所，2002 年），頁 632。
			張振茂創立光文社。	張振茂，《茗園集》（宜蘭：張振茂，未著撰年），頁 6。

日治時期大事記：				
西元	民國	日本年	大　　事　　記	資料來源
1921	10	大正 10	三月十二日，〈恭送聖蹟〉，午前十一時，宜蘭、羅東、蘇澳三郡下舉貢生員，公舉董事長莊贊勳出爲辦理，邀請文武官長及各縉紳等臨式。以呂桂芬明經爲文廟主祭，黃如金武孝廉爲陪祭，以張鏡光、林拱辰、林以時、陳朝楨、吳本源、蘇璧廉、六廣文爲分獻，以陳及元明經爲糾儀，以鄭騰輝茂才爲讀祝，以外仰山吟社各社員等，俱爲與祭，行三獻禮，禮畢，恭送聖蹟，詩意藝閣音樂六百餘隊，沿途觀者，人山人海，壅塞不開，自領臺後，恭送聖蹟，如此繁鬧，當以此番爲嚆矢。 午後六時，莊贊勳乘此文人集會時機，假萃英樓上大開詩會，推呂子香爲左詞宗，張恆如爲右詞宗。首題〈尋梅〉灰韻七律、次題〈春寒〉眞韻七絕。	《臺灣日日新報》，1921 年 3 月 17 日，日刊 6 版。
			三月十四日，〈吟社宴客〉，下午四時，竹人林玉麟，自去年初旬來蘭，爲民事調停係通譯，宜蘭、羅東、蘇澳三郡詩社吟友六十餘名，假宜蘭製酒株式會社四層樓上大開吟宴，由林吳庚氏發議開擊缽吟會，詩題〈背面美人〉限先韻七律，共推林玉麟評選。	《臺灣日日新報》，1921 年 3 月 17 日，日刊 6 版。
			宜蘭仰山吟社副社長柯錫疇，於六月二十八日作古，葬期定八月三日上午五時。	《臺灣日日新報》，1921 年 7 月 22 日，日刊 4 版。
1922	11	大正 11	四月二十八日，〈光文社詩社例會〉光文社本期值東陳金波，午後五時假宜蘭ライオソ旗亭樓上大開擊缽吟會，出席者仰山吟社莊贊勳、林吳庚、林青雲、陳登第，蘭谿吟社連碧榕、李琮璜、李先麟，蘭東吟社藍授義、游時中、張陳聯，紫雲吟社蔡士添，三星吟社李光斗、黃壽朋，港澳吟社蕭	《臺灣日日新報》，1922 年 5 月 9 日，日刊 6 版。

日治時期大事記：				
西元	民國	日本年	大　　事　　記	資料來源
1922	11	大正 11	少藩，員山吟社朱雲樵、陳君逎、陳周臣、張恆如，歸眞文社呂子香、陳占鰲，及光文社林玉麟、陳濟、石紹光、黃再壽、蕭振東、廖漢卿、吳銀埤、石鏗遠。首題〈送春〉眞韻七律，次題〈瀑布〉先韻七絕，左詞宗張恆如、右詞宗呂子香。	
			〈振興漢學〉呂桂芬、莊讚勳、林吳庚、連城青、蘇碧聯等念及世風不古，斯文掃地，爰是倡興漢學，假天后宮設一振文社，聘請張恆如、林星樞爲教授。	《臺灣日日新報》，1922 年 5 月 9 日，日刊 6 版。
			五月六日，午後三時，宜蘭仰山吟社例會，在壯圍信用組合內開擊缽吟會，值東莊讚勳，首唱《立夏遇雨》先韻，次唱《解慍風》東韻，詞宗：張鏡光、林以時。	《臺灣日日新報》，1922 年 5 月 13 日，日刊 6 版。
			五月八日，光文社陳金波、仰山吟社莊讚勳，在宜蘭ライオソ旗亭主催擊缽吟會，並爲張振茂、黃富陞、林俊傑三人洗塵。首唱《新柳》眞韻，次唱《題美人圖》先韻，詞宗：張振茂、連城青、林吳庚。	《臺灣日日新報》，1922 年 5 月 13 日，日刊 6 版。
1923	12	大正 12	〈詩榜揭曉〉，宜蘭光文社第二期徵詩〈鬥花〉，經王了庵選出前十名：第一名林霨岩，第二名陳少德，第三名李祖唐，第四名莊仁閣，第五名莊芳池，第六名陳雪峰，第七名陳少德，第八名林霨岩，第九名陳子經，第十名同人。	《臺灣日日新報》，1923 年 9 月 22 日，日刊 6 版。
			十月二十七、二十八夜，宜蘭神社祭典，光文社於宜蘭座懸設燈謎，以表獻納之意。	《臺灣日日新報》，1923 年 11 月 7 日，日刊 6 版。
			蘭社成立。 十一月十八日，午後一時，蘭社發會式假宜蘭公會堂舉行。蘭陽三郡諸吟	《臺灣日日新報》，1923 年 11 月 23 日，日刊 6 版。

日治時期大事記：				
西元	民國	日本年	大　　　事　　　記	資料來源
1923	12	大正 12	社屢唱聯合，承內田督憲東巡，光文社及仰山社幹部出為奔走，遂見蘭社之成立。先由呂子香敍禮，次張松邨報告創立經過，陳雪峰讀社則案，社員刪改二三文意，概照原案可決。及選舉役員，共推呂子香為社長。於是社長起讀式辭，高橋為來賓總代述祝辭，陳少德為社員總代起述答辭，並宣閉會。次擊鉢吟，以〈蘭社發會式〉為題，限七絕東韻，共推林拱辰、連碧榕為左右詞宗。繼而光文社主催於集蘭館，續開擊鉢吟，首唱〈山茶〉真韻，次唱〈梅菊爭妍〉先韻。	
1924	13	正 13	一月三日，蘭社假東門外壯圍庄役場，以開春宴並擊鉢吟會，至者數十人，題為〈迎春〉七絕，得春字，計有七十餘首。	《臺灣詩薈（上）》，1號（1924 年 2 月），頁67。
			一月七日，新竹鄭家珍孝廉來訪，蘭社假碧霞宮開臨時擊鉢會，推孝廉為詞宗。翌日借林以時宅開催文宴，席上拈得〈杜鵑〉為題，再推孝廉為詞宗。	《臺灣日日新報》，1924 年 1 月 15 日，日刊 6 版。
			二月十三日，蘭社社員黃再壽束邀各地社友，在其家中開擊鉢吟會，適嘉義書家余蓮舫氏戾止，即席揮毫，尤添逸興。首題〈乳鶯〉微韻，次題〈鏡中美人〉真韻，均七絕，得詩七十餘首。	《臺灣詩薈（上）》，2號（1924 年 3 月），頁134。
			三月十二日，〈吟社徵詩〉宜蘭光文社第三期徵詩（題為羅蔚村所擬）：詩題〈燕賀〉。詩體 七絕韻十蒸。期間 至三月三十日截收。詞宗 連碧榕。交卷：宜蘭街展蘭產業株式會社內陳清淡（少德）收。贈品 十名內奉薄贈賞品由社員張松邨氏寄贈。	《臺灣日日新報》，1924 年 3 月 12 日，日刊 6 版。
				《臺灣詩薈（上）》，3號，頁 201。
			登瀛吟社訂於舊曆二月十九日午後一時，假頭圍喚醒堂開擊鉢吟會，邀請蘭陽三郡詞客列席，並擬題〈汗青〉七絕青韻，限舊曆十八日截收。	《臺灣日日新報》，1924 年 3 月 21 日，日刊 6 版。

日治時期大事記：				
西元	民國	日本年	大　　事　　記	資料來源
1924	13	正13	五月四日，登瀛吟社發表徵詩，題為〈白燕〉五律微韻，限至月杪截收。	《臺灣詩薈（上）》，5號，頁339。
			五月十五日，蘭社張振茂柬邀社友至其新居開擊鉢會，至者二十餘人，推張鏡光、連碧榕為詞宗，題為〈留春〉七絕青韻。	《臺灣詩薈（上）》，5號（1924年6月），頁339。
			〈光文社揭曉〉：宜蘭光文社第三期徵詩〈燕賀〉，計得詩百七十有二首。前十名：一鳳山林山樵、二新營何卿、三宜蘭莊仁閣、四高雄陳春林、五新竹李謙一、六宜蘭林蔚嚴、七李謙一、八宜蘭陳少德、九澎湖康望曉、十宜蘭陳雪峰。	《臺灣日日新報》，1924年5月21日，日刊6版。
			〈蘭社擊鉢吟會〉，蘭社定來二十九日午後二時，假林以時氏私第。開擊鉢吟會。並交課題〈蚯蚓〉七絕庚韻二首，經由值東邀柬招蘭陽三郡吟侶。	《臺灣日日新報》，1924年5月27日，日刊6版。
			〈員山賞夏〉員山為蘭陽一勝地，庄長朱再枝，欲藉文人紹介，定舊端午日午後二時，在該山上開一賞夏吟會，廣邀諸吟社社員出席，尤希望蘭社社員全部出席。	《臺灣日日新報》，1924年6月6日，夕刊4版。
			六月十八日，〈泛舟吟詠〉，宜蘭文社陳雪峰，以聯二舟盛飾，招請蘭社、吟香社、登瀛社並光文社會員一部，在宜蘭西門川開游吟會，首題〈水中天〉七絕先韻，次題詩鐘〈龍舟〉魁斗格，共得詩三十餘首。	《臺灣日日新報》，1924年6月22日，夕刊4版。《臺灣詩薈（上）》，6號（1924年7月），頁405。
			頭圍登瀛吟社第六期徵詩〈白燕〉五律微韻，計得詩二百四十八首，經由鄭孝廉家珍評選，前後茅十名列左：第一名高雄陳春林，第二名新竹鄭濟卿，第三名佳里洪子衡，第四名鄭濟卿，第五名桃園秋園，第六名臺北一鷗，第七名新竹鄭達英，第八名鄭濟	《臺灣日日新報》，1924年7月31日，日刊4版。

日治時期大事記：				
西元	民國	日本年	大　　　事　　　記	資料來源
1924	13	正 13	卿，第九名佳里王大俊，第十名清水王則修。	
			〈徵詩揭曉〉，蘭陽蘭社第八期徵詩〈蚯蚓〉限庚韻七絕，得詩三百餘首。經詞宗羅秀惠氏選畢，前十名由懷德藥行主林以時贈薄品。	《臺灣日日新報》，1924 年 8 月 3 日，日刊 4 版。
			〈燈謎慶節〉中秋佳節，宜蘭光文社依例，定十四日至十六日，於太平醫院懸設文虎，藉慶良辰，主謎者陳芝園、陳少德、林登峰。	《臺灣日日新報》，1924 年 9 月 12 日，夕刊 4 版。
			九月十三日，光文社以適逢舊曆中秋，假太平醫院懸設燈謎，自十二夜至十四夜。莫不興高采烈，夜闌始散。	《臺灣詩薈（上）》，9 號（1924 年 10 月），頁 615。
			九月十四日，蘭社假碧霞宮開觀月會。至者有光文、吟香、仰山三社，而頭圍登瀛社社友亦來會，計有四十餘人。首唱〈關壯繆〉七絕灰韻，次唱〈秋興〉五律尤韻。	《臺灣詩薈（上）》，9 號（1924 年 10 月），頁 615。
			十月廿三日，光文社吟侶以臺南羅蕉麓氏來遊，爲修東道之禮，假集蘭館以開吟筵，即推羅氏爲詞宗，擬題〈金柑〉七絕庚韻，得詩二十餘首，選後開宴，歡談而散	《臺灣詩薈（上）》，10 號（1924 年 11 月），頁 686。
1925	14	大正 14	〈蘭社例會〉：蘭陽三郡下擊鉢聯吟會，值頭圍登瀛社社員莊芳池主催，擬於六月七日（舊曆閏四月十七日）下午一時開會。	《臺灣日日新報》，1925 年 5 月 23 日，夕刊 4 版。
			六月十七日，午後三時，蘭社假頭圍登瀛社事務所，開蘭陽三郡下聯吟會，出席四十餘人。題拈〈新荷〉，得詩六十餘首，共推徐慶瀾、劉文達爲詞宗。	《臺灣日日新報》，1925 年 6 月 17 日，夕刊 4 版。
			莊仁閣赴蘭社大會不果，作詩〈赴頭圍蘭社大會不果寓某禪寺賦呈諸吟友〉。	《臺灣日日新報》，1925 年 7 月 7 日，日刊 4 版。

日治時期大事記：				
西元	民國	日本年	大　　　事　　　記	資料來源
1925	14	大正 14	〈蘭社詩榜〉：蘭社前所課之〈無題〉律詩經託羅蕉鹿先生爲詞宗選取三十首。其十名內氏名如下。一陳金波、二李抱罕、三盧讚祥、四李琮璜、五吳六也、六羽室長亭、七蔡老柯、八同人、九莊芳池、十林懷竹。	《臺灣日日新報》，1925 年 8 月 13 日，夕刊 4 版。
			〈蘭社觀月會〉：蘭社社員莊贊勳、張振茂、陳金波三人，提倡中秋夜八時起，在宜蘭碧霞宮中庭開臨時觀月會，束邀蘭市在住者會員出席。	《臺灣日日新報》，1925 年 10 月 2 日，夕刊 4 版。
			十二月十一日，〈翰墨因緣·蘭社文宴〉，午後，蘭社吟友莊贊勳，假宜蘭碧霞宮爲會場，邀請桃社詩人黃守謙一行，並招待老儒張鏡光、呂桂芬、林以時、林拱辰、鄭騰輝、洪鴻亮等爲陪席，社友出席三十餘人。詩題〈訪梅〉，得詩四十餘首，共推詞宗黃守謙、張鏡光。選後左元陳金波、右元莊贊勳。	《臺灣日日新報》，1925 年 12 月 15 日，日刊 4 版。
1926	15	大正 15	頭圍登瀛吟社成立。（1921 年已草創，此處應指正式組織化）	陳書，《畏勉齋詩文集》（宜蘭：頭城鎮公所，2010 年），頁 21。
			蘭社爲新年元旦，假太平醫院開新年吟會，出席社員四十餘名，首題〈寒梅〉七絕灰韻，詞宗：呂子香、張恆如。	《臺灣日日新報》，1926 年 1 月 9 日，夕刊 4 版。
			頭圍登瀛吟社徵詩，詩題〈白燕〉五律，詞宗：鄭家珍。	《臺南新報》（1926 年 2 月 17 日），頁 6。
			〈蘭陽文昌祭典〉，日前依例由仰山社人士，束邀元宜蘭廳下舉貢生員臨會與祭，以呂桂芬爲主祭，以張鏡光爲陪祭，行三獻大禮，是日與祭者，自洪鴻亮、莊贊勳、林拱辰、鄭騰輝、林以時以外，無慮八百餘名。	《臺灣日日新報》，1926 年 3 月 22 日，夕刊 4 版。
			四月六日，午後四時，蘭社社員周訪梅假潭井商行樓上，設宴招請出席中部全島詩社聯吟大會，慰勞陳金波、	《臺灣日日新報》，1926 年 4 月 8 日，夕刊 4 版。

日治時期大事記：				
西元	民國	日本年	大　　　事　　　記	資料來源
1926	15	大正15	莊贊勳、莊芳池、張振茂、蔡老柯、林本泉、盧纘祥、吳六也、黃振芳均獲入選，席上有訪梅爲主人代表，述開會之旨，次即陳金波爲來賓總代，謝詞。 又，擬於十一日正午，假礁溪樂園再開洗塵宴。	
			十二月七日，頭圍登瀛吟社爲歡迎桃園吟社友，在盧纘祥宅開擊缽吟會，黃振芳、莊芳池、吳六也、林纘發外數氏出席，拈題〈鏡中顏〉，七律尤韻。	《臺灣日日新報》，1926年12月14日，夕刊4版。
			《登瀛吟社第二回通常總會擊缽吟錄》記載「役員選舉」，陳書獲選擔任登瀛吟社第一任社長。	陳書，《畏勉齋詩文集》（宜蘭：頭城鎮公所，2010年），頁21。
1927	16	昭和2	三月三日，午後一時，宜蘭省心齋師恩會，並宿儒張鏡光先生設帳五十週年紀念祝賀會，主催者林拱辰、鄭騰輝、黃燬、黎坤鐘、陳燦元、黃再壽諸氏，假宜蘭街天后宮開會。蘭社代表陳金波祝詞，是日來賓，瀛社、桃坎津吟社、竹社、基津吟社、雙溪吟社、淡北吟社。	《臺灣日日新報》，1927年3月9日，日刊4版。
			三月六日，午前十時，宜蘭郡頭圍街慶安堂主事吳夢熊，舉行文昌帝君祭典，以增生鄭騰輝爲主祭，祭畢迎送聖蹟。	《臺灣日日新報》，1927年3月11日，夕刊4版。
			三月八日，午前九時，宜蘭仰山社舉行文昌祭典，仍行三獻禮，以呂桂芬明經爲主祭，與祭者六十餘名。祭畢，在武營後呂子香桂園開宴。	《臺灣日日新報》，1927年3月11日，夕刊4版。
			三月二日，蘭社莊仁閣假審鵠居設宴召請桃社黃守謙、黃棠卿兩詞友，並邀恆如、雪峰、曉齋、友菊、訪梅諸碩學爲陪，題擬〈以文會友〉五律先韻。共推恆如、守謙爲左右詞宗。	《臺灣日日新報》，1927年3月12日，夕刊4版。

日治時期大事記：				
西元	民國	日本年	大　　　事　　　記	資料來源
1927	16	昭和2	三月五日，頭圍登瀛吟社假夢蘭別墅，爲桃社詩人黃守謙等開歡迎擊鉢會，並春季懇親會。詩題〈墨海〉東韻七絕，共薦黃守謙、莊仁閣爲左右詞宗。	《臺灣日日新報》，1927年3月12日，夕刊4版。
			三月二十五日，蘭社張振茂在道源商行，邀請原宜蘭廳下各詞友春宴，開擊鉢吟。以〈道源春宴〉爲題，限眞韻五律，推松邨、雪峰爲左右詞宗。	《臺灣日日新報》，1927年3月31日，日刊4版。
			三月二十六日，桃社鄭永南、簡楫到蘭。蘭社莊贊勳於是日午後八時，假城南凌雲閣設宴招請。	《臺灣日日新報》，1927年3月31日，日刊4版。
			三月二十五日，新行鶴山醫院魏清壬，同櫟社吳海瑞來蘭視察衛生狀況，蘭社莊贊勳假凌雲閣設宴招待，並邀雪峰、紹善、人和、耀庚、土金各醫師爲陪，開擊鉢吟，以〈春宴〉爲題七絕支韻，共推夢龍、旋衡爲左右詞宗。	《臺灣日日新報》，1927年4月3日，日刊4版。
			四月八日，午後八時，蘭社假杏花村開臨時總會，由幹事長鏡秋提出社長選舉問題，滿場社員推薦連城青碧榕爲社長，並作柏梁體聯吟。	《臺灣日日新報》，1927年4月12日，日刊4版。
			四月十七日，頭圍登瀛吟社假慶安堂開擊鉢例會，詩題〈含笑花〉七絕齊韻。是夜公擬來二十七日欲開該社第四回定期總會，改修社規。	《臺灣日日新報》，1927年4月22日，夕刊4版。
			五月十五日，蘭社莊仁閣赴臺北蓬萊閣，參加瀛社故社長洪以南哀悼會。	《臺灣日日新報》，1927年5月17日，夕刊4版。
			六月四日，端午佳節，蘭社假宜蘭碧霞宮內開催擊鉢吟例會，詩題〈浴蘭湯〉，限多韻七絕。然後赴秋月樓開宴，再拈一題〈艾人〉，限先韻七律，詞宗張恆如、林星樞、鄭璞山。	《臺灣日日新報》，1927年6月7日，夕刊4版。

日治時期大事記：				
西元	民國	日本年	大　　　事　　　記	資料來源
1927	16	昭和2	六月十七日，午後七時，蘭社陳雪峰、莊仁閣發起，爲社友張松村開慰安吟宴，莊仁閣倡議擊缽。首題〈水落石出〉東韻七絕，詞宗：仁閣、松村。次題〈大里海岸〉尤韻七絕，詞宗：陳雪峰、蔡峨峰。	《臺灣日日新報》，1927年6月23日，日刊4版。
			六月十九日，午後一時，蘭社輪值莊仁閣、石友鶴、林玉麟合辦，假仰山書院開會，歡迎基隆、雙溪、頭圍、羅東各吟社社友臨席。	《臺灣日日新報》，1927年6月24日，夕刊4版。
			六月二十四日，正午〈仰山吟會〉，莊仁閣在蘭室別墅，折柬招待曉齋，祝知命逾一壽辰，開擊缽吟，首題〈大里觀瀑〉支韻五律，詞宗：張恆如、洪采庭。次題〈壽星會〉先韻七絕，詞宗：羅蕉麓、鄭雪汀。	《臺灣日日新報》，1927年6月27日，夕刊4版。
			七月五日，帝國麥酒株式會社臺灣出張所販賣部主任陳薰南抵宜蘭，蘭社幹部莊仁閣、張松村、陳雪峰、林淵源、蔡峨峰假凌雲閣設宴招待，並邀雪舫、恆如爲陪，遂開擊缽吟會，以〈夏日即事〉爲題，限先韻七絕各二首。	《臺灣日日新報》，1927年7月9日，夕刊4版。
			七月八日，蘭社莊贊勳爲蘭陽吟社之代表，參列故瀛社社長洪以南公弔，遂即回蘭，蘭友開擊缽吟會慰勞之，以〈苦熱〉爲題。	《臺灣日日新報》，1927年7月17日，夕刊4版。
			七月二十四日，正午，蘭社莊贊勳假審鵠軒招待遠近詩人，雙溪吟社亦有數名來會。首題〈荷風〉七絕東韻，詞宗：張鏡光、洪鴻亮。次題〈夏雨〉五律庚韻，詞宗：林星樞、莊仁閣。	《臺灣日日新報》，1927年7月28日，日刊4版。
			七月三十日，蘭社張振茂，因板橋吟社張欣如往蘭，假茗園別墅設宴招待，招蘭社友爲陪，席上莊仁閣提議	《臺灣日日新報》，1927年8月4日，日刊4版。

日治時期大事記：				
西元	民國	日本年	大　　事　　記	資料來源
1927	16	昭和2	開擊缽吟，題拈〈石枕〉東韻七絕。 翌日正午，莊仁閣亦假凌雲閣重開詩宴，席上作柏梁體聯吟，以〈醉午〉爲題，限先韻。	
			八月三十一日，午後十一時，黃再壽假杏花村招待蘭社詩人，開臨時擊缽吟會，以〈秋雨〉爲題尤韻五律，共推雪岩、仁閣爲左右詞宗。	《臺灣日日新報》，1927年9月8日，夕刊4版。
			宜蘭蘭社例會，原屬頭圍庄吟友值東，因與頭圍分離，故以次回值辦之三張組承辦，張振茂決定於中秋日開會，社友多希望於蘭溪泛月。	《臺灣日日新報》，1927年9月9日，日刊4版。
			九月十日正午，蘭社莊贊勳主催，招待嘉義臺北遠來詩人，開擊缽吟會，以〈賞中秋佳節〉爲題尤韻七律，得詩五十餘首。	《臺灣日日新報》，1927年9月14日，夕刊4版。
			九月二十六日，正午，宜蘭張振茂新構靜室，號爲養眞齋。邀集蘭社同人，開披露吟宴。	《臺灣日日新報》，1927年9月30日，夕刊4版。
			九月二十六日，蘭社詩人設吟宴於湯圍，招待中部詩人數名。首題〈以文會友〉東韻七律，次題〈湯圍溫泉〉先韻五律。	《臺灣日日新報》，1927年10月2日，夕刊4版。
1928	17	昭和3	三月八日，頭圍登瀛吟社在盧纘祥家開擊缽吟會，詩題〈蘭池泛月〉七律陽韻，詞宗石輝、芳池。	《臺灣日日新報》，1928年3月13日，夕刊4版。
			十一月十四日，午後二時，宜蘭蘭社主催御大典奉祝詩會，開於宜蘭碧霞宮。詩題〈慶祝登極大典〉，不拘體韻。來會之老儒及青年詩友，各有恭賦。	《臺灣日日新報》，1928年11月18日，日刊4版。
1929	18	昭和4	〈古曆中秋，蘭邑韻事〉，宜蘭蘭社於古曆中秋夜，由陳雪峰諸氏主倡，假昇龍館樓上開觀月吟會。 是夜，頭圍庄登瀛吟社於盧纘祥新樓開賞月吟會。	《臺灣日日新報》，1929年9月19日，日刊4版。

日治時期大事記：				
西元	民國	日本年	大　　事　　記	資料來源
1929	18	昭和4	宜蘭街蘭社，由蔡峨峯主倡，第十回課題擬定如左〈舟架飛梁〉：詩體七言律，詩韻五歌，截收十一月末日，交卷太平醫院內蔡峨峯。賞品，十名內均有薄贈。	《臺灣日日新報》，1929年11月3日，夕刊4版。
			十一月二十七日，午後八時，貂山吟社假當地莊得利氏樓上，為宜蘭詩友莊仁閣、莊麗基和基隆詩友莊錫茲，開歡迎擊缽吟會，拈題〈雪鴻〉七絕灰韻，呈莊仁閣、許柱珠個選取十首。榜發後，乘興在席上聯句。	《臺灣日日新報》，1929年12月2日，日刊4版。
			春，吳祥輝繼任登瀛吟社第二任社長。	盧纘祥，《盧史雲詩文集》（宜蘭：頭城鎮公所，2014年），頁29。
1930	19	昭和5	二月十日，宜蘭十日會主催，為新任今村宜蘭專賣局出張所長榮轉於高雄州，稅務課長之元宜蘭出張所長杉村二氏，開送迎會，席上有蘭社詞友，即詠〈十日會感懷〉七絕庚韻，發榜揭揚，頗助雅興。又有動議變更會名，會期改為年四季，每三個月開一回，並指名次回當番幹事。	《臺灣日日新報》，1930年2月13日，日刊4版。
			古曆元宵，頭圍登瀛吟社假喚醒堂開會，決定二十三日在盧纘祥宅開第四回總會，並招待社外吟友。首唱〈燈市〉七絕尤韻，次唱詩鐘〈元宵〉魁斗格。	《臺灣日日新報》，1930年2月20日，日刊4版。
			二月二十三日，頭圍登瀛吟社第四回總會，並基隆、雙溪、平溪、三貂、宜蘭六詩社聯吟大會，開於盧纘祥宅。首審議社則一部變更，改選役員，均重任，續開吟會。首唱〈望龜山〉五律陽韻，詞宗李石鯨、周士衡；次唱〈政潮〉七絕眞韻，詞宗張一泓、張鶴年。席上有動議，創設東臺灣聯合吟社，委各社籌備委員研究籌謀，容後再議。	《臺灣日日新報》，1930年2月26日，日刊4版。

日治時期大事記：				
西元	民國	日本年	大　　事　　記	資料來源
1930	19	昭和5	十月三十日，《詩報》創刊，登瀛吟社盧纘祥出任《詩報》第一任副會長（會長從缺）。	《詩報》創刊號（1930年10月30日），頁1。
			頭圍登瀛吟社第四回擊缽吟，詩題〈政潮〉七絕，詞宗：張一泓、張鶴年、莊贊勳。 詩題〈望龜山〉五律，詞宗：李石鯨、周士衡、陳子經。	《詩報》創刊號（1930年10月30日），頁4。
			蘭社詩題〈鳥語〉七絕，詞宗不明。 詩題〈春陰〉七律，左詞宗林焚鶴，右詞宗李琮璜。	《詩報》創刊號（1930年10月30日），頁5。
			頭圍登瀛吟社擊缽，詩題〈柳眼〉五律，詞宗：陳子經、莊芳池。	《詩報》2號（1930年11月27日），頁8。
1931	20	昭和6	〈介紹各吟社近況〉登瀛吟社 事務所置在宜蘭郡頭圍庄頭圍 社長：陳書（子經），理事：盧纘祥（夢蘭），幹事：吳六也（夢祥），庶務：莊方池（夢梅），會計：黃振芳（夢熊），編輯：林才添（夢筆）。 社員： 李兩傳、林德發、張文通、陳木裕、陳生枝、陳阿榮、陳枝成、黃登元、莊正義、連瓊瑱、游雪齋、楊水成、劉其昌、簡祖林、鄭阿福、簡林財發。	《詩報》3號（1931年1月1日），頁6。
			頭圍登瀛吟社擊缽，詩題〈菊魂〉五律，詞宗：林雲帆、游古桐。	《詩報》4號（1931年1月17日），頁4。
			頭圍登瀛吟社擊缽，詩題〈竹影〉五律，詞宗：莊夢梅、盧夢蘭。	《詩報》5號（1931年2月1日），頁3。
			宜蘭街蘭社莊贊勳，在碧霞宮左畔，開設書塾：敏求齋，針對青年，教授以古文、時什及尺牘等。	《臺灣日日新報》，1931年2月28日，夕刊4版。
			蘭社歡迎葉文樞、周石輝擊缽吟，詩題〈春鳥〉七絕，詞宗葉文樞。	《詩報》9號（1931年4月3日），頁11。

日治時期大事記：				
西元	民國	日本年	大　　事　　記	資料來源
1931	20	昭和6	頭圍登瀛吟社，辛未二月晦日，歡迎呂傳琪、李妙草、邱向榮三先生擊缽吟會（一），詩題〈觀海〉七絕，詞宗：呂傳琪、葉文樞。	《詩報》12 號（1931 年 5 月 15 日），頁 10。
			頭圍登瀛吟社，辛未二月晦日，歡迎呂傳琪、李妙草、邱向榮三先生擊缽吟會（二），詩題〈春雲〉七絕，詞宗：呂傳琪。	《詩報》13 號（1931 年 6 月 1 日），頁 6。
			頭圍登瀛吟社第一期徵詩，詩題〈吳沙〉七律，詞宗：葉文樞。	《詩報》14 號（1931 年 6 月 15 日），頁 5。
			六月十四日，仰山吟社五十週年紀念會，開於宜蘭街林氏家廟，就中有女士二名參加。蔡老柯提出「仰山吟社會則」，議決修正通過。依會則投票公選役員結果：社長陳金波、副社長張振茂、幹事（編輯）蔡老柯，同會計林本泉，同庶務石壽松計五名，各當選就任。又推薦顧問：林拱辰、莊贊勳、連碧榕、呂桂芬。 又續開擊缽吟，首唱〈閒雲〉，次唱〈蒲扇〉。	《臺灣日日新報》，1931 年 6 月 19 日，夕刊 4 版。
			頭圍登瀛吟社，歡迎李春霖先生擊缽會，詩題〈招涼珠〉五律，詞宗：葉文樞、李春霖。	《詩報》16 號（1931 年 7 月 15 日），頁 6。
			頭圍登瀛吟社擊缽，詩題〈春山〉七律，詞宗：葉文樞。	《詩報》17 號（1931 年 8 月 1 日），頁 7。
			頭圍登瀛吟社第二期徵詩，詩題〈龜山朝日〉七律，詞宗：鄭養齋。	《詩報》19 號（1931 年 9 月 1 日），頁 6。
			頭圍登瀛吟社第三期徵詩，詩題〈大里魚燈〉七律不拘韻；期限：九月末日截收；詞宗林述三；交卷：宜蘭郡頭圍庄黃振芳收；贈品：十名內均有薄贈。	《臺灣日日新報》，1931 年 9 月 5 日，日刊 8 版。
			頭圍登瀛吟社，歡迎柯子邨、劉夢鷗、李江成三先生擊缽，詩題〈秋燕〉七絕，詞宗：柯子邨、劉夢鷗。	《詩報》21 號（1931 年 10 月 1 日），頁 14。

日治時期大事記：				
西元	民國	日本年	大　　事　　記	資料來源
1931	20	昭和6	仰山吟社第一期課題〈勾踐〉七律，左詞宗莊怡華，右詞宗鄭養齋。	《詩報》22 號（1931年 10 月 15 日），頁 7。
			十一月一日，午後七時宜蘭街青年有志，於市內成興樓，以仰山吟社例會爲機舉行仰山吟社青年漢學研究會發會式，發起人敘禮後，有陳社長祝辭，蔡講師述感想，莊、張各開陳意見，繼開聯合懇親會。	《臺灣日日新報》，1931 年 11 月 8 日，夕刊 4 版。
			宜蘭仰山吟社小集，詩題〈探菊〉七絕，左詞宗周石輝，右詞宗陳金波。	《詩報》24 號（1931年 11 月 15 日），頁 9。
			頭圍登瀛吟社擊缽，詩題〈戰雲〉七絕，詞宗：周士衡、蔡子淘。	《詩報》24 號（1931年 11 月 15 日），頁 10。
			頭圍登瀛吟社第三期徵詩，詩題〈大里漁燈〉七律，詞宗：林述三。	《詩報》24 號（1931年 11 月 15 日），特編。
			頭圍登瀛吟社擊缽，詩題〈夜讀〉七絕，詞宗：葉文樞、張一泓。	《詩報》26 號（1931年 12 月 15 日），頁 8。
			昭和六年，仰山吟社獲官方許可，之前爲民間社團型態。當時社員名單如下： 陳書（子經）、吳祥輝（春麟）、盧纘祥（史雲）、黃振芳（漱六）、吳六也（本順）、林才添（達庵）、莊芳池（夢梅）、游象新（雪齋）、劉枝昌（夢竹）、簡財發（夢珍）、吳鴻福（蔭庭）、陳蔭寬（木裕）、陳志謙（默虛）、莊贊勳（仁閣）、連碧榕（城青）、陳金波（鏡秋）、楊隆泉（澄秋）、李琮璜（璧選）、陳清淡（少竹）、陳存（望遠）、張振茂（松村）、林本泉（淵原）、蔡老柯（鱉峰）、石壽松（友鶴）、李炎（瀘州）、簡荷生（劍吟）、葉長安（延吉）、李康寧（壽卿）、吳英林（松籟）、張黃曾（佐臣）、張天眷（迺西）、林仁山（紹裘）、林松水（恒吾）、李焰	陳長城，〈宜蘭仰山吟社沿革〉，《臺北文獻直字》，109 期（1994年 9 月），頁 143～144。

日治時期大事記：				
西元	民國	日本年	大　　事　　記	資料來源
1931	20	昭和6	灶（燃薪）、蘇西庚（雪樵）、蔡炎輝（鏡豪）、陳春連（向榮）、李耀輝（新炎）、楊長泉（靜淵）、黃春亮（希葛）、杯德發（夢修）、林銘波（晴坡）、林萬榮（樹德）、林錫虎（炳文）、陳榮（維藩）、簡西坤（幼漁）、李春池（漁甫）、林玉麟（夢鶴）、林金枝（劍稜）、李朝梓（維梓）、林榮輝（子清）、林義（知禮）、李登甲（先麟）、陳登第（及卿）、賴仁壽、李兩傳等共有五十六人。	
1932	21	昭和7	來宜蘭塾師葉文樞及吳蔭培二氏，各欲賦歸鄉，由左記諸吟社開餞行吟會，一月十四日仰山吟社，首唱〈餞行葉文樞先生之鷺江，吳蔭培先生之竹塹〉，次唱〈歸燕〉。十五日，登瀛吟社，詩題〈話別〉。十八日，仰山吟社青年讀書會，詩題〈春風〉，詩鐘〈別師〉。	《臺灣日日新報》，1932年1月28日，夕刊4版。
			頭圍登瀛吟社第四期徵詩，詩題〈湯圍溫泉〉，計得詩二百二十二首。 第五期徵詩，詩題〈北關海潮〉，詩體七律不拘韻，期限二月末日截收，交卷宜蘭郡頭圍庄吳春麟，詞宗洪鐵濤。	《臺灣日日新報》，1932年1月28日，夕刊4版。
			頭圍登瀛吟社歡迎蕭獻三擊缽，詩題〈消寒詞〉七絕，詞宗：葉文樞、吳春麟。 詩題〈老農〉七絕，詞宗：蕭獻三、莊芳池。	《詩報》29號（1932年2月6日），頁8。
			頭圍登瀛吟社第四期徵詩，詩題〈湯圍溫泉〉七律，詞宗：魏潤菴。	《詩報》31號（1932年3月15日），頁7。
			宜蘭仰山吟社第一回徵詩，詩題〈蘭城聽雨〉五律，詞宗：林拱辰、連碧榕。	《詩報》31號（1932年3月15日），頁8。
			三月二十五日，仰山吟社陳金波、李琮璜、張振茂、林本泉、蔡老柯諸氏主唱，於午後七時，假宜蘭成興樓，為鹿港詩人施梅樵開歡迎宴。	《臺灣日日新報》，1932年3月27日，日刊8版。

日治時期大事記：				
西元	民國	日本年	大　　事　　記	資料來源
1932	21	昭和 7	三月二十七日，仰山吟社值東幹事張明理、陳玉枝、李燃薪主唱，午後一時起，假宜蘭追遠堂（林氏家廟），為日前出席全島詩會者李、吳、莊、林、簡、張諸氏洗塵，並開月例會。	《臺灣日日新報》，1932 年 3 月 27 日，日刊 8 版。
			四月十五日，登瀛吟社盧纘祥出任《詩報》第一任社長。	《詩報》33 號（1932年 4 月 15 日），頁 2。
			頭圍登瀛吟社擊缽，詩題〈聽琴〉七律，詞宗：朱啓南、葉文樞。	《詩報》33 號（1932年 4 月 15 日），頁 12。
			頭圍登瀛吟社，林水傳先生送別會擊缽，詩題〈折柳〉七絕，詞宗：葉文樞、吳春麟。	《詩報》34 號（1932年 5 月 1 日），頁 7。
			宜蘭仰山吟社社員李紹連，去二日別世，六日舉葬儀。	《臺灣日日新報》，1932 年 5 月 7 日，夕刊 4 版。
			頭圍登瀛吟社擊缽，詩題〈冷泉〉七絕，詞宗：施性湍、陳子經。	《詩報》35 號（1932年 5 月 15 日），頁 6。
			仰山吟社擊缽，詩題〈盆魚〉七律，詞宗：林拱辰、盧史雲。	《詩報》37 號（1932年 6 月 15 日），頁 7。
			頭圍登瀛吟社第五期徵詩，詩題〈北關海潮〉七律，詞宗：洪鐵濤。	《詩報》38 號（1932年 7 月 1 日），頁 5。
			七月二日，登瀛吟社社長陳書字子經仙逝，擇定二十二日出葬。	《臺灣日日新報》，1932 年 7 月 19 日，夕刊 4 版。
			仰山吟社會題〈端午遇雨即事〉七絕，詞宗：吳蔭培、蔡鰲峰。	《詩報》40 號（1932年 8 月 1 日），頁 6。
			頭圍登瀛吟社擊缽，詩題〈藕絲〉七絕，詞宗：張一泓、周士衡。	《詩報》40 號（1932年 8 月 1 日），頁 8。
			頭圍登瀛吟社第六期徵詩，詩題〈隆嶺夕煙〉七律，詞宗：陳懷澄。	《詩報》45 號（1932年 10 月 15 日），頁 2。
			頭圍登瀛吟社擊缽，詩題〈愛蘭〉七絕，詞宗：鄭蘊石、小多郎。	《詩報》46 號（1932年 11 月 1 日），頁 11。

日治時期大事記：				
西元	民國	日本年	大　　事　　記	資料來源
1932	21	昭和7	仰山吟社課題〈漁磯〉五律，詞宗：劉克明、鄭養齋。	《詩報》48號（1932年12月1日），頁10。
			頭圍登瀛吟社擊缽，詩題〈聽泉〉七絕，詞宗：葉文樞、鄭蘊石。	《詩報》48號（1932年12月1日），頁11。
			仰山吟社擊缽吟，詩題〈初冬小集〉七絕，詞宗：蔡子淘、張松村。	《詩報》49號（1932年12月15日），頁7。
			頭圍登瀛吟社擊缽，詩題〈晚妝〉七絕，詞宗：小多郎、游象新。	《詩報》49號（1932年12月15日），頁9。
			十二月二十三日，午後六時，仰山吟社假宜蘭成興樓樓上開忘年擊缽吟會。	《臺灣日日新報》，1932年12月23日，日刊8版。
			盧纘祥繼任登瀛吟社第三任社長。	盧纘祥，《盧史雲詩文集》（宜蘭：頭城鎮公所，2014年），頁29。
1933	22	昭和8	頭圍登瀛吟社擊缽，詩題〈老樵〉五律，詞宗：葉文樞、盧纘祥。	《詩報》52號（1933年2月1日），頁6。
			頭圍登瀛吟社擊缽，詩題〈睡蓮〉五律，詞宗：葉文樞、游象新。	《詩報》53號（1933年2月15日），頁7。
			二月二十五日，宜蘭仰山吟社春季大會，由社長陳金波主催。午後一時起開於宜蘭追遠堂，協議事項為昭和八年度例會主催者豫知。	《臺灣日日新報》，1933年2月25日，夕刊4版。
			三月二十五日，宜蘭仰山吟社在碧霞宮開月例會，首唱〈湯煙〉，詞宗：吳蔭培、李琮璜；次唱〈茶花〉，詞宗：陳鏡秋、蔡鰲峯。	《臺灣日日新報》，1933年3月29日，夕刊4版。
			頭圍登瀛吟社擊缽，詩題〈春筍〉七絕，詞宗：盧史雲、莊芳池。	《詩報》58號（1933年5月1日），頁8。
			仰山吟社擊缽吟，詩題〈茶花〉七絕，詞宗：陳鏡秋、蔡鰲峰。	《詩報》58號（1933年5月1日），頁10。
			頭圍登瀛吟社擊缽，詩題〈踏青〉七絕，詞宗：黃振芳、游象新。	《詩報》59號（1933年5月15日），頁7。

日治時期大事記：				
西元	民國	日本年	大　　事　　記	資料來源
1933	22	昭和8	宜蘭仰山吟社擊缽錄，詩題〈湯烟〉五律，詞宗：吳蔭培、李琮璜。	《詩報》59號（1933年5月15日），頁10。
			頭圍登瀛吟社擊缽，詩題〈社酒〉七律，詞宗：葉文樞、杜仰山。	《詩報》60號（1933年6月1日），頁16。
			頭圍登瀛吟社第七期徵詩，詩題〈蘇澳蜃市〉七律，詞宗：邱筱園。	《詩報》66號（1933年9月1日），頁8。
			八月二十七日，即舊七夕日，宜蘭仰山吟社擊缽吟會開於碧霞宮，頭圍登瀛吟社、蘇澳、雙溪各地詩友臨席。來賓登瀛吟社盧社長致祝，並希望向後每月欲與仰山吟社聯絡開會。首唱〈七夕〉七律歌韻，次唱〈海水浴〉七絕蒸韻。	《臺灣日日新報》，1933年9月4日，日刊8版。
			聲平俱樂部委託宜蘭仰山吟社，向蘭陽三郡下吟社徵詩，詩題〈祝第十回全島產業組合大會〉七律，交卷：宜蘭街張逢源商行張振茂收。	《臺灣日日新報》，1933年9月14日，夕刊4版。
			十月十五日午後一時，宜蘭仰山吟社在宜蘭追遠堂舉開本年度總會。由值東陳社長主之，當日有兩三協議事項，並開擊缽吟會，同夜有懇親宴。	《臺灣日日新報》，1933年10月16日，日刊4版。
			十月十一日，宜蘭仰山吟社幹事林達初，假蘭東百花園主李蘆洲別墅開讀書研究會，每日自午後七時至九時止。	《臺灣日日新報》，1933年10月17日，日刊8版。
			十月二十一日，頭圍登瀛吟社延臺北杜仰山為講師，假喚醒堂開歡迎擊缽會，題擬〈夜○〉七絕覃韻。	《臺灣日日新報》，1933年10月31日，夕刊4版。
			十二月六日，宜蘭仰山吟社月例會開於宜蘭溫泉，值東張振茂、陳新淡，員山庄出席社員四十餘名，即席七律、七絕各一首。繼開懇親吟宴，又有課題〈宜蘭溫泉即景〉七律十一尤。	《臺灣日日新報》，1933年12月11日，日刊8版。

日治時期大事記：				
西元	民國	日本年	大　　　事　　　記	資料來源
1934	23	昭和9	仰山吟社歡迎王少濤及張一泓兩先生擊缽會，詩題〈老來嬌〉七絕，詞宗：王少濤、張一泓。	《詩報》73號（1934年1月1日），頁9。
			一月二日，宜蘭仰山吟社於宜蘭碧霞宮開新年吟會。由幹事林松水、陳連春、李康寧承辦。	《臺灣日日新報》，1934年1月12日，夕刊4版。
			宜蘭仰山吟社擊缽吟，詩題〈庭松〉七律，詞宗：連碧榕、莊仁閣、陳金波。	《詩報》74號（1934年1月15日），頁13。
			一月二十一日，宜蘭仰山吟社臨時總會並月例會，午後一時開於宜蘭碧霞宮。頭圍登瀛吟社杜仰山等數名與會，磋商社規一部改正承認之件，決議後繼開擊缽吟會，首唱〈帆影〉，詞宗吳蔭培、杜仰山，次唱〈雪意〉，詞宗盧讚祥、李雲舟。	《臺灣日日新報》，1934年1月26日，夕刊4版。
			三月三日，宜蘭仰山吟社於宜蘭碧霞宮開新春擊缽吟會。首唱〈春遊〉、次唱〈防彈衣〉，詞宗：莊仁閣、林淵源。	《臺灣日日新報》，1934年3月3日，夕刊4版。
			宜蘭仰山吟社擊缽吟，詩題〈春遊〉七律，詞宗：莊仁閣、林淵源。	《詩報》77號（1934年3月15日），頁7。
			三月二十四日，仰山吟社假碧霞宮開春季總會，有頭圍登瀛吟社及蘭東社友與會。開擊缽吟會，首唱〈聽蛙〉，次唱〈燕剪〉，詞宗：盧史雲、吳蔭培。	《臺灣日日新報》，1934年3月31日，夕刊4版。
			宜蘭仰山吟社擊缽吟，詩題〈秋思〉七律，詞宗：李琮璜、陳鏡秋。	《詩報》78號（1934年4月1日），頁12。
			四月一日，臺北州下春季聯吟大會，假臺北市內北區町委員事務所開會，宜蘭、頭圍、九份、基隆吟友出席百餘名。首唱〈世味〉七律尤韻，詞宗：謝雪漁、吳蔭培。次唱〈無線電話〉七絕先韻，詞宗：杜仰山、謝尊五。詩畸〈宰相、挑菜〉，詞宗：黃水沛、莊仁閣。	《臺灣日日新報》，1934年4月3日，日刊8版。

日治時期大事記：				
西元	民國	日本年	大　　事　　記	資料來源
1934	23	昭和 9	宜蘭仰山吟社擊缽吟，詩題〈喜晴〉七絕，詞宗：連碧榕、李蘆洲、李康寧。	《詩報》79 號（1934年 4 月 15 日），頁 4。
			頭圍登瀛吟社擊缽，詩題〈楊柳風〉七律，詞宗：莊仁閣、杜仰山。 詩題〈春潮〉七絕，詞宗：林淵源、楊靜淵。	《詩報》79 號（1934年 4 月 15 日），頁 11。
			五月十二日，宜蘭仰山吟社於碧霞宮開定期擊缽會，首唱〈荷意〉，次唱〈夜雷〉。	《臺灣日日新報》，1934 年 5 月 16 日，夕刊 4 版。
			五月二十七日，宜蘭仰山吟社主催「北部同聲聯吟會」，開於宜蘭街成興樓，近八十名出席。定刻前，一同至東門孔子廟參拜。首唱〈閒雲〉，詞宗李石鯨、林子惠；次唱〈竹屋〉，詞宗杜仰山、吳蔭培。	《臺灣日日新報》，1934 年 5 月 30 日，夕刊 4 版。
			六月十日，東明吟社成立，假羅東公會堂舉行創社發會式，審議社則，推選社長胡慶森，陳純精、藍渫淮為顧問，然後舉行大成至聖先師孔夫子奉告祭。擊缽吟首唱〈蘭東曉望〉，次唱〈貯木池〉。	《臺灣日日新報》，1934 年 6 月 15 日，夕刊 4 版。
			宜蘭仰山吟社例會并招待登瀛吟社擊缽，詩題〈帆影〉七律，詞宗：杜仰山、吳蔭培。	《詩報》83 號（1934年 6 月 15 日），頁 10。
			頭圍登瀛吟社擊缽，詩題〈晚鐘〉七絕，詞宗：盧史雲、黃振芳。	《詩報》83 號（1934年 6 月 15 日），頁 14。
			六月十九日，仰山吟社在碧霞宮開慰勞擊缽吟會。首唱〈消夏〉，詞宗：吳蔭培、莊仁閣、林玉麟。 次唱〈望夫石〉，詞宗：林淵源、蔡鰲峯、蔡鏡豪。	《臺灣日日新報》，1934 年 6 月 22 日，夕刊 4 版。
			宜蘭仰山吟社課題〈宜蘭溫泉〉七律，詞宗：林拱辰、連城青。	《詩報》84 號（1934年 7 月 1 日），頁 10。

日治時期大事記：				
西元	民國	日本年	大　　事　　記	資料來源
1934	23	昭和 9	頭圍登瀛吟社擊缽，詩題〈沽酒〉七絕，詞宗：盧史雲、游象新。	《詩報》84 號（1934年 7 月 1 日），頁 14。
			七月八日，宜蘭仰山吟社在碧霞宮舉開擊缽吟會，首唱〈落花生〉陽韻七律；次唱〈破屋〉麻韻七絕。由李蘆洲、陳春連、李康寧承辦。	《臺灣日日新報》，1934 年 7 月 11 日，日刊 12 版。
			羅東東明吟社發會式擊缽吟錄，詩題〈蘭東曉望〉七律，左詞宗鄭永南，右詞宗吳蔭培。	《詩報》85 號（1934年 7 月 15 日），頁 5。
			頭圍登瀛吟社納涼會擊缽吟，詩題〈浪花〉五律，詞宗：盧史雲、黃振芳。	《詩報》87 號（1934年 8 月 15 日），頁 2。
			羅東東明吟社發會式擊缽吟錄，詩題〈貯木池〉七絕，左詞宗張一泓，右詞宗杜仰山。	《詩報》87 號（1934年 8 月 15 日），頁 13。
			宜蘭仰山讀書會，歡迎李石鯨擊缽錄，詩題〈睡鴛鴦〉七絕，左詞宗李石鯨，右詞宗吳蔭培。	《詩報》87 號（1934年 8 月 15 日），頁 14。
			〈各社社友錄〉，仰山吟社幹部及社員 社長：陳金波（鏡秋）。 副社長：張振茂（松村）。 顧問： 林拱辰（星樞）、李琮璜（璧選）、莊贊勳（仁閣）、吳蔭培（竹人）、連城青（碧榕）。 幹事： 連挺生（棟臣）、林淵源（達初）、蔡老柯（鰲峰）、蔡王輝（鏡豪）、石壽松（友鶴）。 社員： 王學山（樹人）、江紫元（夢花）、李先麟（趾臣）、李炎（蘆洲）、李金波（碧海）、李春池（步蓮）、李康寧（壽卿）、李燃薪（焰卿）、李耀東（啓明）、林玉麟（仁卿）、林松水（友梅）、林紹裘（箕臣）、林德春（揚青）、張長	《詩報》87 號（1934年 8 月 15 日），頁 16。

日治時期大事記：				
西元	民國	日本年	大　　事　　記	資料來源
1934	23	昭和9	春（柳塘）、張洒西（天眷）、張明理（知天）、張黃曾（佐臣）、莊木火（龍光）、陳水木（樹人）、陳玉枝（友珊）、陳永和（睦卿）、陳金茂（傅卿）、陳春連（（少品）、陳振炫（耀卿）、陳耀輝（新淡）、黃春亮（少青）、黃炳焜（耀卿）、黃新用（以仁）、葉長安（吉臣）、楊龍泉（滾臣）、賴仁壽（國藩）、蘇西庚（星樵）。	
			〈各社社友錄〉，東明吟社幹部及社員 社長：胡慶森。副社長：林義。 顧問：陳純精、藍涊淮。 幹事： 江紫元（夢花）、楊長泉（靜淵）、李朝梓（維桑）、李金火（耀鋒）、林金枝（劍稜）、江朝開。 社員： 李盟珠、何福春、林玉麟、林寬雍、范良銘、黃春亮、陳東山、陳伯榮、陳琳煥、陳葉成、黃承爐、張火金、張天飛、張劍雄、馮石來、游垂德、廖榮松、蔡奕彬、石朝枝（曉暉）、李烏棕（修篁）、林榮輝（子清）、侯德鐘（少嚴）、張聰明（容光）、廖火練（雪峯）。	《詩報》87號（1934年8月15日），頁16。
			〈各社社友錄〉，敏求吟社幹部及社員 社長：莊仁閣（漆園叟）。 名譽顧問： 呂桂芬（子香老）、林星樞（梅居士）、李璧選（天乙生）、林英心（筱圃子）。 社員： 王忠藩（文藻）、李屏藩（石金）、李灼藩（焰坤）、李成藩（懷澄）、李耀藩（澄焜）、江廷藩（金塗）、呂同藩（俊澤）、呂延藩（國賓）、吳鴻藩（聯如）、吳錫藩（金發）、林珠藩（寶庭）、	《詩報》87號（1934年8月15日），頁16。

日治時期大事記：				
西元	民國	日本年	大　　　事　　　記	資料來源
1934	23	昭和9	林樹藩（赤木）、林經藩（展綸）、林維藩（培增）、許貢藩（堅章）、陳文藩（清江）、連釣藩（城璧）、黃和藩（光輝）、游楊藩（如川）、張聖藩（九如）、梁宏藩（榮燦）、梁懋藩（枝臣）、董君藩（耀輝）、蔡作藩（奕樹）、蔡昇藩（金龍）、蔡翰藩（朝元）、潘巨藩（登臣）、潘垣藩（壽屏）、賴國藩（仁壽）、謝建藩（栢松）、簡雲藩（振坤）、藍學藩（桂亭）。	
			頭圍登瀛吟社擊鉢，詩題〈槐陰〉七絕，詞宗：游象新、莊芳池。	《詩報》88 號（1934年 9 月 1 日），頁 13。
			宜蘭仰山社擊鉢，詩題〈聽蛙〉七律，詞宗：盧史雲、吳蔭培。	《詩報》88 號（1934年 9 月 1 日），頁 14。
			羅東東明吟社，課題〈冰淇〉七絕，左詞宗陳鏡秋，右詞宗胡慶森。	《詩報》88 號（1934年 9 月 1 日），頁 15。
			宜蘭仰山吟社擊鉢，詩題〈秋穫〉五律，詞宗：連碧榕、李琮璜、陳鏡秋。	《詩報》89 號（1934年 9 月 15 日），頁 12。
			九月二十二日，宜蘭仰山吟社幹事蔡鰲峰新築洋樓落成，午後一時，在自宅樓上招待社員五十餘名，盛舉擊鉢吟會。首唱〈新樓雅集〉，次唱詩鐘〈燕雀來賀〉翠錦格，評定發表後續開披露宴，外招待來賓百餘名。	《臺灣日日新報》，1934 年 9 月 26 日，夕刊 4 版。
			九月三十日，宜蘭仰山吟社月例會，值東蔡鏡豪，邀集社員四十名，在自宅開擊鉢吟會，首唱〈秋燈〉，次唱〈無電線臺〉，評定發表後繼開晚宴。	《臺灣日日新報》，1934 年 10 月 4 日，日刊 8 版。
			宜蘭仰山讀書會擊鉢，詩題〈待月〉五律，左詞宗盧史雲，右詞宗吳蔭培。	《詩報》91 號（1934年 10 月 15 日），頁 13。
			十月二十二日，宜蘭仰山吟社於碧霞宮舉開擊鉢月例會，首唱〈漁歌〉七律侵韻，次唱〈秋夕〉七絕文韻。	《臺灣日日新報》，1934 年 10 月 25 日，夕刊 4 版。

日治時期大事記：				
西元	民國	日本年	大　　　事　　　記	資料來源
1934	23	昭和9	宜蘭仰山讀書會，歡迎呂漢生擊鉢錄。詩題〈夏菊〉七絕，左詞宗呂漢生，右詞宗林淵源。	《詩報》92 號（1934年 11 月 1 日），頁 14。
			十一月三日，午後一時二十分，臺北州下第六回聯吟大會，開於宜蘭公會堂。他州出席者六名，本州下五十六名，羅東十四名，頭圍十五名，主催社仰山吟社員四十六名出席。首唱〈自鳴鐘〉七律蕭韻，詞宗：吳榮棣、李碩卿。次唱〈秋釀〉七絕文韻，詞宗：王殿沅、謝尊五。	《臺灣日日新報》，1934 年 11 月 5 日，日刊 8 版。
			羅東東明吟社擊鉢，詩題〈愛菊〉七絕，左詞宗張迺西，右詞宗張劍雄。	《詩報》93 號（1934年 11 月 15 日），頁 10。
			宜蘭仰山吟社擊鉢，詩題〈新樓雅集〉七律，詞宗：連碧榕、吳蔭培。	《詩報》93 號（1934年 11 月 15 日），頁 15。
			十一月五日，正午，宜蘭仰山吟社李璧選假天乙堂開擊鉢吟，招待吳少青、鄭舜五他社詩人，及仰山吟社陳鏡秋、張松村、林拱辰、莊仁閣、連城青等。以蘭陽為魁斗格詩鐘。	《臺灣日日新報》，1934 年 11 月 8 日，日刊 12 版。
			十一月五日，午後四時四十分，宜蘭仰山吟社社長陳金波，假成興樓開擊鉢吟，招待來賓。	《臺灣日日新報》，1934 年 11 月 8 日，日刊 12 版。
			羅東東明吟社擊鉢吟，詩題〈重九節〉七絕，左詞宗蔡鏡毫，右詞宗李康寧。	《詩報》94 號（1934年 12 月 1 日），頁 9。
			宜蘭仰山吟社擊鉢，鐘題〈燕雀來賀〉碎錦格，詞宗：李宗璜、陳金波。	《詩報》94 號（1934年 12 月 1 日），頁 13。
			宜蘭仰山社招待會，詩題〈觀菊會〉，左詞宗鄭水南，右詞宗張一泓。	《臺灣日日新報》，1934 年 12 月 5 日，日刊 8 版。6 日，日刊 8 版。18 日，日刊 12 版。20 日，日刊 8 版。21 日，日刊 12 版。

日治時期大事記：				
西元	民國	日本年	大　　事　　記	資料來源
1935	24	昭和 10	宜蘭仰山吟社擊缽，臺北州下吟友招待吟會，詩題〈吟鞭〉七絕，詞宗：曾笑雲、卓夢奄。	《詩報》97 號（1935年 1 月 15 日），頁 12。
			羅東東明吟社，詩題〈賞菊〉七絕，左詞宗林玉麟，右詞宗張洒西。	《詩報》97 號（1935年 1 月 15 日），頁 12。
			一月二十日，宜蘭仰山吟社月例擊缽吟會開於碧霞宮，會員四十餘名出席，擬題〈原壞〉、〈巨人〉，後在成興樓，續開吟筵。	《臺灣日日新報》，1935 年 1 月 22 日，日刊 8 版。
			宜蘭仰山吟社擊缽，詩題〈水中天〉七律，詞宗：莊仁閣、陳鏡秋。	《詩報》98 號（1935年 2 月 1 日），頁 9。
			宜蘭仰山吟社擊缽，詩題〈破屋〉七絕，詞宗：林玉麟、蔡鰲峰。	《詩報》99 號（1935年 2 月 15 日），頁 10。
			二月二十三日，宜蘭仰山吟社舉行臨時大會並月例會，決定退出臺北州下聯吟會及北部同聲聯吟會。役員選舉，投票結果，社長陳鏡秋，副社長張振茂，幹事蔡鰲峰、蔡鏡豪、連廷生、林達初。月例會開會期日，決定每月第一星期日，場所碧霞宮，若欲變更，須先期通知。	《臺灣日日新報》，1935 年 2 月 27 日，夕刊 4 版。
			二月十、十一日，昭和十年臺灣全島聯吟大會，由中部聯合吟會主辦，於臺中公會堂舉開，蘭陽參與詩友，仰山二名、蘭社一名、吟香一名、登瀛三名。	《詩報》100 號（1935年 3 月 1 日），頁 1。
			羅東東明吟社擊缽，詩題〈歲暮〉七絕，左詞宗杜仰山，右詞宗莊仁閣。	《詩報》100 號（1935年 3 月 1 日），頁 12。
			三月三日，宜蘭仰山吟社第一回月例擊缽吟會開於碧霞宮，由李繼先推陳鏡秋、吳蔭培、蔡鰲峰、林達初為詞宗，擬題〈文盲〉、〈杏花村〉。	《臺灣日日新報》，1935 年 3 月 8 日，夕刊 4 版。
			羅東東明吟社擊缽錄，詩題〈病妓〉七絕，左詞宗杜仰山，右詞宗莊仁閣。	《詩報》101 號（1935年 3 月 15 日），頁 14。

日治時期大事記：				
西元	民國	日本年	大　　事　　記	資料來源
1935	24	昭和 10	宜蘭仰山吟社擊缽，詩題〈落花生〉七律，詞宗：莊仁閣、陳鏡秋。	《詩報》101 號（1935年 3 月 15 日），頁 14。
			宜蘭仰山吟社擊缽，詩題〈新綠〉七律，詞宗：吳蔭培、李琮璜。	《詩報》102 號（1935年 4 月 1 日），頁 14。
			頭圍登瀛吟社擊缽，詩題〈丹爐〉七絕，詞宗：曾笑雲、楊靜淵。	《詩報》103 號（1935年 4 月 15 日），頁 11。
			宜蘭仰山吟社，社友陳水木君酹神擊缽吟會，詩題〈陶淵明〉七律，詞宗：李琮璜、陳鏡秋。	《詩報》103 號（1935年 4 月 15 日），頁 12。
			頭圍登瀛吟社擊缽，詩題〈說鬼〉七絕，詞宗：曾笑雲、游雪齋。	《詩報》104 號（1935年 5 月 1 日），頁 8。
			宜蘭仰山吟社擊缽吟，詩題〈消夏〉五律，詞宗：吳蔭培、莊仁閣、林玉麟。	《詩報》104 號（1935年 5 月 1 日），頁 15。
			羅東東明吟社，詩題〈清明即景〉五律，次韻。	《詩報》104 號（1935年 5 月 1 日），頁 15。
			頭圍登瀛吟社擊缽，詩題〈心香〉七絕，詞宗：吳紉秋、莊芳池。	《詩報》105 號（1935年 5 月 15 日），頁 9。
			宜蘭仰山吟社擊缽吟，詩題〈望夫石〉七絕，詞宗：林淵源、蔡鰲峰、蔡鏡豪。	《詩報》105 號（1935年 5 月 15 日），頁 12。
			羅東東明吟社擊缽，詩題〈初夏〉七絕，左詞宗林寬雍，右詞宗楊長泉。	《詩報》105 號（1935年 5 月 15 日），頁 12。
			〈同聲聯吟籌備續報〉，北部同聲聯吟會，輪值登瀛吟社主催，因欲準備鋪關係，故望出席吟友於開會三日前，即來二十三日，出席與否，通知於該社，然大多數吟友，以職業關係希望當日可以歸去。	《臺灣日日新報》，1935 年 5 月 21 日，夕刊 4 版。
			五月二十六日，午後一時，羅東東明吟社先開一週年總會籌備會，並開擊缽吟會。	《臺灣日日新報》，1935 年 5 月 28 日，夕刊 4 版。

日治時期大事記：				
西元	民國	日本年	大　　　事　　　記	資料來源
1935	24	昭和10	五月二十六日，宜蘭仰山吟主催蘭陽三郡聯吟大會，出席吟友數十名。首唱〈望梅〉七律侵韻，次唱〈薰風〉七絕支韻。詞宗評選後，至成興樓吟宴。	《臺灣日日新報》，1935年5月29日，夕刊4版。
			頭圍登瀛吟社擊缽，詩題〈美人歌〉七絕，詞宗：曾笑雲、吳紉秋。	《詩報》106號（1935年6月1日），頁6。
			宜蘭仰山吟社擊缽，詩題〈臺灣震災〉五律，詞宗：蔡鰲峰、林淵源。	《詩報》106號（1935年6月1日），頁14。
			頭圍登瀛吟社擊缽，詩題〈浣衣女〉七絕，詞宗：莊芳池、游雪齋。	《詩報》107號（1935年6月15日），頁11。
			宜蘭仰山吟社擊缽，詩題〈老鶯〉七絕，詞宗：李蘆洲、蔡鏡豪。	《詩報》107號（1935年6月15日），頁15。
			羅東東明吟社擊缽，詩題〈賣錫簫〉七絕，詞宗張迺西。	《詩報》107號（1935年6月15日），頁15。
			頭圍登瀛吟社擊缽，詩題〈觀魚〉七律，詞宗：曾笑雲、吳六也。	《詩報》108號（1935年7月1日），頁7。
			羅東東明吟社擊缽，詩題〈夏風〉五律，天詞宗林玉麟、地詞宗楊靜淵、人詞宗張迺西。	《詩報》108號（1935年7月1日），頁15。
			頭圍登瀛吟社擊缽，詩題〈眼鏡〉七絕，詞宗：曾笑雲、黃漱六。	《詩報》109號（1935年7月15日），頁10。
			宜蘭仰山吟社擊缽，詩題〈荷傘〉五律，詞宗：吳蔭培、陳鏡秋。	《詩報》109號（1935年7月15日），頁14。
			七月二十日，宜蘭仰山吟社社長陳鏡秋為社務出北，然後旋歸。二十日晚在宜蘭街成興樓，由幹事數名發起，招集社員四十餘名出席，為開洗塵擊缽會，題擬〈陳社長洗塵席上即事〉七絕冬韻。	《臺灣日日新報》，1935年7月23日，夕刊4版。
			宜蘭仰山吟社第六回月例擊缽吟會，輪值林玉麟、連挺生承辦。訂二十八日午後一時，假東門口新民堂舉行。	《臺灣日日新報》，1935年7月27日，夕刊4版。

日治時期大事記：				
西元	民國	日本年	大　　事　　記	資料來源
1935	24	昭和 10	頭圍登瀛吟社擊鉢，詩題〈紙帽〉七絕，詞宗：盧史雲、黃漱六。	《詩報》110 號（1935年 8 月 1 日），頁 7。
			宜蘭仰山吟社擊鉢，詩題〈斷雁〉五律，詞宗：陳鏡秋、蔡鰲峯。	《詩報》110 號（1935年 8 月 1 日），頁 15。
			頭圍登瀛吟社擊鉢，詩題〈嵐影〉七絕，詞宗：楊靜淵、吳紉秋。	《詩報》111 號（1935年 8 月 15 日），頁 10。
			羅東東明吟社擊鉢，詩題〈夏雨〉七絕，左詞宗蔡鰲峰，右詞宗林淵源。	《詩報》111 號（1935年 8 月 15 日），頁 12。
			宜蘭仰山吟社唱和錄，詩題〈宜蘭仰山吟社雅集席上〉、〈蔡敦輝君歡迎席上〉、〈遊大安港即景〉，次韻。	《詩報》111 號（1935年 8 月 15 日），頁 16。
			八月二十五日，宜蘭仰山吟社月例會擊鉢會，並招待吳紉秋先生，開於宜蘭街楊隆泉宅上，出席社員三十七名。首唱〈進士第雅集〉，詞宗：吳蔭培、吳紉秋。次唱〈簟紋〉，詞宗：蔡鰲峰、林玉麟。	《臺灣日日新報》，1935 年 8 月 28 日，日刊 12 版。 《詩報》114 號，頁14。115 號頁 13。
			頭圍登瀛吟社擊鉢，詩題〈月影〉七絕，詞宗：黃漱六、莊芳池。	《詩報》112 號（1935年 9 月 1 日），頁 9。
			宜蘭仰山吟社擊鉢，詩題〈美人腰〉七絕，詞宗：蔡峨峯、蔡鏡豪　。	《詩報》112 號（1935年 9 月 1 日），頁 13。
			羅東東明吟社擊鉢，鐘題〈羅東〉鶴頂格，左詞宗林玉麟，右詞宗陳耀輝。	《詩報》112 號（1935年 9 月 1 日），頁 14。
			羅東東明吟社巧節擊鉢，鐘題〈月白煙青〉雙鉤格，左詞宗張迺西，右詞宗李耀鋒。	《詩報》113 號（1935年 9 月 16 日），頁 4。
			頭圍登瀛吟社擊鉢，詩題〈石枕〉七絕，詞宗：盧史雲、游雪齋。 蘇澳納涼會，詩題〈蘇澳泛舟〉五律，詞宗：詞宗：盧史雲、曾笑雲。	《詩報》113 號（1935年 9 月 16 日），頁 9。
			宜蘭仰山吟社擊鉢，詩題〈買臣妻〉七律，詞宗：吳蔭培、陳鏡秋。	《詩報》113 號（1935年 9 月 16 日），頁 16。

日治時期大事記：				
西元	民國	日本年	大　　　事　　　記	資料來源
1935	24	昭和 10	九月二十八日（陰曆九月一日），宜蘭仰山吟社第一任社長林拱辰（星樞）逝世。	《祝三聖宮壹百週年慶東北詩人聯吟大會詩文集》，頁 43～45。
			頭圍登瀛吟社擊缽，詩題〈紅豆冰〉七絕，詞宗：鄭香圃、曾笑雲。	《詩報》114 號（1935 年 10 月 1 日），頁 12。
			宜蘭仰山吟社擊缽，例會并招待吳紉秋，詩題〈進士第雅集〉五律，詞宗：蔭培、吳紉秋。	《詩報》114 號（1935 年 10 月 1 日），頁 14。
			羅東東明吟社課題，鐘題〈烏江憶項王〉七絕，左詞宗盧纘祥，右詞宗黃春亮。	《詩報》114 號（1935 年 10 月 1 日），頁 15。
			頭圍登瀛吟社擊缽，詩題〈折桂〉七絕，詞宗：曾笑雲、游雪齋。	《詩報》115 號（1935 年 10 月 17 日），頁 10。
			宜蘭仰山吟社擊缽，詩題〈簟紋〉七絕，詞宗：蔡鰲峰、林玉麟。	《詩報》115 號（1935 年 10 月 17 日），頁 15。
			宜蘭仰山吟社社長林拱辰告別式，訂十月二十四日，午前七時，在艮門私第舉行。氏前清廩生，改隸後，任廳參事。	《臺灣日日新報》，1935 年 10 月 23 日，夕刊 4 版。
			頭圍登瀛吟社擊缽，詩題〈秋影〉七絕，詞宗：曾笑雲、吳紉秋。	《詩報》116 號（1935 年 11 月 3 日），頁 12。
			宜蘭仰山吟社擊缽，詩題〈香汗〉七絕，詞宗：林玉麟、林淵源、蔡鏡豪。	《詩報》116 號（1935 年 11 月 3 日），頁 15。
			羅東東明吟社重九擊缽，詩題〈落帽風〉五絕，左詞宗林淵源，右詞宗張迺西。	《詩報》116 號（1935 年 11 月 3 日），頁 15。
			宜蘭仰山吟社月例吟會開於碧霞宮，值臺灣始政四十週年記念。值東莊木火、張水柳、林上青、陳水木。	《臺灣日日新報》，1935 年 11 月 12 日，日刊 8 版。
			頭圍登瀛吟社擊缽，詩題〈撞球〉七絕，詞宗：曾笑雲、莊芳池。	《詩報》117 號（1935 年 11 月 18 日），頁 5。

日治時期大事記：				
西元	民國	日本年	大　　　事　　　記	資料來源
1935	24	昭和 10	羅東東明吟社擊缽，鐘題〈竹風蘭雨〉雙鉤格，天詞宗張迺西，地詞宗李耀鋒，人詞宗李維桑。	《詩報》117 號（1935 年 11 月 18 日），頁 5。
			宜蘭仰山吟社秋季大會擊缽，詩題〈乘車觀月〉七律，詞宗：吳蔭培、李雲舟。	《詩報》117 號（1935 年 11 月 18 日），頁 13。
			頭圍登瀛吟社擊缽，詩題〈新雁〉七律，詞宗：盧史雲。	《詩報》118 號（1935 年 12 月 1 日），頁 9。
			宜蘭仰山吟社擊缽，詩題〈十月菊〉七絕，詞宗：林淵源、蔡鏡豪。	《詩報》118 號（1935 年 12 月 1 日），頁 12。
			頭圍登瀛吟社擊缽，詩題〈圓山晚眺〉五律，詞宗：吳紉秋。	《詩報》119 號（1935 年 12 月 15 日），頁 7。
			宜蘭仰山吟社擊缽，詩題〈送吳蔭培先生之羅東〉七律，詞宗：吳蔭培、林玉麟。	《詩報》119 號（1935 年 12 月 15 日），頁 14。
			羅東東明吟社擊缽，詩題〈尋梅〉七律，左詞宗吳蔭培，右詞宗張迺西。	《詩報》119 號（1935 年 12 月 15 日），頁 15。
			十二月十九日，〈仰山吟社祝宴〉：午後五時，宜蘭仰山吟社顧問莊贊勳、吳蔭培、李璧選等發起，假宜蘭街天后宮，為高票當選之社長陳鏡秋，顧問連城青、副社長張振茂、社員黃春亮諸氏開祝賀會，並招待頭圍登瀛吟社盧史雲、林才添、簡林德發，礁溪張蒼連。	《臺灣日日新報》，1935 年 12 月 19 日，夕刊 4 版。
1936	25	昭和 11	頭圍登瀛吟社祝賀會，詩題〈踏雪〉七絕，詞宗：曾笑雲、盧史雲。	《詩報》120 號（1936 年 1 月 1 日），頁 16。
			羅東東明吟社擊缽，詩題〈歲寒圖〉七絕，左詞宗林義，右詞宗張迺西。	《詩報》120 號（1936 年 1 月 1 日），頁 19。
			一月四日，宜蘭仰山吟社月例擊缽會，開於碧霞宮。輪值張佐臣、陳焰坤、李耀東承辦，出席四十餘人。首唱《春耕》五律，次唱《歐風》七絕。	《臺灣日日新報》，1936 年 1 月 7 日，日刊 12 版。

			日治時期大事記：	
西元	民國	日本年	大　　事　　記	資料來源
1936	25	昭和 11	頭圍登瀛吟社擊鉢，詩題〈冬山〉七律，詞宗：林青蓮、杜仰山。	《詩報》121 號（1936年 1 月 17 日），頁 10。
			宜蘭仰山吟社擊鉢，詩題〈春耕〉五律，詞宗：莊仁閣、林淵源。	《詩報》122 號（1936年 2 月 2 日），頁 17。
			頭圍登瀛吟社擊鉢，詩題〈買劍〉七絕，詞宗：楊靜淵、盧史雲。	《詩報》123 號（1936年 2 月 15 日），頁 11。
			宜蘭仰山吟社擊鉢，詩題〈歐風〉七絕，詞宗：林玉麟、蔡鏡豪。	《詩報》123 號（1936年 2 月 15 日），頁 16。
			頭圍登瀛吟社擊鉢，詩題〈酒甕〉五律，詞宗：海為、晁機。	《詩報》124 號（1936年 3 月 1 日），頁 14。
			頭圍登瀛吟社擊鉢，詩題〈忘年會〉五絕，詞宗：黃漱六、游象新。	《詩報》125 號（1936年 3 月 20 日），頁 11。
			宜蘭仰山吟社擊鉢，鐘題〈春、溫泉〉分詠格，詞宗：莊仁閣、林劍稜。	《詩報》125 號（1936年 3 月 20 日），頁 14。
			羅東東明吟社擊鉢，鐘題〈山水〉蜂腰格，詞宗：張洒西。	《詩報》125 號（1936年 3 月 20 日），頁 15。
			宜蘭物產公司徵詩，詞宗：李石鯨、王了菴。詩題：〈蓮根罐詰〉七律。	《詩報》125 號（1936年 3 月 20 日），頁 20。
			頭圍登瀛吟社擊鉢，詩題〈藏嬌屋〉七絕，詞宗：蕭獻三、盧史雲。	《詩報》126 號（1936年 4 月 2 日），頁 3。
			頭圍登瀛吟社擊鉢，詩題〈國防〉七絕，詞宗：盧史雲、劉夢竹。	《詩報》128 號（1936年 5 月 1 日），頁 2。
			羅東東明吟社小集，詩題〈春山〉七絕，詞宗張天眷。	《詩報》128 號（1936年 5 月 1 日），頁 17。
			訂五月十日，午後一時，宜蘭仰山吟社月會開於碧霞宮，輪值陳永和、蔡鏡輝承辦。	《臺灣日日新報》，1936 年 5 月 7 日，日刊 8 版。
			頭圍登瀛吟社擊鉢，詩題〈秋蓮〉七絕，詞宗：曾笑雲、游象新。	《詩報》129 號（1936年 5 月 15 日），頁 3。
			宜蘭仰山吟社擊鉢，詩題〈鳥語〉七絕，詞宗：林淵源、林夢鶴。	《詩報》129 號（1936年 5 月 15 日），頁 15。

西元	民國	日本年	大　　事　　記	資料來源
1936	25	昭和11	六月十四日，宜蘭仰山吟社春季大會定期總會，午後一時開於宜蘭街成興樓，會費每人一圓，當日袖交，是日兼定承辦順序，並改選役員。	《臺灣日日新報》，1936年6月14日，夕刊4版。
			頭圍登瀛吟社擊鉢，詩題〈月眉〉七絕，詞宗：盧史雲、曾笑雲。	《詩報》130號（1936年6月1日），頁6。
			頭圍登瀛吟社擊鉢，詩題〈憶梅〉七絕，詞宗：鄭墨禪、曾笑雲。	《詩報》131號（1936年6月15日），頁6。
			羅東東明吟社小集，鐘題〈花夢〉龍尾格，詞宗：張天眷。	《詩報》131號（1936年6月15日），頁7。
			宜蘭仰山吟社擊鉢，詩題〈蘆汀〉五律，詞宗：吳蔭培、陳鏡秋。	《詩報》131號（1936年6月15日），頁9。
			羅東東明吟社擊鉢，詩題〈藝妓劇〉七絕，詞宗：蔡鰲峰。	《詩報》131號（1936年6月15日），頁16。
			六月二十三日，登瀛吟社召開定期總會，出席社員十八人，議決十月中旬承辦「臺北州下聯吟大會」。議終開擊鉢吟會，首唱〈端午雨〉，次唱詩鐘〈海水浴美人〉分詠格。發表後開吟宴。	《臺灣日日新報》，1936年6月27日，夕刊4版。
			羅東東明吟社，鐘題〈水仙〉魁斗格，詞宗陳鏡秋。	《詩報》132號（1936年7月1日），頁12。
			宜蘭仰山吟社擊鉢，詩題〈香泥〉七絕，詞宗：蔡鰲峰、林淵源。	《詩報》132號（1936年7月1日），頁13。
			羅東東明吟社擊鉢錄，詩題〈採蓮女〉七律，詞宗張天眷。	《詩報》133號（1936年7月16日），頁3。
			宜蘭仰山吟社春季大會，首唱〈宜蘭測候所〉七律，詞宗：陳鏡秋、張松村。	《詩報》133號（1936年7月16日），頁5。
			宜蘭仰山吟社月會暨「歡迎林大冶先生洗塵擊鉢會」，陳金波、張松村承辦，開於成興樓，出席五十餘名。首唱〈卸裝〉七律，詞宗：林大冶、吳蔭培。次唱〈蓮房〉七絕，詞宗：玉麟、松邨。	《臺灣日日新報》，1936年7月31日，日刊12版。《詩報》137號，頁17。

日治時期大事記：				
西元	民國	日本年	大　　　　事　　　　記	資料來源
1936	25	昭和11	宜蘭仰山吟社春季大會，次唱〈夏雨〉七絕，詞宗：林玉麟、林本泉。	《詩報》135號（1936年8月15日），頁10。
			頭圍登瀛吟社擊缽，詩題〈賣冰聲〉七絕，詞宗：盧史雲、莊芳池。	《詩報》135號（1936年8月15日），頁17。
			頭圍登瀛吟社擊缽，詩題〈端午雨〉七絕，詞宗：盧史雲、楊靜淵。	《詩報》136號（1936年9月1日），頁13。
			八月三十日，頭圍登瀛吟社社員游象新將往臺東經商，社長盧史雲召集社員十八人，假信組樓上開送別擊缽吟會，首唱〈征帆〉七律灰韻，次唱〈甘雨〉七絕尤韻。	《臺灣日日新報》，1936年9月2日，日刊8版。
			九月十三日，仰山吟社擊缽月例會，在宜蘭街林松水宅舉行，連坤樹、林本泉、李妍、蘇西庚承辦。首唱〈海客〉七律侵韻，次唱〈梧雨〉七絕庚韻。	《臺灣日日新報》，1936年9月16日，日刊8版。
			頭圍登瀛吟社擊缽，鐘題〈海水浴美人〉分咏格，詞宗：曾笑雲、莊芳池。	《詩報》137號（1936年9月17日），頁8。
			宜蘭仰山吟社歡迎林大冶洗塵擊缽會，詩題〈卸裝〉七律，詞宗：林大冶、吳蔭培。	《詩報》137號（1936年9月17日），頁17。
			宜蘭仰山吟社課題〈屈原〉七律，詞宗：吳蔭培、陳金波。	《詩報》138號（1936年10月2日），頁9。
			羅東東明吟社擊缽，詩題〈秋濤〉七絕，詞宗：張天眷。	《詩報》138號（1936年10月2日），頁16。
			臺北州秋季聯吟大會，即第十回臺北州聯吟大會，輪值登瀛吟社主辦，決定十月十七日假頭圍信用組合樓上舉開。適登瀛吟社創立十五週年，次日續開紀念招待會。	《臺灣日日新報》，1936年10月10日，日刊8版。
			宜蘭仰山吟社擊缽，詩題〈蓮房〉七絕，詞宗：林玉麟、張松邨。	《詩報》139號（1936年10月15日），頁5。
			十月十七日，宜蘭仰山吟社假碧霞宮開第九回月例擊缽會，此回值東為林松水、陳玉枝、莊木火、陳東州。	《臺灣日日新報》，1936年10月17日，夕刊4版。

日治時期大事記：				
西元	民國	日本年	大　　　事　　　記	資料來源
1936	25	昭和11	十月十七日，登瀛吟社主催「臺北州下聯吟大會」，在頭圍產業組合樓上舉開，出席八十餘人。首唱〈秋穫〉，詞宗李石鯨、謝尊五；次唱〈剪刀聲〉，詞宗歐劍窗、洪玉明。次日，舉開「登瀛吟社十五週年慶」，續開招待會。首唱〈珠璣網〉，詞宗：葉文樞、吳蔭培；次唱〈海鏡〉，詞宗：張鶴年、黃笑元。	《詩報》140 號（1936年 11 月 2 日），頁 2。
			羅東東明吟社擊缽，鐘題〈菊鐘聲〉分咏格，詞宗：張天眷。	《詩報》140 號（1936年 11 月 2 日），頁 12。
			頭圍登瀛吟社課題，值東：楊靜淵，詩題〈屈原〉七律，詞宗：盧史雲、曾笑雲。	《詩報》140 號（1936年 11 月 2 日），頁 17。
			頭圍登瀛吟社，十五週年紀念會擊缽吟，首唱〈珠璣網〉七律，詞宗：葉文樞、吳蔭培。	《詩報》141 號（1936年 11 月 16 日），頁 10。
			頭圍登瀛吟社，十五週年紀念會擊缽吟，次唱〈海鏡〉七絕，詞宗：張鶴年、黃笑園。	《詩報》142 號（1936年 12 月 2 日），頁 5。
			頭圍登瀛吟社擊缽，詩題〈畫蓮〉七絕，詞宗：海為、樹德。	《詩報》143 號（1936年 12 月 15 日），頁 12。
1937	26	昭和12	頭圍登瀛吟社送別擊缽吟，詩題〈征帆〉七律，詞宗：游象新、楊靜淵。	《詩報》144 號（1937年 1 月 1 日），頁 17。
			頭圍登瀛吟社擊缽，詩題〈甘雨〉七絕，詞宗：盧史雲、莊芳池。	《詩報》145 號（1937年 1 月 17 日），頁 8。
			羅東東明吟社擊缽，詩題〈雪夜〉五律，詞宗：張天眷。	《詩報》145 號（1937年 1 月 17 日），頁 20。
			一月二十五日，宜蘭仰山吟社顧問吳蔭培應聘神戶莊玉波家庭教師，吳氏來蘭七載，午後二時，社員在碧霞宮為開送別擊缽吟會，參加者百餘名。陳社長開會敘禮，吳氏述謝後開擊缽，首唱《折柳》，次唱《送臘》。評選後，在銀座洋荣館續開送別宴。	《臺灣日日新報》，1937 年 1 月 28 日，夕刊 4 版。

			日治時期大事記：	
西元	民國	日本年	大　　　事　　　記	資料來源
1937	26	昭和12	宜蘭仰山吟社擊缽，詩題〈防風林〉七律，詞宗：莊仁閣、陳鏡秋。	《詩報》146號（1937年2月2日），頁18。
			吳蔭培離開蘭陽去日本，作詩〈留別仰山吟社諸君子〉，莊仁閣、范良銘次韻。	《臺灣日日新報》，1937年2月10日，日刊8版。
			宜蘭仰山吟社擊缽，詩題〈籠中鶴〉七絕，詞宗：林玉麟、蔡峨峰。	《詩報》148號（1937年3月9日），頁16。
			羅東東明吟社小集，詩畸，鐘題〈寒溪櫻信〉雙鉤格，詞宗：張天眷。	《詩報》149號（1937年3月21日），頁15。
			宜蘭仰山吟社擊缽，送別吳蔭培先生，詩題〈折柳〉七律，詞宗：吳蔭培、林大冶。	《詩報》149號（1937年3月21日），頁22。
			宜蘭仰山吟社送吳蔭培先生擊缽，詩題〈送臘〉七絕，詞宗：陳鏡秋、莊仁閣。	《詩報》150號（1937年4月1日），頁13。
			宜蘭仰山吟社擊缽，詩題〈梅信〉七絕，詞宗：蔡峨峰、林淵源。	《詩報》151號（1937年4月20日），頁12。
			宜蘭仰山吟社擊缽，詩題〈雨徑〉五律，詞宗：吳蔭培、蔡鏡豪。	《詩報》152號（1937年5月11日），頁3。
			頭圍登瀛吟社擊缽，詩題〈睡蓮〉五律，詞宗：吳萱草、鄭鷹秋。	《詩報》153號（1937年5月25日），頁18。
			羅東東明吟社擊缽，詩題〈屈原〉七律，詞宗：張天眷。	《詩報》154號（1937年6月8日），頁3。
			頭圍登瀛吟社擊缽，詩題〈跳舞女〉七絕，詞宗：曾秋濤、劉珍祥。	《詩報》154號（1937年6月8日），頁5。
			宜蘭仰山吟社擊缽，詩題〈郁李〉七絕，詞宗：蔡峨峰、林玉麟。	《詩報》156號（1937年7月6日），頁10。
			宜蘭仰山吟社擊缽，詩題〈天中節〉七律，詞宗：陳友珊、張佐臣。	《詩報》157號（1937年7月18日），頁5。
			宜蘭仰山吟社擊缽，詩題〈剪影師〉五律，詞宗：林淩源、蔡鏡豪。	《詩報》158號（1937年8月1日），頁14。

日治時期大事記：				
西元	民國	日本年	大　　事　　記	資料來源
1937	26	昭和12	宜蘭仰山吟社擊缽，詩題〈移民村〉七絕，詞宗：蔡峨峰、林淵源。	《詩報》159 號（1937年8月19日），頁12。
			宜蘭仰山吟社擊缽，詩題〈雨徑〉五律，詞宗：吳蔭培、蔡鏡豪。詩題〈賣魚聲〉七絕，詞宗：李康寧、張洒西。	《詩報》160 號（1937年9月1日），頁10。
			宜蘭仰山吟社擊缽，詩題〈嘆煙花〉七律，詞宗：陳鏡秋、蔡峨峰。	《詩報》162 號（1937年10月6日），頁6。
			宜蘭仰山吟社擊缽，詩題〈秋宵〉七律，詞宗：林大冶、林玉麟。	《詩報》163 號（1937年10月20日），頁9。
			宜蘭仰山吟社擊缽，詩題〈酒痕〉七絕，詞宗：蔡峨峰、李壽卿。	《詩報》164 號（1937年11月4日），頁10。
1938	27	昭和13	宜蘭仰山吟社擊缽，詩題〈航空網〉五律，詞宗：林大冶、陳鏡秋。	《詩報》168 號（1938年1月1日），頁14。
			宜蘭仰山吟社擊缽，詩題〈日章旗〉七律，詞宗：陳鏡秋、林淵源。	《詩報》169 號（1938年1月18日），頁22。
			宜蘭仰山吟社擊缽，詩題〈天鵝肉〉七絕，詞宗：林玉麟、蔡鏡豪。	《詩報》170 號（1938年2月1日），頁17。
			頭圍登瀛吟社歡迎擊缽，詩題〈聽濤〉七絕，詞宗：洪鐵濤、蕭獻三。	《詩報》177 號（1938年5月22日），頁8。
			頭圍登瀛吟社歡迎擊缽，詩題〈荷錢〉七絕，詞宗：曾笑雲、莊芳池。	《詩報》178 號（1938年6月1日），頁8。
			宜蘭仰山吟社，李蘆洲先生令長郎新婚紀念擊缽，詩題〈春柳〉七律，詞宗：莊仁閣、陳鏡秋。	《詩報》179 號（1938年6月16日），頁15。
			頭圍登瀛吟社擊缽，詩題〈畫虎〉七絕，詞宗：盧史雲、莊芳池。	《詩報》180 號（1938年7月4日），頁14。
			羅東東明吟社擊缽，詩題〈落花〉七絕，左詞宗盧史雲，右詞宗蔡鰲峰。	《詩報》180 號（1938年7月4日），頁11。
			頭圍登瀛吟社，蕭獻三游象新歡迎擊缽會，詩題〈漁舟〉七律，詞宗：蕭獻三、游象新。	《詩報》181 號（1938年7月19日），頁6。

日治時期大事記：				
西元	民國	日本年	大　　事　　記	資料來源
1938	27	昭和13	羅東東明吟社詩鐘，鐘題〈新柳〉鶴頂格，左詞宗盧史雲，右詞宗蔡鰲峰。	《詩報》181 號（1938年 7 月 19 日），頁 16。
			宜蘭仰山吟社擊缽，詩題〈弔遊龜山島遭難者〉七律，詞宗：莊仁閣、陳鏡秋。	《詩報》181 號（1938年 7 月 19 日），頁 17。
			頭圍登瀛吟社擊缽，詩題〈鳥人〉七絕，詞宗：黃振芳、曾笑雲。	《詩報》182 號（1938年 8 月 4 日），頁 10。
			宜蘭仰山吟社擊缽，詩題〈俠妓〉五律，詞宗：林玉麟、蔡鰲峰。	《詩報》182 號（1938年 8 月 4 日），頁 14。
			羅東東明吟社詩鐘，鐘題〈水鏡〉冠首，左詞宗黃贊鈞，右詞宗吳蔭培。	《詩報》182 號（1938年 8 月 4 日），頁 16。
			羅東東明吟社，詩題〈野僧〉七絕，左詞宗黃贊鈞，右詞宗吳蔭培。	《詩報》183 號（1938年 8 月 18 日），頁 18。
			宜蘭仰山吟社擊缽，詩題〈抱橋〉七絕，詞宗：李抱罕、蔡鏡豪。	《風月報》71 期（1938年 9 月 1 日），頁 21。
			頭圍登瀛吟社擊缽，詩題〈蘭雨〉七律，詞宗：洪鐵濤、蕭獻三。	《詩報》185 號（1938年 9 月 17 日），頁 6。
			羅東東明吟社第三期課題，詩題〈夏木〉七律，左詞宗賴雨若，右詞宗陳鏡秋。	《詩報》185 號（1938年 9 月 17 日），頁 22。
			羅東東明吟社第三期課題，鐘題〈梅雨〉鶴頂格，左詞宗賴雨若，右詞宗陳鏡秋。	《詩報》186 號（1938年 10 月 1 日），頁 5。
			頭圍登瀛吟社擊缽，詩題〈臨海道路〉七絕，詞宗：盧史雲、黃振芳。	《詩報》186 號（1938年 10 月 1 日），頁 16。
			羅東東明吟社擊缽，詩題〈中秋雅集〉七絕，左詞宗張劍雄，右詞宗張天眷。	《詩報》187 號（1938年 10 月 17 日），頁 19。
			頭圍登瀛吟社，詩題〈閨七夕〉七絕，詞宗：葉文樞、林述三。	《詩報》188 號（1938年 11 月 3 日），頁 6。
			羅東東明吟社課題，詩題〈江楓〉七絕，左詞宗李抱罕，右詞宗曾笑雲。	《詩報》189 號（1938年 11 月 17 日），頁 7。

日治時期大事記：				
西元	民國	日本年	大　　事　　記	資料來源
1938	27	昭和 13	頭圍登瀛吟社歡迎會，詩題〈秋燈〉七絕，詞宗：周石輝、曾笑雲。	《詩報》189 號（1938年 11 月 17 日），頁 15。
			羅東東明吟社第四期課題，鐘題〈秋夜〉鶴頂格，左詞宗李抱罕，右詞宗曾笑雲。	《詩報》190 號（1938年 12 月 2 日），頁 9。
			頭圍登瀛吟社歡迎會，詩題〈夜話〉七絕，詞宗：周石輝、蕭献三。	《詩報》190 號（1938年 12 月 2 日），頁 16。
			羅東東明吟社第六期課題，詩題〈落英〉七絕，左詞宗莊贊勳，右詞宗莊芳池。	《詩報》191 號（1938年 12 月 16 日），頁 11。
1939	28	昭和 14	羅東東明吟社第六期課題，詩題〈陶淵明〉七律，左詞宗莊贊勳，右詞宗莊芳池。	《詩報》192 號（1939年 1 月 1 日），頁 17。
			羅東東明吟社第七期課題，詩題〈老松〉七律，左詞宗陳子敏，右詞宗林臥雲。	《詩報》193 號（1939年 1 月 21 日），頁 10。
			羅東東明吟社第七期課題，鐘題〈迎寒〉鶴頂格，左詞宗陳子敏，右詞宗林臥雲。	《詩報》194 號（1939年 2 月 4 日），頁 8。
			頭圍登瀛吟社歡迎擊鉢，詩題〈山泉〉七絕，詞宗：周石輝、楊靜淵。	《詩報》196 號（1939年 3 月 5 日），頁 7。
			頭圍登瀛吟社歡迎擊鉢，詩題〈買字〉七絕，詞宗：周石輝、盧史雲。	《詩報》197 號（1939年 3 月 18 日），頁 15。
			頭圍登瀛吟社歡迎擊鉢，詩題〈迎春〉七絕，詞宗：洪特授、曾笑雲。	《詩報》198 號（1939年 4 月 1 日），頁 12。
			宜蘭仰山吟社擊鉢，詩題〈買春〉七律，詞宗：蔡峨峰、張迺西。	《詩報》199 號（1939年 4 月 17 日），頁 11。
			頭圍登瀛吟社，鄭指薪先生入社歡迎會，詩題〈題曲水流觴圖〉七律，詞宗：鄭指薪、盧史雲。	《詩報》200 號（1939年 5 月 3 日），頁 11。
			宜蘭仰山吟社擊鉢，詩題〈茅店月〉七律，詞宗：葉海鳴、陳鏡秋。	《詩報》200 號（1939年 5 月 3 日），頁 15。

日治時期大事記：				
西元	民國	日本年	大　　事　　記	資料來源
1939	28	昭和14	頭圍登瀛吟社歡迎擊缽，詩題〈虹橋〉七絕，詞宗：鄭指薪、莊芳池。	《詩報》201號（1939年5月20日），頁13。
			宜蘭仰山吟社擊缽，詩題〈建築圖〉七絕，詞宗：林淵源、莊實章。	《詩報》201號（1939年5月20日），頁14。
			頭圍登瀛吟社擊缽，詩題〈問疾〉七絕，詞宗：葉文樞、曾笑雲。	《詩報》202號（1939年6月5日），頁15。
			頭圍登瀛吟社擊缽，詩題〈海松〉五律，詞宗：莊芳池、曾笑雲。	《詩報》203號（1939年6月20日），頁11。
			宜蘭仰山吟社擊缽，詩題〈品茗〉七絕，詞宗：蔡峨峰、黃希葛。	《詩報》203號（1939年6月20日），頁14。
			頭圍登瀛吟社擊缽，詩題〈蔗漿〉七絕，詞宗：游象新、楊靜淵。	《詩報》204號（1939年7月4日），頁14。
			羅東東明吟社，詩題〈冰山〉七絕，左詞宗游絲中，右詞宗李先麟。	《詩報》205號（1939年7月17日），頁7。
			宜蘭仰山吟社擊缽，詩題〈掃海艇〉七律，詞宗：林玉麟、張佐臣。	《詩報》205號（1939年7月17日），頁9。
			宜蘭仰山吟社擊缽，詩題〈苔痕〉七律，詞宗：陳鏡秋、張松邨。	《詩報》206號（1939年8月1日），頁9。
			頭圍登瀛吟社擊缽，詩題〈問字〉七絕，詞宗：黃振芳、蕭獻三。	《詩報》206號（1939年8月1日），頁11。
			羅東東明吟社，鐘題〈冬日〉鶴頂格，左詞宗游絲中，右詞宗李先麟。	《詩報》206號（1939年8月1日），頁13。
			頭圍登瀛吟社，課題〈樺山公遺跡碑〉七律，詞宗：李石鯨、鄭坤五。	《詩報》207號（1939年8月16日），頁11。
			宜蘭仰山吟社擊缽，詩題〈詩癡〉七絕，詞宗：蔡鰲峰、蔡鏡豪。	《詩報》207號（1939年8月16日），頁14。
			頭圍登瀛吟社，月課〈諸葛武侯出師表〉五律，詞宗：魏潤庵、張純甫。	《詩報》208號（1939年9月1日），頁10。
			宜蘭仰山吟社擊缽，詩題〈謁岳王祠〉五律，詞宗：林玉麟、林淵源。	《詩報》208號（1939年9月1日），頁18。

西元	民國	日本年	大　　　事　　　記	資料來源
			宜蘭仰山吟社唱和錄，詩題〈席上聯吟〉、〈席上贈鼇峰社兄〉、〈贈春子〉、〈贈鳳嬌〉、〈贈愛子〉，次韻。	《詩報》209 號（1939年 9 月 17 日），頁 15。
			宜蘭仰山吟社課題〈惜花〉七律，詞宗：張和鳴、吳英林。	《詩報》210 號（1939年 10 月 1 日），頁 12。
1939	28	昭和 14	宜蘭仰山吟社擊鉢，詩題〈相思樹〉七絕，詞宗：蘆洲（李炎）、龍光（莊木火）。	《詩報》211 號（1939年 11 月 2 日），頁 8。
			宜蘭仰山吟社擊鉢，詩題〈山莊觀雨〉七律，詞宗：林玉麟、李康寧。	《詩報》212 號（1939年 11 月 17 日），頁 9。
			宜蘭仰山吟社擊鉢，詩題〈老處女〉七絕，詞宗：林淵源、蔡鏡豪。	《詩報》214 號（1939年 12 月 20 日），頁 9。
1940	29	昭和 15	連碧榕將移居於玉里長良村，莊仁閣作〈連碧榕君將移居於玉里長良村詩以送之〉相贈。	《臺灣日日新報》，1940 年 2 月 7 日，日刊 8 版。
			頭圍登瀛吟社擊鉢，詩題〈山月〉五律，詞宗：張達修、周伯達。	《詩報》219 號（1940年 3 月 1 日），頁 14。
			宜蘭仰山吟社月例會開於碧霞宮，擊鉢吟〈元日小集〉，詞宗：陳鏡秋、莊仁閣。	《詩報》220 號（1940年 3 月 20 日），頁 18。
			宜蘭仰山吟社月例會，詩題〈椒觴〉七絕，詞宗：蔡峨峰、蔡鏡豪。	《詩報》222 號（1940年 4 月 20 日），頁 14。
			宜蘭仰山吟社擊鉢吟，詩題〈奸商〉五律，詞宗：莊仁閣、陳鏡秋。	《詩報》232 號（1940年 9 月 15 日），頁 20。
			十月二十日，登瀛吟社主催「鼎社聯吟會」，地點盧纘祥宅第，出席五十餘人。首唱〈草嶺風〉，詞宗許梓桑、李石鯨；次唱〈渡江楫〉，詞宗吳蔭培、蔡清揚。	《詩報》235 號（1940年 11 月 2 日），頁 1。
			宜蘭仰山吟社擊鉢吟，詩題〈哭筆〉七律，詞宗：莊仁閣、陳鏡秋、蔡鼇峰。	《詩報》236 號（1940年 11 月 19 日），頁 13。
			宜蘭仰山吟社擊鉢吟，詩題〈鵬影〉七絕，詞宗：陳柏樵、張振茂、林玉麟。	《詩報》237 號（1940年 12 月 1 日），頁 18。

日治時期大事記：

日治時期大事記：				
西元	民國	日本年	大　　　事　　　記	資料來源
1941	30	昭和16	宜蘭仰山吟社擊鉢吟，詩題〈寒衣〉七絕，詞宗：樹德（林萬榮）、壽卿（李康寧）。	《詩報》245號（1941年4月2日），頁15。
			頭圍登瀛吟社擊鉢，首唱〈陶潛宅〉五律，詞宗：盧史雲、蕭献三。	《詩報》246號（1941年4月18日），頁16。
			頭圍登瀛吟社擊鉢，詩題〈雞群鶴〉七絕，詞宗：曾笑雲、鄭指薪。	《詩報》247號（1941年5月6日），頁19。
			頭圍登瀛吟社擊鉢，首唱〈醉春〉五律，詞宗：鄭鷹秋、莊芳池。	《詩報》248號（1941年5月19日），頁8。
			頭圍登瀛吟社，何夢酣先生洗塵擊鉢，詩題〈歸燕〉七絕，詞宗：何夢酣、劉夢鷗。	《詩報》249號（1941年6月4日），頁14。
			宜蘭仰山吟社擊鉢吟，詩題〈烟幕〉七絕，詞宗：林淵源、蔡鏡豪。	《詩報》249號（1941年6月4日），頁16。
			宜蘭仰山吟社擊鉢吟，詩題〈雨意〉七律，詞宗：莊仁閣、蔡鰲峰。	《詩報》251號（1941年7月4日），頁15。
			宜蘭仰山吟社擊鉢吟，詩題〈蕉陰茗談〉五律，詞宗：莊仁閣、陳鏡秋。	《詩報》252號（1941年7月22日），頁16。
			頭圍登瀛吟社，歡迎新竹楊達三先生擊鉢，詩題〈喜鵲〉七絕，詞宗：楊達三、鄭指薪。	《詩報》254號（1941年8月21日），頁14。
1942	31	昭和17	宜蘭仰山吟社歡迎吳蔭培先生擊鉢，詩題〈出牆杏〉七絕，詞宗：陳鏡秋、蔡鰲峰。	《詩報》269號（1942年4月3日），頁21。
			宜蘭仰山吟社歡迎吳蔭培先生擊鉢，詩題〈蘭齋話舊〉七律，詞宗：吳蔭培、莊仁閣。	《詩報》273號（1942年6月5日），頁13。
1943	32	昭和18	宜蘭仰山吟社擊鉢吟，詩題〈大和魂〉七絕，詞宗：蔡鰲峰、李蘆洲。	《詩報》292號（1943年3月23日），頁23。
			宜蘭仰山吟社擊鉢吟，詩題〈增產〉七律，詞宗：莊仁閣、蔡鏡豪。	《詩報》293號（1943年4月6日），頁20。
			頭圍登瀛吟社歡迎擊鉢，詩題〈龜山夕照〉七絕，詞宗：黃森峰、曾笑雲。	《詩報》307號（1943年12月8日），頁12。

日治時期大事記：				
西元	民國	日本年	大　　事　　記	資料來源
1944	33	昭和 19	宜蘭仰山吟社擊缽吟，祝社友李蘆洲君令慈七秩榮壽誌慶，詩題〈鳩杖〉七律，詞宗：陳鏡秋、蔡鰲峰。	《詩報》308 號（1944年 1 月 1 日），頁 24。
			宜蘭仰山吟社擊缽吟，壽蘆洲君令慈古稀，詩題〈慈姑〉七絕，詞宗：鏡豪、維周。	《詩報》309 號（1944年 1 月 19 日），頁 16。

後　記：			
西元	民國	大　　事　　記	資料來源
1952	41	二戰後組織渙散，1952 年李康寧（壽卿）重募社員，成立「宜蘭縣仰山吟社」，獲公推擔任社長。 蔡老柯（鰲峰）為第二任社長，林本泉為總幹事。 其後，林本泉因帳冊問題，和蔡老柯分手，加入吟香吟社，並任社長。 賴仁壽為第三任仰山吟社社長，李贊堂為總幹事，實執其事者林恒州。	《祝三聖宮壹百週年慶東北詩人聯吟大會詩文集》，頁 43～45。 仰山吟社前社長吳舒揚口述，龔必強訪談，當面訪談，2014年 12 月 7 日。
1977	66	鑒於仰山吟社社務頹廢，社員星散，1977 年佛誕節，吳錫多、吳舒揚兄弟再募社員，向宜蘭縣政府立案「宜蘭縣仰山吟詩社」。公推莊木火任社長，吳舒揚為總幹事。	〈宜蘭縣仰山吟社沿革〉，《祝三聖宮壹百週年慶東北詩人聯吟大會詩文集》，頁 43～45。
1983	72	莊木火任滿，陳燦榕繼任社長，林恒州為總幹事。	同上
1988	77	舉辦端午節聯吟大會。因故遭縣府自人民團體名冊除名。	同上
1990	79	五月，仰山吟社與新北市貂山吟社、基隆市詩學研究會結盟「鼎社」，每季輪辦聯吟。	陳祖舜編輯，《鼎社第四十六次詩人聯吟會詩草》（基隆：基隆市詩學研究會，2001年），頁 18。
1994	83	林恒州辭總幹事。	《祝三聖宮壹百週年慶東北詩人聯吟大會詩文集》，頁 43～45。

後　記：			
西元	民國	大　　事　　記	資料來源
1995	84	林枝蒲繼任總幹事。	同上
1998	87	募集社員，重整社務，再向宜蘭縣政府立案「宜蘭縣仰山吟社」，吳舒揚任第一屆理事長，程滄波爲總幹事，方坤邑、陳燦榕、林恒州爲顧問暨指導老師。	同上
1999	88	假宜蘭縣孔子廟開辦「詩學研習班」，請方坤邑任教席；「詩詞吟唱班」，由連嚴素月教唱。	同上
2001	90	吳舒揚續任第二屆理事長，陳建宏爲總幹事。	同上
2005	94	游正一接第三屆理事長，陳建宏續任總幹事。	同上
2006	95	總幹事陳建宏辭職。	同上
2008	97	程滄波繼任第四屆理事長，龔必強爲總幹事。	同上
2009	98	總幹事龔必強辭職。	
目前		社務不振，社員凋零。	

附　圖

圖一：宜蘭市文昌宮（宜蘭市文昌路66號），仰山社曾在此集會。

圖二：「仰山書院」暨「仰山社」故址（在宜蘭市文昌宮東側）
　　　現況，「仰山吟社」1914年在此成立。

圖三：宜蘭市碧霞宮（宜蘭市城隍街 52 號），仰山吟社常在此集會。

圖四：宜蘭市追遠堂（林氏家廟）（宜蘭市南興路 22 號），仰山吟社
　　　多次在此集會。

圖五：頭城鎮喚醒堂（頭城鎮纘祥路 39 號），登瀛吟社附設於此。

圖六：宜蘭孔子廟（宜蘭市新興路 170 號），民國 41 年（1952）
　　　遷建於此。

圖七：羅東孔子廟（文宗社）（羅東鎮北成路一段 26 號），
　　　民國 56 年（1967）遷建於此。
　　　昭和 9 年（1934）東明吟社發會式立社後，隨即祭孔。

圖八：登瀛吟社第三任社長（宜蘭縣第一任民選縣長）盧纘祥故居
　　　（頭城鎮和平街 1xx 號），登瀛吟社多次在此擊缽吟。

附 表

表 1－1：登瀛吟社徵詩彙總表

期別	詩 題	體 韻	交卷期限	詞 宗	交 卷	《詩 報》	
						公告徵詩	徵詩發表
1	吳沙	七 律 不拘韻	昭和6年5 月20日	葉文樞	盧纘祥	1931.04.15. 10號，頁16	1931.06.15. 14號，頁4
2	龜山朝日	七 律 不拘韻	昭和6年7 月10日	鄭養齋	莊芳池	1931.06.15. 14號，頁16	1931.09.01. 19號，頁6
3	大里漁燈	七 律 不拘韻	昭和6年9 月末日	林述三	黃振芳	1931.09.01. 19號，頁1	1931.11.15. 24號，特編
4	湯圍溫泉	七 律 不拘韻	昭和6年 11月末日	魏潤菴	盧纘祥	1931.11.15. 24號，特編	1932.02.15. 31號，頁7
5	北關海潮	七 律 不拘韻	昭和7年2 月末日	洪鐵濤	吳春麟	1932.02.06. 29號，頁1	1932.07.01. 38號，頁5
6	隆嶺夕煙	七 律 不拘韻	昭和7年7 月末日	陳懷澄	游象新	1932.07.15. 39號，頁1	1932.10.15. 45號，頁2

資料來源：《詩報——日治時期臺灣傳統文學大成（1930～1944）》第一、二、三、四
冊，（臺北：龍文出版社，2007年）。

表1－2：各級政府機關文學獎徵選作品體例一覽表

機關及縣市別	文學獎名稱	徵 選 作 品 體 例							
		小說	散文	現代詩新詩	童詩童話	古典詩傳統詩	舞臺劇本傳統戲劇	報導文學	其他
教育部	文藝創作獎	V	V	隔年輪替A		隔年輪替B	隔年輪替V		兒童劇本詳見註一
行政院客委會	客語文學創作獎	V	V	V			V		
行政院原民會	臺灣原住民族文學獎	V	V	V				V	
國立臺灣文學館	臺灣文學獎	V	V	V			V		
臺北	臺北文學獎	V	V	V		V	V		
新北	新北市文學獎	V	V	V			V		小品文
桃園	文藝創作獎	V	V						
桃園	桃青文學獎	V	V	V					
基隆	海洋文學獎	V							
宜蘭	蘭陽文學獎	四年一次A	兩年一次	四年一次B	四年一次B	四年一次A	四年一次B		民間故事詳見註二
宜蘭	蘭陽青年文學獎	V	V	V					

機關及縣市別	文學獎名稱	徵 選 作 品 體 例							
		小說	散文	現代詩新詩	童詩童話	古典詩傳統詩	舞臺劇本傳統戲劇	報導文學	其他
新竹市	竹塹文學獎	V	V	V	V				
新竹縣	吳濁流文藝獎	V		V					
苗栗	夢花文學獎	V	V	V	V			V	母語文學
臺中	大墩文學獎	V	V	V				V	
南投	玉山文學獎	V	V	V		V	V		
彰化	磺溪文學獎	V	V	V				V	
雲林	雲林文學獎	V						V	
嘉義市	桃城文學獎	V	V	V					
嘉義縣	大嘉文學獎		V	V					
臺南	臺南文學獎	V	V	V					兒童文學
屏東	大武山文學獎	V	V	V				V	長篇小說
花蓮	花蓮文學獎		V	V					書寫原住民、石雕
臺東	後山文學獎		V	V					
澎湖	菊島文學獎	V	V	V					
金門	浯島文學獎	V	V						兒童文學

機關及縣市別	文學獎名稱	徵 選 作 品 體 例							
		小說	散文	現代詩新詩	童詩童話	古典詩傳統詩	舞臺劇本傳統戲劇	報導文學	其他
連江	馬祖文學獎		V	V					馬祖故事書寫

附註：

註一：教育部文藝創作獎，戲劇劇本之現代戲劇劇本及兒童戲劇劇本、傳統戲劇劇本採隔年次輪替徵賽。詩詞之新詩、古典詩詞亦採隔年次輪替徵賽。

註二：蘭陽文學獎每二年辦理一次，原則上奇數屆次徵選類別爲：散文、小說、傳統詩、民間故事，偶數屆次徵選類別爲：散文、新詩、童話、歌仔戲劇本。

註三：有些文學獎，其徵選作品體例會有變動，本表以調查當時（民國103年5月）爲基準。

資料來源：各政府機關主辦之文學獎徵文簡章。

表1－3：戰後臺灣傳統詩期刊、報紙一覽表

期　刊：					
刊物名稱	性　質	負責人	創刊日期	發行期間	備　註
《大眾詩鐘》		郭海鳴	1951 年	至 1953 年	詩社內部刊物
《心聲》	月刊	謝森鴻	1946 年 7 月	至 1947 年 2 月	發行 7 期
《中國詩文之友》	月刊	王友芬	1974 年 5 月	至 1993 年 9 月	
《中國詩季刊》	季刊	胡鈍俞	1970 年 3 月	至 1987 年 12 月	
《中華詩學》	季刊	朱萬里	1969 年 6 月	仍在發行	
《中華詩壇》	雙月刊	楊龍潭	2002 年 1 月	仍在發行	
《中華詩苑》	月刊	張作梅	1955 年 3 月	至 1960 年 6 月	
《中華藝苑》	月刊	張作梅	1960 年 7 月	至 1967 年 8 月	
《古典詩刊》	月刊	楊君潛	1990 年 1 月	仍在發行	詩社內部刊物
《古典詩學》	月刊	簡錦松	1988 年		
《民族詩壇》		呂民魂	1955 年 4 月	至 1962 年	
《長安詩訊》			初刊期不詳		詩社內部刊物

期　刊：

刊物名稱	性　質	負責人	創刊日期	發行期間	備　註
《亞洲詩壇》	季刊	彭國棟	1959 年 1 月	至 1979 年 12 月	
《春人吟集》	雙月刊	江　沛	1952 年	仍在運行	詩社內部刊物
《香草藝文》			1998 年 10 月		詩社內部刊物
《香草雅風》	不定期	謝四海	初刊期不詳		詩社內部刊物
《南投縣國學研究會雙月刊》	雙月刊	楊耀騰	1983 年 2 月	仍在發行	詩社內部刊物
《海風詩壇》		計進一	1953 年		詩社內部刊物
《乾坤詩刊》	季刊	龔　華	1997 年 1 月	仍在發行	
《詩文之友》	月刊	洪寶昆	1953 年 4 月	至 1974 年 4 月	
《詩鐘》	年刊	劉昌星	1965 年		詩社內部刊物
《漢詩之聲》	季刊		1993 年 10 月	至 1996 年 10 月	
《楚騷吟刊》	半年刊	姚　植	1990 年 1 月		詩社內部刊物
《彰化縣國學研究會月刊》	月刊	巫漢增	1988 年	仍在發行	詩社內部刊物
《藍田詩學月刊》	月刊		2007 年 5 月		
《鯤南詩苑》	月刊	沈達夫	1956 年 6 月	至 1962 年 2 月	
《鷗社藝苑》	月刊		1950 年 9 月	至 1954 年 12 月	詩社內部刊物
《臺灣古典詩詩學雙月刊》	雙月刊	邱閱南	2000 年 5 月	發行 7 期	
《臺灣古典詩擊鉢雙月刊》	雙月刊	吳錦順	1994 年 11 月	發行 32 期	
《臺灣詩學叢刊》	月刊	許燕汀	1948 年 10 月	至 1948 年 11 月	發行 2 期
《臺灣詩報》	月刊	曾今可	1949 年 1 月	至 1949 年 2 月	發行 2 期
《臺灣詩壇》	月刊	曾今可	1951 年 6 月	至 1960 年 2 月	

報　紙：

報社名稱	專欄名稱	刊登情形
《大眾日報》	詩詞話與創作、詩詞從	1987 年 7 月停止發行
《大華晚報》	瀛海同聲	已停止發行

報　紙：		
報社名稱	專欄名稱	刊登情形
《中華日報》	中華詩壇、中華詩選	已停止刊登
《正氣中華報》	金門酬唱集	已停止發行
《民族晚報》	南雅	已停止發行
《民聲日報》	詞壇、詩壇	1980 年停止發行
《自立晚報》	海濱詩輯、自立詩壇	停刊後以電子報的形式出報
《全民日報》	民風吟壇、臺灣詩話	已停止發行
《更生日報》	更生詩苑	仍在刊登
《東臺日報》	心潮	已停止發行
《臺灣新生報》	傳統詩壇、新生詩苑、臺灣詩壇	已停止刊登

資料來源：

一、姚蓁嬪，《戰後臺灣古典詩發展考述》，臺灣師範大學國文學系博士論文，2012年，頁 142～169、190～207。

二、施懿琳，〈五○年代臺灣古典詩隊伍的重組與詩刊內容的變異——以《詩文之友》為主〉，《戰後初期臺灣文學與思潮論文集》（臺北：文津出版社，2005 年），頁 29～61。

三、廖一瑾，《臺灣古典詩選、詩集、詩社與詩人》（臺北：文津出版社，2013 年），頁 327～330。

四、楊維仁，〈2013 年臺灣古典文學創作概述〉，收錄於《2013 年臺灣文學年鑑》（臺南：國立臺灣文學館，2014 年），頁 29～41。

五、臺灣報紙列表，網址：http://zh.wikipedia.org/wiki/%E5%8F%B0%E7%81%A3%E5%A0%B1%E7%B4%99%E5%88%97%E8%A1%A8#.E5.AE.97.E6.95.99.E5.A0.B1.E7.A4.BE,2015/01/27,0:06AM。

六、《中華詩壇》負責人楊龍潭，龔必強訪談，電子郵件訪談，2015 年 2 月 28 日。

表 1－4：現存臺灣傳統詩社（2014）

地區別	社數	社　　　　名	備　註
全國性	3	中華民國傳統詩學會（等同全國詩社聯合社） 中華詩人文化會 臺灣瀛社詩學會（瀛社）	
區域性	6	鼎社（仰山吟社、貂山吟社、基隆市詩學會聯吟） 澹竹蘆三社聯吟（澹社、竹社、蘆社） 東、北六縣市聯吟（北北基宜花東） 中部四縣市聯吟（中彰投雲） 南部三縣市聯吟（南高屏） 雲嘉南聯吟（雲嘉南）	跨縣市聯吟
臺北市	9	文山吟社，天籟吟社，松山吟社，長安詩社， 春人詩社，龍山吟社，澹社， 中華民國古典詩研究社，中華詩學研究會	屬於東、北六縣市聯吟
新北市	3	貂山吟社，灘音吟社，瑞芳詩會研究會	〃
基隆市	2	雙春吟社，基隆市詩學研究會	〃
宜蘭縣	1	仰山吟社	〃
花蓮縣	1	洄瀾詩社	〃
臺東縣	1	寶桑吟社	〃
桃園縣	2	以文吟社，蘆社（桃園市德林詩學研究會）	澹竹蘆聯吟
新竹市	2	新竹詩社（竹社），龍風樂府	〃
新竹縣	1	陶社詩會	
苗栗縣	2	栗社，苗栗縣國學會	
臺中市	7	中州詩社，長青詩社，蘆墩詩社，寄滬詩社， 太平鳥榕頭詩社，臺中文昌廟詩社， 綠川漢詩研究學會	屬於中部四縣市聯吟
彰化縣	5	文開詩社，香草吟社，興賢吟社， 彰化縣詩學研究協會，彰化縣國學研究會	〃
南投縣	5	登瀛詩社，玉風樂府，南投縣詩易經學會， 南投縣國學研究會，藍田書院詩學研究社	〃

地區別	社數	社　　　　　名	備　註
雲林縣	1	雲林縣傳統詩學會	中部四縣市雲嘉南聯吟
嘉義縣	3	民雄詩社，樸雅吟社，嘉義縣詩學研究會	雲嘉南聯吟
嘉義市	2	麗澤吟社，嘉義市詩學研究會	〃
臺南市	8	玉山吟社，白河吟社，安南詩社，延平詩社，南瀛詩社，慶安詩社，鯤瀛詩社，臺南國學會	南部三縣市雲嘉南聯吟
高雄市	5	林園詩社，旗峰詩社，壽峰詩社，高雄市詩人協會，高雄市詩書畫學會	屬於南部三縣市聯吟
屏東縣	2	國風詩社，屏東縣詩人聯吟會	〃
澎湖縣	1	西瀛吟社	
合　計	72		
其　他		「乾坤詩社」其實是乾坤詩刊雜誌社，有新詩和古典詩，但以新詩為主，不是傳統詩社故不列入。	
其　他		「網路古典詩詞雅集」設有「南山詩社」、「興觀網路詩會」兩個詩學組織，以網路活動為主，不是傳統詩社故不列入。	

資料來源：

一、《中華詩壇》（中華民國傳統詩學會雙月刊）刊載之各詩社活動訊息整理所得。

二、楊維仁，〈2013 年臺灣古典文學創作概述〉，收錄於《2013 年臺灣文學年鑑》（臺南：國立臺灣文學館，2014 年），頁 29～41。

三、黃宏介，《南投地區民間現存傳統詩社研究》，中興大學中國文學系碩士在職專班論文，2009 年。

四、《中華詩壇》負責人楊龍潭，龔必強訪談，電子郵件訪談，2014 年 12 月 29 日。

表 1－5：日治時期蘭陽地區詩社數量統計表（1895～1945）

社　數	社　　　　　名	資料來源
3	1914 仰山吟社 1926 登瀛吟社 1934 東明吟社	賴子清，〈古今臺灣詩文社（二）〉，《臺灣文獻》11 卷 3 期，臺灣省文獻委員會，1960 年 9 月，頁 74～76。

社　數	社　　名	資料來源
3	仰山吟社 光文社 蘭社	連橫原編，〈臺灣詩社記〉，《臺灣詩薈第二號（1924 年 3 月）》（南投：臺灣省文獻委員會重刊，1992 年），頁 96～99。
3	仰山吟社 登瀛吟社（秀才陳書、秀才鄭騰輝、盧纘祥成立） 東興吟社（秀才賴羲楨、秀才黃燧、秀才林維新成立）	陳長城，〈宜蘭仰山吟社沿革〉，《臺北文獻直字》109 期（1994 年 9 月），頁 141～144。
7	1914 仰山吟社 1926 登瀛吟社 1934 東明吟社 蘭社 敏求吟社 光文社 羅東吟社	王文顏，《臺灣詩社之研究》，政治大學中文系碩士論文，1979 年，頁 47～48。
7	1914 仰山吟社 1926 登瀛吟社 1934 東明吟社 蘭社 敏求吟社 光文社 羅東吟社	廖一瑾（雪蘭），《臺灣詩史》（臺北：文史哲出版社，1999 年），頁 37～61。
8	1914 仰山吟社 1927 登瀛吟社 1934 東明吟社 吟香詩社 蘭社 光文社 敏求吟社 濤聲吟社★	陳燦榕，〈蘭陽文壇傳統詩的回顧與薪傳〉，《蘭陽》，第 58 期（臺北：蘭陽雜誌社，1991 年 5 月），頁 69～71。
16	1914 仰山吟社 1921 登瀛吟社、1921 光文社	陳麗蓮，《蘭陽地區傳統文學研究（1800～1945）》，佛光大學文學系博士論文，2008 年，頁 223～225。

社　數	社　　名	資料來源
16	1923 蘭社 1934 東明吟社 吟香社、蘭谿吟社、蘭東吟社 港澳吟社、紫雲吟社、三星吟社 員山吟社、歸眞文社、宜蘭文社 敏求吟社、潮音吟社★1	
16	1914 仰山吟社 1921 蘭社 1922 光文社、1922 蘭谿吟社、 1922 蘭東吟社、1922 紫雲吟社、 1922 三星吟社、1922 港澳吟社、 1922 歸眞吟社、1922 頭圍吟社 1922 員山吟社 1924 吟香社、1924 登瀛吟社 1931 濤聲吟社★2 1934 東明吟社 敏求吟社	謝崇耀，《日治時期臺北州漢詩文化空間之發展與研究》，中正大學中文系博士論文，2010 年，頁 277～279。

★1　潮音吟社、濤聲吟社是否爲同一社，是否成立於日治時期，尚有疑義，盧世標《宜蘭縣志・人民志・禮俗篇》稱成立於 1945 年以後，約在 1948 年。

★2　濤聲吟社，謝崇耀《日治時期臺北州漢詩文化空間之發展與研究・臺北州詩社派生表》認爲成立於 1931 年，其《日治時期臺北州漢詩文化空間之發展與研究・臺北州詩社要目整理》則說成立於「1933 年以前」，前後說法不一，並未註明資料來源，正確性存疑。此說若眞，則濤聲吟社（1931）成立早於東明吟社（1934），背離史實。

表 2－1：日治時期蘭陽地區詩社創立年表

西元	日本年	社　名	地　點	主持人	備　　註
1914	大正 3 年	仰山吟社	宜蘭市	林拱辰	成立於仰山書院故址。★1
1914	大正 3 年	吟香社	宜蘭市	張鏡光	《宜蘭縣志・人民志・禮俗篇》，頁 41。
1921	大正 10 年	光文社	宜蘭市	張振茂	張振茂《茗園集》，頁 1。

西元	日本年	社　名	地　點	主持人	備　　註
1921	大正 10 年	登瀛吟社	頭城鎮	吳祥輝	別稱：頭圍吟社。
1923	大正 12 年	蘭　社	宜蘭市	呂子香	《臺灣日日新報》，1923 年 11 月 23 日。
1934	昭和 9 年	東明吟社	羅東鎮	江紫元	別稱：羅東吟社、羅東街詩社、羅東詩社。
不詳	不　詳	宜蘭文社	宜蘭市	陳金波	大正 13 年（1924）間已成立。
不詳	不　詳	蘭谿吟社		不　詳	大正 11 年（1922）已參加蘭陽詩社活動
不詳	不　詳	蘭東吟社		不　詳	大正 11 年（1922）已參加蘭陽詩社活動
不詳	不　詳	港澳吟社		不　詳	大正 11 年（1922）已參加蘭陽詩社活動
不詳	不　詳	紫雲吟社		不　詳	大正 11 年（1922）已參加蘭陽詩社活動
不詳	不　詳	三星吟社		不　詳	大正 11 年（1922）已參加蘭陽詩社活動
不詳	不　詳	員山吟社		不　詳	大正 11 年（1922）已參加蘭陽詩社活動
不詳	不　詳	歸眞文社		不　詳	大正 11 年（1922）已參加蘭陽詩社活動
不詳	不　詳	敏求吟社	宜蘭市	莊贊勳	昭和 9 年（1934）已公告社友錄。
不詳	不　詳	潮音吟社		楊長泉	是否成立於日治時期尚有疑義。★2

附註：

★1 《臺灣日日新報》，1913 年 2 月 28 日，日刊 6 版，已有仰山吟社相關記載：水返腳（今新北市汐止區）詩人高重熙（峻極）來訪宜蘭，作〈壬子葭月留別蘭陽仰山吟社詞友〉。莊贊勳（仁閣）、林吳庚（嚼梅）各作〈次高重熙君留別瑤韻〉和之。

★2 潮音吟社是否成立於日治時期尚有疑義，一說成立於戰後 1948 年。

資料來源：

一、盧世標，《宜蘭縣志・人民志・禮俗篇》，頁 41。

二、張振茂，《茗園集》（宜蘭：張振茂，未著撰年），頁 1。

三、〈光文社詩社例會〉，《臺灣日日新報》7882 號（1922 年 5 月 9 日），第六版。

四、〈蘭社發會式〉，《臺灣日日新報》8445 號（1923 年 11 月 23 日），第六版。

五、〈羅東東明吟社發會式擊缽吟錄〉，《詩報》87 號（1934 年 8 月 15 日），頁 13。

六、〈敏求吟社社友錄〉，《詩報》87 號（1934 年 8 月 15 日），頁 16。

七、王文顏，《臺灣詩社之研究》，政治大學中國文學研究所碩士論文，1979 年，頁 47～48。

八、廖一瑾，《臺灣詩史》（臺北：文史哲出版社，1999 年），頁 32～66。

九、陳麗蓮，《蘭陽地區地區傳統文學研究（1800～1945）》，佛光大學文學系博士論文，2008 年，頁 223～224。

表 2－2：仰山讀書會課題、徵詩、擊缽吟彙總表（1934）

編號	日　期	期　刊	詩題	詩體	詞　宗	活動類型
001	1934-08-15	《詩報》87 號	睡鴛鴦	七絕	李石鯨 吳蔭培	歡迎李石鯨 擊缽錄
002	1934-10-15	《詩報》91 號	待月	七絕	盧史雲 吳蔭培	擊缽吟
003	1934-11-01	《詩報》92 號	夏菊	七絕	呂漢生 林淵源	歡迎呂漢生 擊缽錄

表 2－3：日治時期蘭陽詩社詩鐘彙總表（1935～1939）

編號	日　期	期　刊	鐘題	鐘體	詞　宗	社別
01	1935-09-01	《詩報》112 期	羅東	鶴頂格	林玉麟、陳耀輝	東明吟社
02	1935-09-16	《詩報》113 期	月白煙青	雙鉤格	張洒西、李耀鋒	
03	1935-11-18	《詩報》117 期	竹風蘭雨	雙鉤格	張洒西 李耀鋒、李維桑	
04	1936-03-20	《詩報》125 期	山水	蜂腰格	張洒西	
05	1936-06-15	《詩報》131 期	花夢	龍尾格	張天眷	

編號	日　期	期　刊	鐘題	鐘體	詞　宗	社別
06	1936-07-01	《詩報》132 期	水仙	魁斗格	陳鏡秋	
07	1936-11-02	《詩報》140 期	菊鐘聲	分咏格	張天眷	
08	1937-03-21	《詩報》149 期	寒溪櫻信	雙鈎格	張天眷	
09	1938-07-19	《詩報》181 期	新柳	鶴頂格	盧史雲、蔡鰲峰	
10	1938-08-04	《詩報》182 期	水鏡	冠首	黃贊鈞、吳蔭培	
11	1938-10-01	《詩報》186 期	梅雨	鶴頂格	陳鏡秋、賴雨若	
12	1938-12-02	《詩報》190 期	秋夜	鶴頂格	曾笑雲、李抱罕	
13	1939-02-04	《詩報》194 期	迎寒	鶴頂格	陳子敏、林臥雲	
14	1939-08-01	《詩報》206 期	冬日	鶴頂格	游絲中、李先麟	
15	1934-12-01	《詩報》94 期	燕雀來賀	碎錦格	李宗璜、陳金波	仰山吟社
16	1936-03-20	《詩報》125 期	春、溫泉	分咏格	莊仁閣、林劍稜	
17	1936-09-17	《詩報》137 期	海水浴美人	分咏格	曾笑雲、莊芳池	登瀛吟社

東明吟社：14　　仰山吟社：2　　登瀛吟社：1　　合計：17。

表3－1：仰山吟社課題、徵詩、擊缽吟彙總表（1931～1944）

編號	日　期	期　刊	詩題	詩體	詞宗	活動類型
001	1931-10-15	《詩報》22 號	勾踐	七律	莊怡華 鄭養齋	第一期課題
002	1931-11-15	《詩報》24 號	探菊	七絕	周石輝 陳金波	小集
003	1932-03-15	《詩報》31 號	蘭城 聽雨	五律	林拱辰 連碧榕	第一回徵詩
004	1932-06-15	《詩報》37 號	盆魚	七律	林拱辰 盧史雲	擊缽吟
005	1932-08-01	《詩報》40 號	端午遇雨即事	七絕	吳蔭培 蔡鰲峰	會題
006	1932-12-01	《詩報》48 號	漁磯	五律	劉克明 鄭養齋	課題

編號	日　期	期刊	詩題	詩體	詞宗	活動類型
007	1932-12-15	《詩報》49 號	初冬小集	七絕	蔡子淘 張松村	擊缽吟
008	1933-05-01	《詩報》58 號	荼花	七絕	陳鏡秋 蔡鰲峰	擊缽吟
009	1933-05-15	《詩報》59 號	湯烟	五律	吳蔭培 李琮璜	擊缽吟
010	1934-01-01	《詩報》73 號	老來嬌	七絕	王少濤 張一泓	歡迎王少濤及張一泓兩先生擊缽會
011	1934-01-15	《詩報》74 號	庭松	七律	連碧榕 莊仁閣 陳金波	擊缽吟
012	1934-03-15	《詩報》77 號	春遊	七律	莊仁閣 林淵源	擊缽吟
013	1934-04-01	《詩報》78 號	秋思	七律	李琮璜 陳鏡秋	擊缽吟
014	1934-04-15	《詩報》79 號	喜晴	七絕	連碧榕 李蘆洲 李康寧	擊缽吟
015	1934-06-15	《詩報》83 號	帆影	七律	杜仰山 吳蔭培	例會并招待登瀛吟社擊缽錄
016	1934-07-01	《詩報》84 號	宜蘭溫泉	七律	林拱辰 連城青	課題
017	1934-09-01	《詩報》88 號	聽蛙	七律	盧史雲 吳蔭培	擊缽吟
018	1934-09-15	《詩報》89 號	秋穫	五律	連碧榕 李琮璜 陳鏡秋	擊缽吟
019	1934-11-15	《詩報》93 號	新樓雅集	七律	連碧榕 吳蔭培	擊缽吟
020	1934-12-01	《詩報》94 號	燕雀來賀	詩鐘	李宗璜 陳金波	碎錦格
021	1935-01-15	《詩報》97 號	吟鞭	七絕	曾笑雲 卓夢奄	擊缽 臺北州下吟友招待吟會

編號	日　期	期刊	詩題	詩體	詞宗	活動類型
022	1935-02-01	《詩報》98 號	水中天	七律	莊仁閣 陳鏡秋	擊鉢吟
023	1935-02-15	《詩報》99 號	破屋	七絕	林玉麟 蔡鰲峰	擊鉢吟
024	1935-03-15	《詩報》101 號	落花生	七律	莊仁閣 陳鏡秋	擊鉢吟
025	1935-04-01	《詩報》102 號	新綠	七律	吳蔭培 李琮璜	擊鉢吟
026	1935-04-15	《詩報》103 號	陶淵明	七律	李琮璜 陳鏡秋	社友陳水木君 酹神擊鉢吟會
027	1935-05-01	《詩報》104 號	消夏	五律	吳蔭培 莊仁閣 林玉麟	擊鉢吟
028	1935-05-15	《詩報》105 號	望夫石	七絕	林淵源 蔡鰲峰 蔡鏡豪	擊鉢吟
029	1935-06-01	《詩報》106 號	臺灣 震災	五律	蔡鰲峰 林淵源	擊鉢吟
030	1935-06-15	《詩報》107 號	老鶯	七絕	李蘆洲 蔡鏡豪	擊鉢吟
031	1935-07-15	《詩報》109 號	荷傘	五律	吳蔭培 陳鏡秋	擊鉢吟
032	1935-08-01	《詩報》110 號	斷雁	五律	陳鏡秋 蔡鰲峯	擊鉢吟
033	1935-09-01	《詩報》112 號	美人腰	七絕	蔡峨峯 蔡鏡豪	擊鉢吟
034	1935-09-16	《詩報》113 號	買臣妻	七律	吳蔭培 陳鏡秋	擊鉢吟
035	1935-10-01	《詩報》114 號	進士第 雅集	五律	吳蔭培 吳紉秋	例會并招待吳 紉秋
036	1935-10-17	《詩報》115 號	簟紋	七絕	蔡鰲峰 林玉麟	擊鉢吟
037	1935-11-03	《詩報》116 號	香汗	七絕	林玉麟 林淵源 蔡鏡豪	擊鉢吟

編號	日　期	期刊	詩題	詩體	詞宗	活動類型
038	1935-11-18	《詩報》117 號	乘車觀月	七律	吳蔭培 李雲舟	秋季大會擊缽錄
039	1935-12-01	《詩報》118 號	十月菊	七絕	林淵源 蔡鏡豪	擊缽吟
040	1935-12-15	《詩報》119 號	送吳蔭培先生之羅東	七律	吳蔭培 林玉麟	擊缽吟
041	1936-02-02	《詩報》122 號	春耕	五律	莊仁閣 林淵源	擊缽吟
042	1936-02-15	《詩報》123 號	歐風	七絕	林玉麟 蔡鏡豪	擊缽吟
043	1936-03-20	《詩報》125 號	春、溫泉	詩鐘	莊仁閣 林劍稜	擊缽 分咏格
044	1936-05-15	《詩報》129 號	鳥語	七絕	林淵源 林夢鶴	擊缽吟
045	1936-06-15	《詩報》131 號	蘆汀	五律	吳蔭培 陳鏡秋	擊缽吟
046	1936-07-01	《詩報》132 號	香泥	七絕	蔡鰲峰 林淵源	擊缽吟
047	1936-07-16	《詩報》133 號	宜蘭測候所	七律	陳鏡秋 張松村	仰山春季大會首唱
048	1936-08-15	《詩報》135 號	夏雨	七絕	林夢鶴 林淵源	仰山春季大會次唱
049	1936-09-17	《詩報》137 號	卸裝	七律	林大冶 吳蔭培	歡迎林大冶先生洗塵擊缽會
050	1936-10-02	《詩報》138 號	屈原	七律	吳蔭培 陳金波	課題
051	1936-10-15	《詩報》139 號	蓮房	七絕	林玉麟 張松邨	擊缽吟
052	1937-02-02	《詩報》146 號	防風林	七律	莊仁閣 陳鏡秋	擊缽吟
053	1937-03-09	《詩報》148 號	籠中鶴	七絕	林玉麟 蔡峨峰	擊缽吟

編號	日 期	期刊	詩題	詩體	詞宗	活動類型
054	1937-03-21	《詩報》149 號	折柳	七律	吳蔭培 林大冶	送別吳蔭培先生
055	1937-04-01	《詩報》150 號	送臘	七絕	陳鏡秋 莊仁閣	送吳蔭培先生擊缽
056	1937-04-20	《詩報》151 號	梅信	七絕	蔡峨峰 林淵源	擊缽吟
057	1937-05-11	《詩報》152 號	雨徑	五律	吳蔭培 蔡鏡豪	擊缽吟
058	1937-07-06	《詩報》156 號	郁李	七絕	蔡峨峰 林玉麟	擊缽吟
059	1937-07-18	《詩報》157 號	天中節	七律	陳友珊 張佐臣	擊缽吟
060	1937-08-01	《詩報》158 號	剪影師	五律	林淩源 蔡鏡豪	擊缽吟
061	1937-08-19	《詩報》159 號	移民村	七絕	蔡峨峰 林淵源	擊缽吟
062	1937-09-01	《詩報》160 號	雨徑	五律	吳蔭培 蔡鏡豪	擊缽吟
063	1937-09-01	《詩報》160 號	賣魚聲	七絕	李康寧 張迺西	擊缽吟
064	1937-10-06	《詩報》162 號	嘆煙花	七律	陳鏡秋 蔡峨峰	擊缽吟
065	1937-10-20	《詩報》163 號	秋宵	七律	林大冶 林玉麟	擊缽吟
066	1937-11-04	《詩報》164 號	酒痕	七絕	蔡峨峰 李壽卿	擊缽吟
067	1938-01-01	《詩報》168 號	航空網	五律	林大冶 陳鏡秋	擊缽吟
068	1938-01-18	《詩報》169 號	日章旗	七律	陳鏡秋 林淵源	擊缽吟
069	1938-02-01	《詩報》170 號	天鵝肉	七絕	林玉麟 蔡鏡豪	擊缽吟
070	1938-06-16	《詩報》179 號	春柳	七律	莊仁閣 陳鏡秋	李蘆洲先生令長郎新婚紀念擊缽錄

編號	日　期	期刊	詩題	詩體	詞宗	活動類型
071	1938-07-19	《詩報》181 號	弔遊龜山島遭難者	七律	莊仁閣 陳鏡秋	擊缽吟
072	1938-08-04	《詩報》182 號	俠妓	五律	林玉麟 蔡鰲峰	擊缽吟
073	1939-04-17	《詩報》199 號	買春	七律	蔡峨峰 張迺西	擊缽吟
074	1939-05-03	《詩報》200 號	茅店月	七律	葉海鳴 陳鏡秋	擊缽吟
075	1939-05-20	《詩報》201 號	建築圖	七絕	林淵源 莊實章	擊缽吟
076	1939-06-20	《詩報》203 號	品茗	七絕	蔡峨峰 黃希葛	擊缽吟
077	1939-07-17	《詩報》205 號	掃海艇	七律	林玉麟 張佐臣	擊缽吟
078	1939-08-01	《詩報》206 號	苔痕	七律	陳鏡秋 張松邨	擊缽吟
079	1939-08-16	《詩報》207 號	詩癡	七絕	蔡鰲峰 蔡鏡豪	擊缽吟
080	1939-09-01	《詩報》208 號	謁岳王祠	五律	林玉麟 林淵源	擊缽吟
081	1939-10-01	《詩報》210 號	惜花	七律	張和鳴 吳英林	課題
082	1939-11-02	《詩報》211 號	相思樹	七絕	李蘆洲 莊龍光	擊缽吟
083	1939-11-17	《詩報》212 號	山莊觀雨	七律	林玉麟 李康寧	擊缽吟
084	1939-12-20	《詩報》214 號	老處女	七絕	林淵源 蔡鏡豪	擊缽吟
085	1940-03-20	《詩報》220 號	元日小集	七律	陳鏡秋 莊仁閣	月例會開於碧霞宮
086	1940-04-20	《詩報》222 號	椒觴	七絕	蔡峨峰 蔡鏡豪	月例會

編號	日　期	期刊	詩題	詩體	詞宗	活動類型
087	1940-09-15	《詩報》232 號	奸商	五律	莊仁閣 陳鏡秋	擊缽吟
088	1940-11-19	《詩報》236 號	哭筆	七律	莊仁閣 陳鏡秋 蔡鰲峰	擊缽吟
089	1940-12-01	《詩報》237 號	鵬影	七絕	陳柏樵 張振茂 林玉麟	擊缽吟
090	1941-04-02	《詩報》245 號	寒衣	七絕	林樹德 李壽卿	擊缽吟
091	1941-06-04	《詩報》249 號	烟幕	七絕	林淵源 蔡鏡豪	擊缽吟
092	1941-07-04	《詩報》251 號	雨意	七律	莊仁閣 蔡鰲峰	擊缽吟
093	1941-07-22	《詩報》252 號	蕉陰 茗談	五律	莊仁閣 陳鏡秋	擊缽吟
094	1942-04-03	《詩報》269 號	出牆杏	七絕	陳鏡秋 蔡鰲峰	歡迎吳蔭培擊缽錄
095	1942-06-05	《詩報》273 號	蘭齋 話舊	七律	吳蔭培 莊仁閣	歡迎吳蔭培擊缽錄
096	1943-03-23	《詩報》292 號	大和魂	七絕	蔡鰲峰 李蘆洲	擊缽吟
097	1943-04-06	《詩報》293 號	增產	七律	莊仁閣 蔡鏡豪	擊缽吟
098	1944-01-01	《詩報》308 號	鳩杖	七律	陳鏡秋 蔡鰲峰	祝社友李蘆洲君令慈七秩榮壽誌慶
099	1944-01-19	《詩報》309 號	慈姑	七絕	鏡豪 維周	壽蘆洲君令慈古稀
100	1938-09-01	《風月報》71 期	抱橋	七絕	李抱罕 蔡鏡豪	擊缽吟
071-1	1938-07-15	《風月報》68 期	弔遊龜山島遭難者	七律	莊仁閣 陳鏡秋	擊缽吟

編號	日 期	期刊	詩題	詩體	詞宗	活動類型
076-1	1939-06-17	《風月報》88 期	品茗	七絕	蔡鰲峰 黃希葛	擊缽吟
077-1	1939-07-24	《風月報》90 期	掃海艇	七律	林玉麟 張佐臣	擊缽吟
080-1	1939-09-28	《風月報》94 期	謁岳 王祠	五律	林玉麟 林淵源	擊缽吟
081-1	1939-09-28	《風月報》94 期	惜花	七律	張和鳴 吳英林	課題
079-1	1939-11-06	《風月報》97 期	詩癡	七絕	蔡鰲峰 蔡鏡豪	擊缽吟
084-1	1940-02-01	《風月報》102 期	老處女	七絕	林淵源 蔡鏡豪	擊缽吟
085-1	1940-04-01	《風月報》106 期	元日 小集	七律	陳鏡秋 莊仁閣	月例會開於碧霞宮
086-1	1940-05-05	《風月報》108 期	椒觴	七絕	蔡鰲峰 蔡鏡豪	月例會
092-1	1941-06-15	《風月報》132 期	雨意	七律	莊仁閣 蔡鰲峰	擊缽吟
093-1	1941-07-01	《南方》133 期	蕉陰 茗談	五律	莊仁閣 陳鏡秋	擊缽吟
094-1	1942-06-15	《南方》154 期	出牆杏	七絕	陳鏡秋 蔡鰲峰	歡迎吳蔭培擊缽吟
096-1	1943-04-01	《南方》172 期	大和魂	七絕	蔡鰲峰 李蘆洲	擊缽吟
098-1	1943-04-01	《南方》172 期	增產	七律	莊仁閣 蔡鏡豪	擊缽吟
	1935-08-16	《詩報》111 號	仰山吟社雅集席上	七絕		唱和錄
	1935-08-16	《詩報》111 號	蔡敦輝君歡迎席上	七絕		唱和錄
	1935-08-16	《詩報》111 號	遊大安港即景	七絕		唱和錄

編號	日　　期	期刊	詩題	詩體	詞宗	活動類型
	1939-09-17	《詩報》209 號	席上贈鰲峰社兄	七絕		唱和錄
	1939-09-17	《詩報》209 號	席上聯吟	七律		唱和錄
	1939-09-17	《詩報》209 號	贈春子	七絕		唱和錄
	1939-09-17	《詩報》209 號	贈鳳嬌	七絕		唱和錄
	1939-09-17	《詩報》209 號	贈愛子	七絕		唱和錄

五絕：0。　五律：19。　七絕：40。　七律：39。　詩鐘：2。　合計：100。

表 3－2：登瀛吟社課題、徵詩、擊缽吟彙總表（1930～1943）

編號	日　　期	期刊	詩　題	詩體	詞宗	活動類型
001	1930-10-30	《詩報》01 號	政潮	七絕	張一泓 張鶴年 莊贊勳	第四回擊缽吟
002	1930-10-30	《詩報》01 號	望龜山	五律	李石鯨 周士衡 陳子經	
003	1930-11-27	《詩報》02 號	柳眼	五律	陳子經 莊芳池	擊缽吟
004	1931-01-17	《詩報》04 號	菊魂	五律	林雲帆 游古桐	擊缽吟
005	1931-02-01	《詩報》05 號	竹影	五律	莊夢梅 盧夢蘭	擊缽吟
006	1931-05-15	《詩報》12 號	觀海	七絕	呂傳琪 葉文樞	歡迎呂傳琪等擊缽吟
007	1931-06-01	《詩報》13 號	春雲	七絕	呂傳琪	歡迎呂傳琪等擊缽吟
008	1931-06-15	《詩報》14 號	吳沙	七律	葉文樞	第一期徵詩
009	1931-07-15	《詩報》16 號	招涼珠	七絕	葉文樞 李春霖	歡迎李春霖擊缽吟
010	1931-08-01	《詩報》17 號	春山	七律	葉文樞	擊缽吟

編號	日 期	期刊	詩 題	詩體	詞宗	活動類型
011	1931-09-01	《詩報》19 號	龜山朝日	七律	鄭養齋	第二期徵詩
012	1931-10-01	《詩報》21 號	秋燕	七絕	柯子邨 劉夢鷗	歡迎柯子邨等擊缽吟
013	1931-11-15	《詩報》24 號	大里漁燈	七律	林述三	第三期徵詩
014	1931-11-15	《詩報》24 號	戰雲	七絕	周士衡 蔡子淘	擊缽吟
015	1931-12-15	《詩報》26 號	夜讀	七絕	葉文樞 張一泓	擊缽吟
016	1932-02-06	《詩報》29 號	消寒詞	七絕	葉文樞 吳春麟	歡迎蕭獻三擊缽吟
017	1932-02-06	《詩報》29 號	老農	七絕	蕭獻三 莊芳池	歡迎蕭獻三擊缽吟
018	1932-03-15	《詩報》31 號	湯圍溫泉	七律	魏潤菴	第四期徵詩
019	1932-04-15	《詩報》33 號	聽琴	七律	朱啓南 葉文樞	擊缽吟
020	1932-05-01	《詩報》34 號	折柳	七絕	葉文樞 吳春麟	送別林水傳擊缽吟
021	1932-05-15	《詩報》35 號	冷泉	七絕	施性湍 陳子經	擊缽吟
022	1932-07-01	《詩報》38 號	北關海潮	七律	洪鐵濤	第五期徵詩
023	1932-08-01	《詩報》40 號	藕絲	七絕	張一泓 周士衡	擊缽吟
024	1932-10-15	《詩報》45 號	隆嶺夕煙	七律	陳懷澄	第六期徵詩
025	1932-11-01	《詩報》46 號	愛蘭	七絕	鄭蘊石 小冬郎	擊缽吟
026	1932-12-01	《詩報》48 號	聽泉	七絕	葉文樞 鄭蘊石	擊缽吟
027	1932-12-15	《詩報》49 號	晚妝	七絕	小冬郎 游象新	擊缽吟

編號	日 期	期刊	詩 題	詩體	詞宗	活動類型
028	1933-02-01	《詩報》52 號	老樵	五律	葉文樞 盧纘祥	擊缽吟
029	1933-02-15	《詩報》53 號	睡蓮	五律	葉文樞 游象新	擊缽吟
030	1933-05-01	《詩報》58 號	春筍	七絕	盧史雲 莊芳池	擊缽吟
031	1933-05-18	《詩報》59 號	踏青	七絕	黃振芳 游象新	擊缽吟
032	1933-06-01	《詩報》60 號	社酒	七律	葉文樞 杜仰山	
033	1933-09-01	《詩報》66 號	蘇澳 蜃市	七律	邱筱園	第七期徵詩
034	1934-04-15	《詩報》79 號	楊柳風	七律	莊仁閣 杜仰山	擊缽吟
035	1934-04-15	《詩報》79 號	春潮	七絕	林淵源 楊靜淵	擊缽吟
036	1934-06-15	《詩報》83 號	晚鐘	七絕	盧史雲 黃振芳	擊缽吟
037	1934-07-01	《詩報》84 號	沽酒	七絕	盧史雲 游象新	擊缽吟
038	1934-08-15	《詩報》87 號	浪花	五律	盧史雲 黃振芳	納涼會擊缽吟
039	1934-09-01	《詩報》88 號	槐陰	七絕	游象新 莊芳池	擊缽吟
040	1935-04-15	《詩報》103 號	丹爐	七絕	曾笑雲 楊靜淵	擊缽吟
041	1935-05-01	《詩報》104 號	說鬼	七絕	曾笑雲 游雪齋	擊缽吟
042	1935-05-15	《詩報》105 號	心香	七絕	吳紉秋 莊芳池	擊缽吟
043	1935-06-01	《詩報》106 號	美人歌	七絕	曾笑雲 吳紉秋	擊缽吟
044	1935-06-15	《詩報》107 號	浣衣女	七絕	莊芳池 游雪齋	擊缽吟

編號	日　期	期刊	詩　題	詩體	詞宗	活動類型
045	1935-07-01	《詩報》108 號	觀魚	七律	曾笑雲 吳六也	擊缽吟
046	1935-07-15	《詩報》109 號	眼鏡	七絕	曾笑雲 黃漱六	擊缽吟
047	1935-08-01	《詩報》110 號	紙帽	七絕	盧史雲 黃漱六	擊缽吟
048	1935-08-15	《詩報》111 號	嵐影	七律	楊靜淵 吳紉秋	擊缽吟
049	1935-09-01	《詩報》112 號	月影	七絕	黃漱六 莊芳池	擊缽吟
050	1935-09-16	《詩報》113 號	石枕	七絕	盧史雲 游雪齋	擊缽吟
051	1935-10-01	《詩報》114 號	紅豆冰	七絕	鄭香圃 曾笑雲	擊缽吟
052	1935-10-17	《詩報》115 號	折桂	七絕	曾笑雲 游雪齋	擊缽吟
053	1935-11-03	《詩報》116 號	秋影	七絕	曾笑雲 吳紉秋	擊缽吟
054	1935-11-18	《詩報》117 號	撞球	七絕	曾笑雲 莊芳池	擊缽吟
055	1935-12-01	《詩報》118 號	新雁	七律	盧史雲	擊缽吟
056	1935-12-15	《詩報》119 號	圓山 晚眺	五律	吳紉秋	擊缽吟
057	1936-01-01	《詩報》120 號	踏雪	七絕	曾笑雲 盧史雲	祝賀會
058	1936-01-17	《詩報》121 號	冬山	七律	林青蓮 杜仰山	擊缽吟
059	1936-02-15	《詩報》123 號	買劍	七絕	楊靜淵 盧史雲	擊缽吟
060	1936-03-01	《詩報》124 號	酒甕	五律	海為 晁機	擊缽吟
061	1936-03-20	《詩報》125 號	忘年會	五絕	黃漱六 游象新	擊缽吟

編號	日　期	期刊	詩　題	詩體	詞宗	活動類型
062	1936-04-02	《詩報》126號	藏嬌屋	七絕	蕭献三 盧史雲	擊缽吟
063	1936-05-01	《詩報》128號	國防	七絕	盧史雲 劉夢竹	擊缽吟
064	1936-05-15	《詩報》129號	秋蓮	七絕	曾笑雲 游象新	擊缽吟
065	1936-06-01	《詩報》130號	月眉	七絕	盧史雲 曾笑雲	擊缽吟
066	1936-06-15	《詩報》131號	憶梅	七絕	鄭墨禪 曾笑雲	擊缽吟
067	1936-08-15	《詩報》135號	賣冰聲	七絕	盧史雲 莊芳池	擊缽吟
068	1936-09-01	《詩報》136號	端午雨	七絕	盧史雲 楊靜淵	擊缽吟
069	1936-09-17	《詩報》137號	海水浴 美人	詩鐘	曾笑雲 莊芳池	擊缽吟 分咏格
070	1936-11-02	《詩報》140號	屈原	七律	盧史雲 曾笑雲	課題
071	1936-11-16	《詩報》141號	珠璣網	七律	葉文樞 吳蔭培	十五週年紀念 會擊缽吟
072	1936-12-02	《詩報》142號	海鏡	七絕	張鶴年 黃笑園	十五週年紀念 會擊缽吟
073	1936-12-15	《詩報》143號	畫蓮	七絕	海爲 樹德	擊缽吟
074	1937-01-01	《詩報》144號	征帆	七律	游象新 楊靜淵	送別擊缽吟
075	1937-01-17	《詩報》145號	甘雨	七絕	盧史雲 莊芳池	擊缽吟
076	1937-05-25	《詩報》153號	睡蓮	五律	吳萱草 鄭鷹秋	擊缽吟
077	1937-06-08	《詩報》154號	跳舞女	七絕	曾秋濤 劉珍祥	擊缽吟
078	1938-05-22	《詩報》177號	聽濤	七絕	洪鐵濤 蕭献三	歡迎擊缽吟

編號	日　期	期刊	詩　題	詩體	詞宗	活動類型
079	1938-06-01	《詩報》178 號	荷錢	七絕	曾笑雲 莊芳池	歡迎擊缽吟
080	1938-07-04	《詩報》180 號	畫虎	七絕	盧史雲 莊芳池	擊缽吟
081	1938-07-19	《詩報》181 號	漁舟	七律	蕭献三 游象新	蕭献三游象新 歡迎擊缽會
082	1938-08-04	《詩報》182 號	鳥人	七絕	黃振芳 曾笑雲	擊缽吟
083	1938-09-17	《詩報》185 號	蘭雨	七律	洪鐵濤 蕭献三	擊缽吟
084	1938-10-01	《詩報》186 號	臨海 道路	七絕	盧史雲 黃振芳	擊缽吟
085	1938-11-03	《詩報》188 號	閏七夕	七絕	葉文樞 林述三	
086	1938-11-17	《詩報》189 號	秋燈	七絕	周石輝 曾笑雲	歡迎會
087	1938-12-02	《詩報》190 號	夜話	七絕	周石輝 蕭献三	歡迎會
088	1939-03-05	《詩報》196 號	山泉	七絕	周石輝 楊靜淵	歡迎擊缽吟
089	1939-03-18	《詩報》197 號	買字	七絕	周石輝 盧史雲	歡迎擊缽吟
090	1939-04-01	《詩報》198 號	迎春	七律	洪特授 曾笑雲	歡迎擊缽吟
091	1939-05-03	《詩報》200 號	題曲水 流觴圖	七律	鄭指薪 盧史雲	鄭指薪先生入 社歡迎會
092	1939-05-20	《詩報》201 號	虹橋	七絕	鄭指薪 莊芳池	歡迎擊缽吟
093	1939-06-05	《詩報》202 號	問疾	七絕	葉文樞 曾笑雲	擊缽吟
094	1939-06-20	《詩報》203 號	海松	五律	莊芳池 曾笑雲	擊缽吟
095	1939-07-04	《詩報》204 號	蔗漿	七絕	游象新 楊靜淵	擊缽吟

編號	日　　期	期刊	詩　題	詩體	詞宗	活動類型
096	1939-08-01	《詩報》206 號	問字	七絕	黃振芳 蕭獻三	擊缽吟
097	1939-08-16	《詩報》207 號	樺山公遺跡碑	七律	李石鯨 鄭坤五	課題
098	1939-09-01	《詩報》208 號	諸葛武侯出師表	五律	魏潤庵 張純甫	月課
099	1940-03-01	《詩報》219 號	山月	五律	張達修 周伯達	擊缽吟
100	1941-04-18	《詩報》246 號	陶潛宅	五律	盧史雲 蕭獻三	擊缽錄首唱
101	1941-05-06	《詩報》247 號	雞群鶴	七絕	曾笑雲 鄭指薪	擊缽吟
102	1941-05-19	《詩報》248 號	醉春	五律	鄭鷹秋 莊芳池	擊缽吟
103	1941-06-04	《詩報》249 號	歸燕	七絕	何夢酣 劉夢鷗	何夢酣先生洗塵擊缽錄
104	1941-08-21	《詩報》254 號	喜鵲	七絕	楊達三 鄭指薪	歡迎新竹楊達三先生擊缽錄
105	1943-12-08	《詩報》307 號	龜山夕照	七絕	黃森峰 曾笑雲	歡迎擊缽錄
106	1926-02-17 1926-02-19	《臺南新報》8628 號、8630 號	白燕	五律	鄭家珍	徵詩
088-1	1939-03-31	《風月報》82 期	山泉	七絕	周石輝 楊靜淵	歡迎擊缽錄
097-1	1939-07-24	《風月報》90 期	樺山公遺跡碑	七律	李石鯨 鄭坤五	課題
098-1	1939-09-28	《風月報》94 期	諸葛武侯出師表	五律	魏潤庵 張純甫	月課

五絕：1。　五律：16。　七絕：65。　七律：23。　詩鐘：1。　合計：106。

表 3-3：東明吟社課題、徵詩、擊缽吟彙總表（1934-1939）

編號	日　期	期　刊	詩　題	詩體	詞宗	活動類型
001	1934-07-15	《詩報》85 號	蘭東曉望	七律	鄭永南 吳蔭培	發會式擊缽吟
002	1934-08-15	《詩報》87 號	貯木池	七絕	張一泓 杜仰山	發會式擊缽吟
003	1934-09-01	《詩報》88 號	氷旗	七絕	陳鏡秋 胡慶森	課題
004	1934-11-15	《詩報》93 號	愛菊	七絕	張迺西 張劍雄	
005	1934-12-01	《詩報》94 號	重九節	七絕	蔡鏡毫 李康寧	擊缽吟
006	1935-01-15	《詩報》97 號	賞菊	七絕	林玉麟 張迺西	
007	1935-03-01	《詩報》100 號	歲暮	七絕	杜仰山 莊仁閣	擊缽吟
008	1935-03-15	《詩報》101 號	病妓	七絕	杜仰山 莊仁閣	擊缽吟
009	1935-05-01	《詩報》104 號	清明即景	五律		次韻
010	1935-05-15	《詩報》105 號	初夏	七絕	林寬雍 楊長泉	
011	1935-06-15	《詩報》107 號	賣錫簫	七絕	張迺西	擊缽吟
012	1935-07-01	《詩報》108 號	夏風	五律	林玉麟 楊靜淵 張迺西	擊缽吟
013	1935-08-15	《詩報》111 號	夏雨	七絕	蔡鰲峰 林淵源	擊缽吟
014	1935-09-01	《詩報》112 號	羅東	詩鐘	林玉麟 陳耀輝	鶴頂格
015	1935-09-16	《詩報》113 號	月白煙青	詩鐘	張迺西 李耀鋒	巧節擊缽 雙鉤
016	1935-10-01	《詩報》114 號	烏江憶項王	七絕	盧纘祥 黃春亮	課題

編號	日　期	期　刊	詩　題	詩體	詞宗	活動類型
017	1935-11-03	《詩報》116 號	落帽風	五絕	林淵源 張迺西	重九擊缽
018	1935-11-18	《詩報》117 號	竹風 蘭雨	詩鐘	張迺西 李耀鋒 李維桑	擊缽吟
019	1935-12-15	《詩報》119 號	尋梅	七律	吳蔭培 張迺西	擊缽吟
020	1936-01-01	《詩報》120 號	歲寒圖	七絕	林義 張迺西	擊缽吟
021	1936-03-20	《詩報》125 號	山水	詩鐘	張迺西	蜂腰格
022	1936-05-01	《詩報》128 號	春山	七絕	張天眷	小集
023	1936-06-15	《詩報》131 號	花夢	詩鐘	張天眷	小集 龍尾格
024	1936-06-15	《詩報》131 號	藝妓劇	七絕	蔡鰲峰	擊缽吟
025	1936-07-01	《詩報》132 號	水仙	詩鐘	陳鏡秋	魁斗格
026	1936-07-16	《詩報》133 號	採蓮女	七律	張天眷	擊缽吟
027	1936-10-02	《詩報》138 號	秋濤	七絕	張天眷	擊缽吟
028	1936-11-02	《詩報》140 號	菊鐘聲	詩鐘	張天眷	擊缽吟 分咏格
029	1937-01-17	《詩報》145 號	雪夜	五律	張天眷	擊缽吟
030	1937-03-21	《詩報》149 號	寒溪櫻信	詩鐘	張天眷	詩畸 雙鉤格
031	1937-06-08	《詩報》154 號	屈原	七律	張天眷	擊缽吟
032	1938-07-04	《詩報》180 號	落花	七絕	盧史雲 蔡鰲峰	
033	1938-07-19	《詩報》181 號	新柳	詩鐘	盧史雲 蔡鰲峰	鶴頂格
034	1938-08-04	《詩報》182 號	水鏡	詩鐘	黃贊鈞 吳蔭培	冠首
035	1938-08-18	《詩報》183 號	野僧	七絕	黃贊鈞 吳蔭培	
036	1938-09-17	《詩報》185 號	夏木	七律	賴雨若 陳鏡秋	第三期課題

編號	日 期	期 刊	詩 題	詩體	詞宗	活動類型
037	1938-10-01	《詩報》186 號	梅雨	詩鐘	賴雨若 陳鏡秋	第三期課題 鶴頂格
038	1938-10-17	《詩報》187 號	中秋 雅集	七絕	張劍雄 張天眷	擊缽吟
039	1938-11-17	《詩報》189 號	江楓	七律	李抱罕 曾笑雲	課題
040	1938-12-02	《詩報》190 號	秋夜	詩鐘	李抱罕 曾笑雲	第四期鶴頂格
041	1938-12-16	《詩報》191 號	落英	七絕	莊贊勳 莊芳池	第六期課題
042	1939-01-01	《詩報》192 號	陶淵明	七律	莊贊勳 莊芳池	第六期課題
043	1939-01-21	《詩報》193 號	老松	七律	陳子敏 林臥雲	第七期課題
044	1939-02-04	《詩報》194 號	迎寒	詩鐘	陳子敏 林臥雲	第七期課題
045	1939-07-17	《詩報》205 號	冰山	七絕	游絲中 李先麟	
046	1939-08-01	《詩報》206 號	冬日	詩鐘	游絲中 李先麟	鶴頂格
032-1	1938-07-15	《風月報》68 期	落花	七絕	盧史雲 蔡鰲峰	
033-1	1938-08-01	《風月報》69 期	新柳	詩鐘	盧史雲 蔡鰲峰	鶴頂格
036-1	1938-10-17	《風月報》74 期	夏木	七律	賴雨若 陳鏡秋	第三期課題
039-1	1938-11-05	《風月報》75 期	江楓	七絕	曾笑雲 李抱罕	第四期課題
037-1	1938-12-01	《風月報》76 期	梅雨	詩鐘	陳鏡秋 賴雨若	第三期鶴頂格
040-1	1938-12-01	《風月報》76 期	秋夜	詩鐘	曾笑雲 李抱罕	第四期鶴頂格
042-1	1939-01-01	《風月報》77 期	陶淵明	七律	莊贊勳 莊芳池	第六期課題

編號	日　期	期　刊	詩　題	詩體	詞宗	活動類型
041-1	1939-01-01	《風月報》77 期	落英	七絕	莊贊勳 莊芳池	第六期課題
043-1	1939-02-01	《風月報》79 期	老松	七律	林臥雲 陳子敏	第七期課題
044-1	1939-02-15	《風月報》80 期	迎寒	詩鐘	林臥雲 陳子敏	第七期課題
045-1	1939-06-01	《風月報》87 期	冰山	七絕	游絲中 李先麟	
046-1	1939-07-24	《風月報》90 期	冬日	詩鐘	游絲中 李先麟	鶴頂格

五絕：1。　五律：3。　七絕：20。　七律：8。　詩鐘：14。　合計：46。

表 4－1：日治時期蘭陽詩人授佩紳章名冊

編號	姓　名	授佩 日期	居住 地區	清朝功名	日治時期 職位	與詩社 關系	備　註
01	呂桂芬	1897年 4月	本城堡 宜蘭街	准補府學 廩膳生	宜蘭勸善局 長、賑濟局 主事、宜蘭 公學校教師	蘭社 社長	揚文會宜 蘭支部幹 事
02	林拱辰	1897年 4月	本城堡 宜蘭街	縣試第一、 府試首班、 廩生	專攻醫術	仰山吟社 社長	
03	莊及鋒	1897年 4月	本城堡 宜蘭街	府試入泮賞 授五品	垂帷授徒	著有仰山吟 社詩草	已佚失
04	張鏡光	1897年 4月	圓山堡 新城庄	仰山書院講 席、補用弟 子員、賞授 五品	宜蘭勸善局 幹事長 登瀛堂學院 講筵	吟香社 社長	纂修噶瑪 蘭廳志續 篇
05	陳　書	1897年 4月	頭圍堡 頭圍街	秀才第三 舉人備中	頭圍公學校 教師	登瀛吟社 社長	第一任 社長
06	鄭騰輝	1897年 4月	頭圍堡 頭圍街	秀才	宜蘭廳傭員 頭圍公學校 教師	登瀛吟社 顧問	

編號	姓　名	授佩日期	居住地區	清朝功名	日治時期職位	與詩社關系	備　註
07	莊贊勳	1905年1月	本城堡宜蘭街	賞授五品同知	宜蘭廳參事、出仕救民局、官廨翻譯	敏求吟社社長	
08	林維新	1905年1月	浮洲堡叭哩沙庄	院試府學生員第五名	叭哩沙區長、庄長 宜蘭公學校教師、宜蘭廳囑託、翻譯事務囑託	凤馳名騷壇	
09	陳純精	1913年2月	羅東堡羅東街		羅東區長 法院通譯、雇員	東明吟社顧問	

資料來源：鷹田取一郎編，《臺灣列紳傳》（臺北：臺灣總督府，1916年），頁65-91。

表5－1：蘭陽地區傳統詩先賢作品集

詩集名稱	詩人	所屬詩社	出版日期	出版者
《西行吟草》	李望洋	仰山社	1992年	臺北：龍文出版社
《李望洋集》	李望洋	仰山社	2013年	臺南：國立臺灣文學館
《泰階詩稿》	李逢時	仰山社	2001年	臺北：龍文出版社
《鏡秋詩集》	陳金波	仰山吟社	1966年	宜蘭：太平醫院
《林拱辰先生詩文集》	林拱辰	仰山吟社	1977年	臺北：玉豐印刷廠
《千年檜》	李康寧	仰山吟社	1988年	宜蘭：蘭陽文教雜誌社
《省心齋詩文集》	張娘眷	仰山吟社	2001年	宜蘭：欣欣電腦打字行
《茗園集》	張振茂	仰山吟社	未著撰年	宜蘭縣史館藏影本
《仰山吟社詩草》	莊及鋒	仰山吟社	不詳	不詳，已佚失
《玉屏山樓詩草》	林萬榮	登瀛吟社	1986年	宜蘭：玉屏山莊
《立雪齋詩文集》	游象信	登瀛吟社	2008年	宜蘭：頭城鎮公所
《莊芳池吟草》	莊鼈	登瀛吟社	2009年	宜蘭：頭城鎮公所
《畏勉齋詩文集》	陳書	登瀛吟社	2010年	宜蘭：頭城鎮公所

詩集名稱	詩人	所屬詩社	出版日期	出版者
《劉夢竹吟草》	劉枝昌	登瀛吟社	2011 年	宜蘭：頭城鎮公所
《黃振芳吟草》	黃見發	登瀛吟社	2012 年	宜蘭：頭城鎮公所
《康灩泉吟草》	康灩泉	登瀛吟社	2013 年	宜蘭：頭城鎮公所
《盧史雲詩文集》	盧纘祥	登瀛吟社	2014 年	宜蘭：頭城鎮公所
《史雲吟草》	盧纘祥	登瀛吟社	不詳，佚失。	《宜蘭文獻》3 卷 1 期，頁 15-20，摘錄《史雲吟草》40 首。
《黑石集》	林義德	東明吟社	1997 年	臺北：林義德家屬
《南湖吟草》	陳進東	東明吟社	未著撰年	宜蘭：陳進富